中国应急管理法治年度报告

2019-2020

主　　编◎刘　锐

执行主编◎王　静

副 主 编◎冉　桦　吴小亮

中国政法大学出版社

2021·北京

图书在版编目（CIP）数据

中国应急管理法治年度报告. 2019-2020/刘锐主编. —北京：中国政法大学出版社，2021.4

ISBN 978-7-5620-9922-2

Ⅰ. ①中… Ⅱ. ①刘… Ⅲ. ①突发事件－公共管理－法治－研究报告－中国－2019-2020 Ⅳ. ①D922.104

中国版本图书馆 CIP 数据核字 (2021) 第 067097 号

出　版　者　中国政法大学出版社

地　　　址　北京市海淀区西土城路 25 号

邮寄地址　北京 100088 信箱 8034 分箱　邮编 100088

网　　　址　http://www.cuplpress.com（网络实名：中国政法大学出版社）

电　　　话　010-58908285(总编室) 58908433 （编辑部） 58908334(邮购部)

承　　　印　固安华明印业有限公司

开　　　本　720mm×960mm　1/16

印　　　张　17.75

字　　　数　280 千字

版　　　次　2021 年 4 月第 1 版

印　　　次　2021 年 4 月第 1 次印刷

定　　　价　89.00 元

编 委 会

成协中　中国政法大学法学院教授

孟　磊　中国地质大学（北京）经济管理学院副教授

王　静　中央党校（国家行政学院）政法部副教授

杨　霞　中央司法警官学院法学院副教授

崔俊杰　首都师范大学政法学院讲师

冉　桦　四川榕桦律师事务所主任、律师

吴小亮　上海澄明则正律师事务所主任、律师

李　兴　北京高文律师事务所律师

廖青松　北京师范大学法学院硕士研究生

岑理坤　中国地质大学（北京）经济管理学院硕士研究生

序

胡建淼

突如其来的新型冠状病毒感染肺炎，对中国的冲击是全方位的，涉及经济、政治、社会、文化和思想等各个方面。特别是对我们的国家治理体系和治理能力是一次全面而深刻的检验。中国是世界上控制新冠肺炎疫情最好的国家。这从宏观上讲，是我们的制度优势；从微观上讲，离不开地方各级领导干部的高度重视和辛勤工作。就法治领域而言，它使人们更加关注应急管理法治的问题。

习近平总书记指出，"疫情防控越是到最吃劲的时候，越要坚持依法防控"。法治对疫情防控至关重要，对应急管理也同样重要。国家管理所面对的社会状态可分为两类：一是平时状态；二是应急状态。适用平时状态的法称"常态法"；适用应急状态的法则称"应急法"。我国现行法律大多属于"常态法"，是为调整平时状态下的各种社会关系而设置。应急状态下，由于社会出现突发事件而使国家和社会处于危急之中，便需要由特别的法律来规制人们的行为。如果用"平时法律"去处理应急事件，那会显得措施不力，坐失良机。在应急状态下用以规制人们行为，特别是应急处置行为的特别法，就是应急法。

我国的应急法律体系，是指用以规范国家应急处置行为的法律规范体系。它并不是由一个称之为"中华人民共和国应急法"的法规来集中体现，而是指散见于宪法、法律、法规和规章中的各种法律规范的总和。

应急状态可以从广义和狭义上理解和掌握。

广义上的应急状态，就是指因自然灾害、事故灾难、公共卫生事件和社会安全事件等突发事件，引发全国或一定范围内的混乱和危害，使得国家和政府部门必须紧急应对处置的状态。这种状态具有突发性、危害性和紧迫性等特点。所谓突发性，是指引发应急状态的事件是突然发生的，人们一般无法预料；所谓危害性，是指突发的事件及其所引起的状态都不是一件好事，而是一种危害人类、自然、社会、国家的极端不利事件及状态；所谓紧迫性，是指这种事件具有急速发展的势态，不紧急处置会对人类、自然、社会、国家造成无法挽回的损失。广义上的应急状态又包括三种状态：一是应急状态（狭义）；二是紧急状态；三是战争状态。这三种状态，在确认和宣布机关、法律适用和程序等方面都是有所区别的。

狭义的应急状态不包括紧急状态与战争状态。它虽然也由自然灾害、事故灾难、公共卫生事件和社会安全事件等突发事件所引起，但它没有到达紧急状态的程度，也未进入战争状态，它是适用《突发事件应对法》及相关法律，而不是适用"紧急状态法"或"战时状态法"处置的状态。简单地说，应急状态（狭义）就是《突发事件应对法》所界定的状态；《突发事件应对法》其实是一部"应急状态（狭义）"的应对法。紧急状态下，是比应急状态（狭义）更严重的一种状态，是指有关部门采取《突发事件应对法》和其他有关法律、法规、规章规定的应急处置措施不能消除或者有效控制突发事件，有关国家机关需要采取更严厉更特殊的措施进行应对的状态。紧急状态一般因内乱和战争等社会安全事件引发，但也不排除因自然灾害、事故灾难、公共卫生事件而引起。

这三种状态，在确认和宣布机关、法律适用和程序等方面都是有所区别的。所以有些地方宣布进入"应急阶段"和"应急状态"，这是符合法律规范的，是完全正确的。我国自新中国成立以来，未宣布过任何紧急状态和战争状态。所以我曾撰文呼吁应当慎用"紧急状态""战时管制""战时动员令"等夸张而不规范的提法。

在这次新冠肺炎疫情防治战中，反映出我们对应急法律知识的了解和掌握是不够的，不知道县级以上政府有发布预警的权力和职责；将应急状态的确认和宣布与针对应急状态的响应机制混为一谈；不清楚在应急状态下政府到底拥有哪些紧急处置权；不知道是否有权宣布紧急状态和"战时管制令"，等等。我国的普法工作虽然进入到第七个五年（"七五普法"），但对应急法律知识的普及显然还是一个短板。

推进国家治理现代化离不开国家治理法治化。甚至可以说，推进国家治理现代化的关键在于法治化，推进国家治理法治化的过程本身就是推进国家治理现代化的过程，二者具有同步性。习近平总书记指出，"人类社会发展的事实证明，依法治理是最可靠、最稳定的治理"，"法治是国家治理体系和治理能力的重要依托"。党的第十九届四中全会提出要"加强系统治理、依法治理、综合治理、源头治理"。我们党将全面依法治国引入国家治理，并将法治作为推进国家治理体系和治理能力现代化的重要抓手和依托，是中国法治理论和法治实践中的一项伟大变革。党的十九届四中全会通过的《中共中央关于坚持和完善中国特色社会主义制度　推进国家治理体系和治理能力现代化若干重大问题的决定》强调了"制度"和"治理"两个关键词。"制度"反映在强调坚持和完善中国特色社会主义制度，对支撑中国特色社会主义制度的根本制度、基本制度和重要制度作了全面系统的顶层设计，体现了以"制度之治"为主要特征的"中国之治"；"治理"表现在围绕推进国家治理体系和治理能力现代化的主轴，设定了国家治理现代化的精细目标、具体步骤和有效措施。对于中国这艘"巨轮"来说，"制度"决定航向，"治理"反映动力，"法治"保驾护航；航向、动力和护航相辅相成，缺一不可。

应急管理法治作为国家治理体系和治理能力现代化的组成部分，也必须在国家治理的性质、方向和法治保障基础上守正笃实、久久为功。我欣喜地看到中国应急管理学会法律工作委员会的专家团队开启了一件在学术上很有意义的工作，对两年以来我国应急管理法治的方方面面展开全景式的汇总分析，既对形成的经验予以总结推广，也对存在的问题予以深度分析。这是一项基础性工作，是一件为更多关注应急管理工作的各方面提供翔实资料和专业分析的工作，在此基础上，还有待与应急管理有关的各行各业的专家进一步来分析研究，产出更多丰富扎实的学术成果，为应急管理法治乃至法治中国、法治政府和法治社会建设提供学理支撑。

祝贺《中国应急管理法治年度报告（2019-2020）》的完成和发布！

前 言

PREFACE

　　这个世界不稳定性和不确定性突出，人类依然面临诸多难题和挑战，无论是震荡全球的新冠肺炎疫情，还是依然频发的自然灾害事件和安全生产事件，以及可能引起连锁反应的公共安全事件，每一次应急事件的应对都在检验着一国国家治理体系的健全程度和治理能力的水平高低。中国在百年未有之大变局之下，不仅发挥制度优势，正在实现民族复兴和人民幸福，也在交出一份贡献于人类命运共同体的优秀答卷。习近平总书记指出，"确保人民群众生命安全和身体健康，是我们党治国理政的一项重大任务"〔1〕，而"应急管理是国家治理体系和治理能力的重要组成部分，承担防范化解重大安全风险、及时应对处置各类灾害事故的重要职责，担负保护人民群众生命财产安全和维护社会稳定的重要使命。要发挥我国应急管理体系的特色和优势，借鉴国外应急管理有益做法，积极推进我国应急管理体系和能力现代化。"〔2〕

　　这是一个全面提升国家治理体系和能力现代化的时代。党的十八届三中全会提出："全面深化改革的总目标是完善和发展中国特色社会主义制度，推进国家治理体系和治理能力现代化。"党的十八届三中全会之后，党中央提出要大力提升应急管理能力，并确定形成"统一领导、权责一致、权威高效"的国家应急能力体系目标；在国家建立统一领导、综合协调、分类管理、分级负责、属地管理为主的应急管理体制基础上，党中央针对应急管理部门职能提出推动形成"统一指挥、专常兼备、反应灵敏、上下联动"的应急管理

---

〔1〕 2020年2月14日习近平在中央全面深化改革委员会第十二次会议上的讲话。
〔2〕 2019年11月29日习近平在主持中共中央政治局第十九次集体学习时的讲话。

体制改革目标。检验国家治理体系和能力现代化的重要指标就是应急管理体系和能力现代化。

这是一个全面推进法治建设的时代。十九届五中全会提出 2035 年法治中国建设的远景目标即基本建成法治国家、法治政府、法治社会。我们进入全面推进法治建设的快车道，应急管理法治是法治中国远景目标和实现路径中的重要组成部分。应急管理要实现对突然发生的紧急事件带来的不确定性、危险性的预防、处置以及善后的以人为中心的协调，应急管理法治则是在以人为本的理念指导下对突然发生紧急事件带来不确定性、危险性的预防、处置和善后的法治体系和执行方法，包括应急管理的法律规范体系、应急管理法治实施体系、应急管理法治监督体系和应急管理的法治保障体系。应急管理在法治理念指导下通过法律制定和实施，保障和监督应急管理部门有效应对突发事件；保障应急体制机制有效运行，引导公民、法人和社会组织遵守应急管理法律法规；维护公共利益和社会秩序，保护公民、法人或者其他组织的合法权益。在全面建设法治中国的全局中，应急管理法治是关键。

这是一个构建"大应急管理"的时代。应急管理部的组建，标志着我国在"大应急管理"方面迈出了坚实一步。大应急管理除包括应急管理部门管理的灾害类别，还应当包括卫健委管理的公共卫生、市场监督局管理的食药安全、公安、网监、国安管理的社会安全类的各类应急管理事务，即"全灾种、大应急"下的最广义的应急管理，是在大应急管理下的全过程应急管理，不同社会危害程度的全类型公共事件管理。然而，无论是纵向还是横向体制上的矛盾与问题，仅仅通过机构改革、职能转移或者合并都无法根本上解决，究其根本是政府运行的准则到底是法治还是人治，是依据法律制度所确定的职权与职责，还是随着上级政府或者领导的重视程度而变换工作重心。我国应当强力推动法治政府的建设，通过完善组织人事规则和绩效考核标准、将法治 GDP 作为地方考核的重要指标来强化应急法律制度的落实。

为了提高我国应急管理的法治化和科学化水平，中国应急管理学会法律工作委员会组织专家学者对 2019-2020 年度我国应急管理法治状况进行梳理总结，既涉及中央应急管理法治概况，也汇总分析各地应急管理法治的最新进展和经验探索，并对全国重特大安全生产事故和应急管理执法的典型案例进行分析，在此基础上结合新冠肺炎疫情以来的新情况和新问题，对我国应急管理法治进行展望。具体而言，本报告包括如下内容：

第一章介绍中央应急管理法治发展概况、特点、问题、完善举措和发展展望。中央在应急管理方面的职责是宏观管理，负责相关类别公共事件的应急管理工作，维护国家法制统一、政令统一、市场统一。报告分析总结出中央应急管理法治建设方面具有如下特点，一是对接机构改革进行制度调整，二是健全联防联控机制完善职责，三是落实"放管服"实施精巧监管，四是完善应急法治教育提升应急意识，五是完善应急体制布局处置全覆盖，六是升级应急预案健全处置流程，七是规范应急问责强化监管责任。报告认为，应急管理法治方面存在法律规范不健全、部分条文可操作性不强、立改废不及时等问题。针对中央应急管理法治方面存在的问题，建议从两个方面努力，一方面，通过政府工作报告明确应急管理法治发展方向，包括：运用战略思维健全应急管理的预案体系、运用辩证思维健全应急管理的响应机制、运用法治思维健全应急管理的法治机制和运用底线思维健全应急管理的保障机制；另一方面，通过"十四五"规划落实应急管理法治发展措施，包括完善突发事件应急预案体系、总结突发事件应急经验教训、编制并实施突发事件应急规划和协调联合应急预案和区域规划。旨在结合中央应急管理体系建设现状、应急管理法治发展进程，在疫情等突发的大背景下，以习近平新时代中国特色社会主义思想为指导，借鉴各国应急管理法治建设的有益经验，立足于中央应急管理法治建设的成就与教训，进而从立法、执法和引导公众参与三个方面探析应急管理法治发展路径，对我国中央应急管理法治工作提出一些建议。

第二章介绍地方应急管理法治发展、特点与方向。地方在应急管理方面的职责是负责本行政区域应急管理工作，发挥地方政府因地制宜、加强区域内应急事务管理的优势。报告总结出地方应急管理法治发展有两个显著特点：一是各省市应急管理法治发展按法规层级推进地方应急管理法规规章制度的立改废、按自然灾害和事故灾害类型划分地方应急管理法规规章制度；二是通过"十四五"规划谋划新发展格局，具体内容分别为加强薄弱环节和关键领域建设、提高各部门间的协调配合能力、重视应急管理体制机制创新、深化应急管理执法改革研究。各省市以中央有关法律法规、大政方针为基础，立足于本省市实际需求，有计划、有步骤地针对应急管理落实和创新，对接国家方针政策与新发展理念，对接机构改革进行制度调整，弥补应急管理传统法治体系缺漏，综合运用多种治理理念，建设高质量的应急队伍，细化问责追责制度等。结合地方应急管理法治体系的建设现状、应急管理的法治发展，以及应急管理法治存在的不足，各省市应急管理部门围绕全面推进依法治国的总目标，采取有效措施，建立健全综合型应急体制；立足于综合型应急体制，综合我国应急管理法规清理情况，借鉴各国应急管理法律体系建设的有益经验，针对我国应急管理法制体系存在的问题，按照"人为风险+自然灾害+应急处置"的逻辑体系对地方应急法治进行规划、构建。

　　第三章对 2019 年、2020 年全国发生的重特大安全生产事故概况、经过、应急处理情况、事故原因、主要教训等相关情况进行介绍，通过对事故进行分析，总结出我国重特大生产安全事故暴露出的问题，即安全生产的法律法规不健全，表现为法律衔接不畅，相关规定不一致，部分法律概念不清晰，一般事故等级划分标准不合理，《安全生产法》规定的处罚幅度过低；部分政府相关职能部门及领导的监管力度有待提高，安全生产工作往往流于形式为政绩让步；安全生产责任制不落实；部分企业领导及员工的安全生产意识淡薄，安全生产往往为企业利益让步；安全检查及风险管控隐患治理不到位；技术标准规范执行不全面；安全生产设施等资金投入不足的现象普遍存在。针对以上问题对今后的工作提出相关对策及建议，一是健全和完善安全生产危机管理的法律法规建设，二是加强政府对企业的监督管理工作，三是加强安全生产应急管理体系的建设，四是加强从业者安全文化建设工作，五是加大安全生产的资金投入力度。

　　第四章对 2019 年、2020 年应急管理执法的典型案例进行介绍，通过真实案例的汇总和分析来洞悉应急管理法治方面的内容和问题。本章分类介绍应急管理执法中的案例，分别介绍应急管理执法类别的基本情况、典型案例和类似案例以及相应的法律分析，主要介绍了安全防护措施类违法、安全管理制度类违法、应急预案类违法、安全生产培训类违法、安全事故报告类违法、事故隐患排查治理类违法、生产经营许可类违法、主要负责人违法、特种作业人员资格证违法、安全生产规章制度和安全操作规程类违法。报告旨在通过对实务问题的跟踪研究，提供一个直观的观察视角，以此作为推动理论研究和制度完善的路径之一。

第五章介绍地方在应急管理法治实践方面的经验和探索做法，总结出地方在应急管理法治方面具有如下探索：科学立法，推进立法进程；开门立法，推动立法传播；开展应急管理、救援培训，增强应急管理、救援技能；开创《应急时刻》栏目，提高公民应急意识；完善评估工作，提前制定应急预案；加大技术投入，给应急管理插上智慧的翅膀。分别以地方新冠肺炎疫情防控和自然灾害防治为例，详细介绍了地方在应急管理法治方面的具体操作和行动方式。各地应急管理局在结合本省实际情况的基础上，研究出了不同的法治试验道路，运用法治思维和法治方式推进安全生产、疫情防控、森林火灾、防汛等领域改革发展，不断完善依法行政制度体系，坚持严格规范公正文明执法，完善制度建设，加强行政监督，全面提升依法行政能力，为安全生产、应急管理、防灾减灾救灾各项工作顺利开展提供有力的法治保障。根据以上案例的分析，总结出地方应急管理具有如下经验：一是完善体制机制推动演训练比常态化，二是贯彻习近平法治思想、推进应急管理体系建设，三是坚持依法行政、坚持人民主体地位，四是严格执法监督、提升执法效能。报告认为我国应急法治管理正在向有力、有序和有效的目标不断推进。

第六章在前五章内容基础上总结提炼出我国应急管理法治未来的努力方向。主要包括在应急管理法治原则上，坚持合法性原则和比例原则，满足应急管理形式法治要求的同时也具备实质法治的特点；在应急管理法律规范方面，围绕《紧急状态法》的制定、《突发事件应对法》的修改、应急管理分类立法和地方立法探索以及法律规范中的冲突清理，完善应急管理法律规范体系；在应急管理法治实施方面，围绕应急管理体制、应急管理决策、应急管理执法等内容提高应急管理法治有效实施；在应急管理法治监督方面，通过行政公益诉讼、行政复议、行政诉讼、问责监督以及信息公开等制度建立起严密的应急管理法治监督体系；在应急管理法治保障方面，通过健全应急管理队伍和应急管理信息技术为应急管理提供有力的保障。

邓小平同志曾经指出，"我们要把工作的基点放在出现较大的风险上，准备好对策。这样，即使出现了大的风险，天也不会塌下来"。[1]应急管理所体现的就是风险意识和风险规制。法治以安定、正义、合目的为理念要素，法

---

〔1〕《邓小平文选》（第3卷），人民出版社2001年版，第134页。

的安定性在应急管理中保障应急管理活动依法有序开展，让预期变得确定；法的正义性和合目的性的价值使得应急管理中，尤其是突发事件发生时存在的不可预见性，以及制定法下无法触及的地方用法治的正义和合目的性价值调整保障措施得当。我国已经基本构建起系统完备、科学规范、运行有效的应急管理法治体系，着眼于国家治理体系和治理能力现代化，更需要继续固根基、扬优势、补短板、强弱项，增强应急管理法治建设的时代性、针对性、实效性。

　　应急管理法治事业任重道远，希望本报告为国家治理体系和治理能力现代化和应急管理水平的进一步提高有所贡献！

法律法规全称简称对照表

全称	简称
《中华人民共和国突发事件应对法》	《突发事件应对法》
《中华人民共和国安全生产法》	《安全生产法》
《中华人民共和国消防法》	《消防法》
《中华人民共和国动物防疫法》	《动物防疫法》
《中华人民共和国野生动物保护法》	《野生动物保护法》
《中华人民共和国执业医师法》	《执业医师法》
《中华人民共和国传染病防治法》	《传染病防治法》
《中华人民共和国海警法》	《海警法》
《中华人民共和国生物安全法》	《生物安全法》
《中华人民共和国出口管制法》	《出口管制法》
《中华人民共和国数据安全法》	《数据安全法》
《中华人民共和国档案法》	《档案法》
《中华人民共和国反恐怖主义法》	《反恐怖主义法》
《中华人民共和国人民武装警察法》	《人民武装警察法》
《中华人民共和国国防法》	《国防法》
《中华人民共和国国防教育法》	《国防教育法》
《中华人民共和国预防未成年人犯罪法》	《预防未成年人犯罪法》
《中华人民共和国海上交通安全法》	《海上交通安全法》

续表

全称	简称
《中华人民共和国个人信息保护法（草案）》	《个人信息保护法（草案）》
《中华人民共和国反有组织犯罪法（草案）》	《反有组织犯罪法（草案）》
《中华人民共和国宪法》	《宪法》
《中华人民共和国宪法修正案》	《宪法修正案》
《中华人民共和国防震减灾法》	《防震减灾法》
《中华人民共和国刑法》	《刑法》
《中华人民共和国治安管理处罚法》	《治安管理处罚法》
《中华人民共和国劳动法》	《劳动法》
《中华人民共和国道路交通安全法》	《道路交通安全法》
《中华人民共和国公益事业捐赠法》	《公益事业捐赠法》
《中华人民共和国传染病防治法实施办法》	《传染病防治法实施办法》
《中华人民共和国立法法》	《立法法》
《中华人民共和国监察法》	《监察法》
《中华人民共和国公务员法》	《公务员法》
《中华人民共和国行政诉讼法》	《行政诉讼法》
《中华人民共和国动物防疫法》	《动物防疫法》
《中华人民共和国水法》	《水法》
《中华人民共和国草原法》	《草原法》
《中华人民共和国防汛条例》	《防汛条例》
《中华人民共和国水文条例》	《水文条例》
《中华人民共和国民法典》	《民法典》
《中华人民共和国环境保护法》	《环境保护法》
《中华人民共和国水污染防治法》	《水污染防治法》
《中华人民共和国行政强制法》	《行政强制法》
《中华人民共和国行政处罚法》	《行政处罚法》
《中华人民共和国建筑法》	《建筑法》

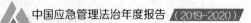
续表

全称	简称
《中华人民共和国安全生产法释义》	《安全生产法释义》
《中华人民共和国森林法》	《森林法》
《中华人民共和国防洪法》	《防洪法》
《中华人民共和国国境卫生检疫法》	《国境卫生检疫法》

目 录
CONTENTS

第一章

中央应急管理法治进展与展望

　　党的十八届三中全会提出了"完善和发展中国特色社会主义制度，推进国家治理体系和治理能力现代化"的全面深化改革总目标。为推进国家治理体系和治理能力的现代化，在应急管理领域对应急管理体系完善和应急管理能力提高进行相应改革。

　　2018 年 4 月 16 日新组建的"中华人民共和国应急管理部"正式挂牌，新组建的应急管理部整合了 9 个相关单位的职责及国家防汛抗旱总指挥部、国家减灾委员会、国务院抗震救灾指挥部、国家森林防火指挥部的职责。按照分级负责的原则，一般性灾害由地方各级政府负责，应急管理部代表中央统一响应支援；发生特别重大灾害时，应急管理部作为指挥部，协助中央指定的负责同志组织应急处置工作，保证政令畅通、指挥有效。按照党的十九届三中全会审议通过的《中共中央关于深化党和国家机构改革的决定》以及《应急管理部职能配置、内设机构和人员编制规定》[1]，应急管理的能力体系目标是"构建统一领导、权责一致、权威高效的国家应急能力体系"。应急管理体制改革目标是"推动形成统一指挥、专常兼备、反应灵敏、上下联动、平战结合的中国特色应急管理体制"。

　　2019 年 10 月，党的十九届四中全会审议通过的《中共中央关于坚持和完善中国特色社会主义制度 推进国家治理体系和治理能力现代化若干重大问题的决定》，就"健全公共安全体制机制"作出重要部署，强调"构建统一指挥、专常兼备、反应灵敏、上下联动的应急管理体制，优化国家应急管理能

---

　　[1]　中共中央办公厅、国务院办公厅关于印发《应急管理部职能配置、内设机构和人员编制规定》的通知（厅字［2018］60 号）

力体系建设"。[1]对应急管理体制改革目标和应急管理能力体系建设稍作调整。

2019年11月29日，中共中央政治局就我国应急管理体系和能力建设进行第十九次集体学习。中共中央总书记习近平在主持学习时就"充分发挥我国应急管理体系特色和优势，积极推进我国应急管理体系和能力现代化"讲话[2]，指出应急管理是国家治理体系和治理能力的重要组成部分，并对应急管理和安全生产系统进行阐述和指示：

第一，就应急管理职能定位强调。"应急管理是国家治理体系和治理能力的重要组成部分，承担防范化解重大安全风险、及时应对处置各类灾害事故的重要职责，担负保护人民群众生命财产安全和维护社会稳定的重要使命。要发挥我国应急管理体系的特色和优势，借鉴国外应急管理有益做法，积极推进我国应急管理体系和能力现代化。"

第二，就我国应急管理客观状况强调。"我国是世界上自然灾害最为严重的国家之一，灾害种类多，分布地域广，发生频率高，造成损失重，这是一个基本国情。同时，我国各类事故隐患和安全风险交织叠加、易发多发，影响公共安全的因素日益增多。加强应急管理体系和能力建设，既是一项紧迫任务，又是一项长期任务。"

第三，就我国应急管理工作重点强调。

一是要健全风险防范化解机制。习近平指出"要健全风险防范化解机制，坚持从源头上防范化解重大安全风险，真正把问题解决在萌芽之时、成灾之前。"

二是要加强风险评估和监测预警。习近平指出"加强对危化品、矿山、道路交通、消防等重点行业领域的安全风险排查，提升多灾种和灾害链综合监测、风险早期识别和预报预警能力。"

三是要加强应急预案管理。习近平指出"健全应急预案体系，落实各环节责任和措施。"

---

〔1〕 "中共中央关于坚持和完善中国特色社会主义制度　推进国家治理体系和治理能力现代化若干重大问题的决定"，载《人民日报》2019年11月6日，第1版。

〔2〕 "充分发挥我国应急管理体系特色和优势　积极推进我国应急管理体系和能力现代化"，载《人民日报》2019年12月1日，第1版。

四是要实施精准治理。习近平指出"预警发布要精准，抢险救援要精准，恢复重建要精准，监管执法要精准"。

五是要坚持依法管理，完善应急管理法律体系和加强应急执法工作。习近平指出"运用法治思维和法治方式提高应急管理的法治化、规范化水平，系统梳理和修订应急管理相关法律法规，抓紧研究制定应急管理、自然灾害防治、应急救援组织、国家消防救援人员、危险化学品安全等方面的法律法规，加强安全生产监管执法工作"。

六是要坚持群众观点和群众路线，坚持社会共治，完善公民安全教育体系。习近平指出"推动安全宣传进企业、进农村、进社区、进学校、进家庭，加强公益宣传，普及安全知识，培育安全文化，开展常态化应急疏散演练，支持引导社区居民开展风险隐患排查和治理，积极推进安全风险网格化管理，筑牢防灾减灾救灾的人民防线"。

七是要加强应急救援队伍建设，建设一支专常兼备、反应灵敏、作风过硬、本领高强的应急救援队伍。习近平指出"要采取多种措施加强国家综合性救援力量建设，采取与地方专业队伍、志愿者队伍相结合和建立共训共练、救援合作机制等方式，发挥好各方面力量作用。要强化应急救援队伍战斗力建设，抓紧补短板、强弱项，提高各类灾害事故救援能力。要坚持少而精的原则，打造尖刀和拳头力量，按照就近调配、快速行动、有序救援的原则建设区域应急救援中心。要加强航空应急救援能力建设，完善应急救援空域保障机制，发挥高铁优势构建力量快速输送系统。要加强队伍指挥机制建设，大力培养应急管理人才，加强应急管理学科建设"。

八是要强化应急管理装备技术支撑，优化整合各类科技资源，推进应急管理科技自主创新，依靠科技提高应急管理的科学化、专业化、智能化、精细化水平。习近平指出"要加大先进适用装备的配备力度，加强关键技术研发，提高突发事件响应和处置能力。要适应科技信息化发展大势，以信息化推进应急管理现代化，提高监测预警能力、监管执法能力、辅助指挥决策能力、救援实战能力和社会动员能力"。

九是各级党委和政府要切实担负起"促一方发展、保一方平安"的政治责任，严格落实责任制。习近平指出"要建立健全重大自然灾害和安全事故调查评估制度，对玩忽职守造成损失或重大社会影响的，依纪依法追究当事方的责任。要发挥好应急管理部门的综合优势和各相关部门的专业优势，根据职责分工承担各自责任，衔接好'防'和'救'的责任链条，确保责任链条无缝对接，形成整体合力"。

2019 年是应急管理部门组建到位后全面履职的第一年，是应急管理体系和能力建设整体谋划布局之年。应急管理大的体制已经明确，新的机制基本形成，力量体系初步建立，应急救援能力和效率显著提高，新部门新机制新队伍的优势日益显现。习近平总书记关于加强应急管理和安全生产工作的重要论述，科学回答了事关应急管理工作全局和长远发展的重大理论和实践问题，为应急管理工作提供了科学指南和根本遵循。

2020 年 1 月 6 日至 7 日召开的全国应急管理工作会议，深入学习贯彻习近平总书记关于应急管理的重要论述，按照党中央、国务院决策部署，立足新发展阶段，贯彻新发展理念，围绕构建新发展格局，新形势新挑战新要求，坚持人民至上、生命至上，坚持统筹发展和安全，着力防风险、保稳定、建制度、补短板，全力防控重大安全风险，奋力推进应急管理体系和能力现代化。会议指出，推进应急管理体系和能力现代化，既是一项紧迫任务，又是一项长期任务。并对应急管理工作开展作出安排。

一是应急管理坚持的原则。坚持党的领导、坚持以人为本、坚持预防为主、坚持精准治理、坚持依法管理、坚持社会共治。

二是应急管理的近期目标。通过三年努力，基本建成高效科学的中国特色大国应急体系。应急管理体制目标包括：要建立健全中国特色应急管理体系，着力推进应急指挥体制、部门管理体制、安全监管和执法体制改革，建强基层应急管理组织机构，健全风险防范化解机制，完善法律法规预案标准体系。应急管理的能力目标包括：要大力提升应急管理能力，着力提高安全风险防控能力、应急救援能力、科技支撑和人才保障能力、社会参与能力，构建统一领导、权责一致、权威高效的国家应急能力体系。

三是应急管理的着力点。在着力防范化解重大安全风险上狠下功夫，在进一步健全完善体制机制上狠下功夫，在加快提升综合应急救援能力上狠下功夫，在筑牢夯实应急管理基层基础上狠下功夫，在加强全系统党的建设和干部队伍建设上狠下功夫。

四是应急管理工作思路。以推动高质量发展为主题，以防范化解重大安全风险为主线，以改革创新为根本动力，以满足人民日益增长的安全需要为根本目的，坚持总体国家安全观，更好统筹发展和安全，着力化解存量风险、防范增量风险，深入推进应急管理体系和能力现代化，全力保护人民群众生命财产安全和维护社会稳定，为"十四五"开好局、起好步创造良好安全环境，以优异成绩庆祝建党100周年。

在2021年1月7日全国应急管理工作会议上，应急管理部黄明书记在"深入推进改革发展、全力防控重大风险，为开启全面建设社会主义现代化国家新征程创造良好安全环境"讲话中总结了2020年应急管理部的工作成绩。2020年是应急管理的奠基之年。在疫情应对方面充分发挥应急管理部门综合优势和有关部门专业优势，加强统筹协调，把人员转移避险摆在突出位置，提前预置力量，科学高效组织抢险救援，会同有关部门建立救灾资金和物资快速调拨机制，有序开展救灾救助。在防控重大安全风险方面，部署实施全国安全生产专项整治三年行动，中央出台关于全面加强危化品安全生产工作意见，深入开展危化品企业和化工园区安全整治提升。在应急管理体系建设方面，完善应急管理体制。制定健全地方防汛抗旱工作机制和健全完善地方森林草原防灭火工作机制两个指导意见，进一步理顺应急指挥体系。中央出台深化应急管理综合行政执法改革意见，组建国家矿山安全监察局，加强了危化品监管机构和力量。健全应急管理法制机制。推进《突发事件应对法》修改工作，修订《安全生产法》，推动在《刑法》修改中增加了危险作业罪等法定刑；国家森林草原火灾应急预案和防灭火指挥部运行机制印发实施；集中发布一批应急管理标准。构建应急管理能力体系。国家综合性消防救援队伍新组建461支地震灾害救援队，建设"10+2"森林消防综合应急救援拳头力量；积极推进国家航空应急救援体系建设；新建一批安全生产专业救援基地。大力推进提高自然灾害防治能力重点工程建设，开展第一次全国自然灾害综合风险普查，建成"国家应急指挥综合业务系统"，搭建应急资源管理平台，增储一批应急物资，应急管理科技和信息化支撑保障作用开始凸显。

在2021年的全国应急讲话工作中也对工作任务作出安排，即把人民至上、生命至上作为两个根本价值遵循，统筹发展和安全两件大事，从根本上消除事故隐患、从根本上解决问题两个根本问题，以贯彻习近平总书记关于应急管理重要论述，指导编制好应急管理"十四五"规划，坚持以人的现代化为基本，着力构建现代化的应急指挥体系、风险防范体系、应急救援力量体系、应急物资保障体系、科技支撑和人才保障体系、应急管理法治体系，深入推进应急管理体系和能力现代化。力争到 2025 年，形成统一指挥、专常兼备、反应灵敏、上下联动的应急管理体制，建成统一领导、权责一致、权威高效的国家应急能力体系。到 2035 年，建立与基本实现现代化相适应的中国特色大国应急体系，全面实现依法应急、科学应急、智慧应急，使中国应急管理成为彰显中国特色社会主义制度优越性的重要标志。

2021 年 3 月公开发布的《中华人民共和国国民经济和社会发展第十四个五年规划和 2035 年远景目标纲要》在国家治理效能得到新提升的目标项下，应急管理领域的目标是"防范化解重大风险体制机制不断健全，突发公共事件应急处置能力显著增强，自然灾害防御水平明显提升，发展安全保障更加有力"[1]，这里主要强调的是应急管理体制的健全、应急管理能力的提升以及应急管理的物质保障有力三个方面，反映出应急管理目标设定上坚持问题导向和目标导向相统一。

法治是治国理政的基本方式。法治兴则国兴、法治强则国强。党的十八大以来，以习近平同志为核心的党中央从坚持和发展中国特色社会主义的全局和战略高度定位法治、布局法治、厉行法治，开创了全面依法治国的新局面，确立了习近平法治思想在全面依法治国工作中的指导地位。习近平法治思想指出，要坚持在法治的轨道上推进国家治理体系和治理能力的现代化。应急管理作为国家治理体系和治理能力现代化的组成部分，也必须在法治的轨道上开展。立足我国应急管理的国情和阶段特点，统筹推进应急管理法治建设的总体进程，借鉴国外应急管理法治有益经验，循序渐进、久久为功，按照中国特色社会主义法治体系的内容布局应急管理法治建设，即应急管理法律规范健全、应急管理法治实施高效、应急管理法治监督有效、应急管理法治保障充分。

---

〔1〕 "（两会受权发布）中华人民共和国国民经济和社会发展第十四个五年规划和 2035 年远景目标纲要"，载新华网，http://m.xinhuanet.com/2021-03/13/c_1127205564.htm，最后访问时间：2021年3月13日。

第一节　中央应急管理法治发展概况

应急管理是国家治理体系和治理能力的重要组成部分，承担防范化解重大安全风险、及时应对处置各类灾害事故的重要职责。应急管理体系和能力现代化是应急管理制度和制度执行能力的集中体现。法治手段是应对突发公共事件最基本、最主要的手段，也是建设法治政府的必然要求。因此，加强应急管理的法治建设，提供切实有效的法治保障意义重大。

一、我国现行应急管理法的发展概况

2019 年 1 月 17 日召开的全国应急管理工作会议指出："要全面建设应急管理法律制度体系，加快应急管理领域法律法规制修订工作，推进应急预案和标准体系建设，改进安全生产监管执法。"目前，我国应急管理部门在广泛听取民众意见以及充分借鉴现有相关应急文件和指导思想的基础上，推动我国四类突发事件的应急管理法律体系在更加广阔的领域不断完善和发展。

（一）我国应急管理法的发展

十八大之前我国四类公共事件的应急管理法律法规主要包括：自然灾害类应急法律法规 17 部（法律 5 部，行政法规 12 部）；事故灾害类应急法律法规 42 部（法律 10 部，行政法规 32 部）；公共卫生事件类的应急法律法规 11 部（法律 6 部，行政法规 5 部）；社会安全类的应急法律法规 36 部（法律 16 部，行政法规 20 部）。[1] 近年来，我国大力推进应急管理体系和能力现代化，即改革不适应实践和发展要求的应急管理法律法规以及有关应急体制机制，同时又不断构建新的法律法规和体制机制，使应急管理各方面的制度以法律为支撑、以制度为保障，从而更加科学、更加完善，逐步实现应急管理事务的制度化、规范化、法治化。

1. 自然灾害、生产安全类法律法规

2019 年应急管理部副部长孙华山在国务院新闻办公室 9 月 18 日上午举行新闻发布会介绍了新时代应急管理事业改革发展情况指出"基本形成了中国

---

〔1〕 参见中华人民共和国中央人民政府网站，载 http://www.gov.cn/yjgl/flfg.htm，最后访问时间：2021 年 1 月 21 日。

特色应急管理体系。我国应急管理事业累计颁布实施《突发事件应对法》《安全生产法》等 70 多部法律法规。党中央、国务院印发了《关于推进安全生产领域改革发展的意见》《关于推进防灾减灾救灾体制机制改革的意见》。制定了 550 余万件应急预案。形成了应对特别重大灾害'1 个响应总册+15 个分灾种手册+7 个保障机制'的应急工作体系，探索形成了'扁平化'组织指挥体系、防范救援救灾'一体化'运作体系。"〔1〕习近平总书记在关于应急管理的重要论述上，清晰擘画出了应急管理法律体系的宏伟蓝图，"要坚持依法管理，运用法治思维和法治方式提高应急管理的法治化、规范化水平，系统梳理和修订应急管理相关法律法规，抓紧研究制定应急管理、自然灾害防治、应急救援组织、国家消防救援人员、危险化学品安全等方面的法律法规"。即"1+4"。在对法律法规全面梳理的基础上，邀请全国人大常委会法工委、司法部等有关专家共同研讨，应急管理部形成了"1+5"（即《应急管理法》+《安全生产法》《自然灾害防治法》《消防法》《应急救援队伍管理法》《国家综合性消防救援队伍和人员法》）的应急管理法律体系骨干框架。〔2〕2019 年 11 月人力资源社会保障部、财政部、应急管理部联合印发《国家综合性消防救援队伍管理规定（试行）》，除应急管理法尚未完成外，应急管理法律体系骨干框架已经搭建起来。

2. 公共卫生应急管理法律规范体系

新冠肺炎疫情暴发后，公共卫生应急管理法律规范体系也进行分类立法、综合统筹。2020 年 4 月 17 日第十三届全国人民代表大会常务会第五十次委员长会议通过《十三届全国人大常委会强化公共卫生法治保障立法修法工作计划》，提出综合统筹健全国家公共卫生相关的法律，涉及公共卫生相关的法律有基本医疗卫生与健康促进法、中医药法、药品管理法、疫苗管理法、献血法、职业病防治法、精神卫生法、母婴保健法等；涉及动植物和动物源性食品安全有关的法律有渔业法、食品安全法；涉及疫情防控有关的法律有红十字会法、慈善法、公益事业捐赠法等。截至 2021 年 3 月，已完成修订的公共

---

〔1〕 "应急管理部：我国累计制定 550 余万件应急预案——中华人民共和国应急管理部"，载 https://www.mem.gov.cn/xw/bndt/201909/t20190918_336740.shtml，最后访问时间：2021 年 1 月 21 日。

〔2〕 参见"关于政协十三届全国委员会第三次会议第 0433 号（政治法律类 043 号）提案答复的函"，载中华人民共和国应急管理部，https://www.mem.gov.cn/gk/jytabljggk/zxwytadfzy/202012/t20201209_374985.shtml，最后访问时间：2021 年 1 月 21 日。

卫生领域的法律主要有《动物防疫法》等 6 项，修改《野生动物保护法》《执业医师法》《传染病防治法》等 11 项任务将在 2021 年年底前完成。[1]

3. 公共安全领域的立法体系

社会安全领域制定了《海警法》《生物安全法》《出口管制法》《数据安全法》，修改了《档案法》《反恐怖主义法》《人民武装警察法》《国防法》《国防教育法》《预防未成年人犯罪法》等，审议了《海上交通安全法》修订草案，《个人信息保护法（草案）》，以及 2020 年年底提请全国人大常委会审议了《反有组织犯罪法（草案）》等[2]。由于社会安全事件类型有其特殊性，本报告不作重点阐述。

（二）我国现行应急管理法的构成

1. 宪法

1954 年《宪法》规定了战争状态和戒严制度。2004 年《宪法修正案》把"戒严"改为"紧急状态"的提法引人瞩目。紧急状态制度主要包括以下几项内容：明确了紧急状态的范围；明确了紧急状态的决定机关和权限；明确了紧急状态的宣布机关和权限等。紧急状态包括极端形式的紧急状态和普通形式的应急管理。"紧急状态"入宪，为因重大自然灾害、事故灾难、公共卫生事件、社会安全事件等引起的突发事件应急管理法治建设奠定了宪法基础。

2. 应急管理基本法

当前，我国应急管理基本法是指 2007 年实施的《突发事件应对法》。《突发事件应对法》的制定和实施成为应急管理法治化的重要标志。《突发事件应对法》是适用于各类普通突发事件全过程应急管理的基本法，是应急管理领域兜底性的法律。我国之所以称其为基本法，主要是因为：（1）其调整对象覆盖了全部或多数突发事件；（2）其调整范围贯穿应对这些突发事件的全部或多数阶段；（3）在法律适用上，该法律居于一般法的地位。

3. 应急管理单行法

根据公共事件的事项特点和应急管理的阶段特点的不同，应急管理单行

---

〔1〕 "全国人民代表大会常务委员会工作报告"，载中国人大网，http://www.npc.gov.cn/npc/kgfb/202103/84244a2f9aa84dc386484166810641e7.shtml，最后访问时间：2021 年 1 月 21 日。

〔2〕 "全国人民代表大会常务委员会工作报告"，载 http://www.npc.gov.cn/npc/kgfb/202103/84244a2f9aa84dc386484166810641e7.shtml，最后访问时间：2021 年 1 月 21 日。

法具有"一事一法"和"一事一阶段一法"的特点。

第一，一事一法，即适用于某一种类突发事件的法律。《突发事件应对法》是我国公共应急管理领域的首部综合性法律。此后我国的应急管理法治体系不断完善。在自然灾害、事故灾害、公共卫生事件、社会安全事件等四大领域的基础上又对应急管理单行法进一步地细分。比如，自然灾害领域中的《防震减灾法》就是专门为了防御和减轻地震灾害，保护人民生命财产安全进行的一项立法；一事一法的立法理念充分考虑到各个领域中各种突发事件的特殊性，进而有针对性地对其进行解决，做到问题的精准解决。

第二，一事一阶段一法，即适用于某一种类突发事件在某一应急阶段的法律。具体到每一个突发事件，从其发生到结束经过的每个阶段都是不同的，因此应该抓住矛盾的特殊性，针对突发事件的不同阶段进行相应的立法，逐一击破，实现立法过程的精细化，保障人民的生命财产安全，在应急过程中分别对应急的预防、处置、调查等阶段立法，如《防范和处置非法集资条例》《电力安全事故应急处置和调查处理条例》，从而更有利于增强我国立法的针对性，对人民群众的生命财产安全进行最大程度的保障。

4. 应急管理相关法

在专门的应急管理法律之外，其他法律中也广泛存在某些与应急管理相关的制度。这些制度可能是某部法律的个别章节，也可能仅是个别条款。比如《刑法》《治安管理处罚法》《劳动法》《道路交通安全法》《公益事业捐赠法》等法律中都有关于应急管理的相关规定。

5. 有关国际条约和协定

第一，有关共同应对某类突发事件的条约或者约定，如针对恐怖袭击、劫持航空器、海难、海啸等事件的国际法规范。

第二，国际人权公约中对紧急状态下人权克减的规定。《残疾人权利公约》《世界人权宣言》《儿童权利公约》《关于难民地位的公约》《男女工人同工同酬公约》《禁止并惩治种族隔离罪行国际公约》《制止恐怖主义爆炸事件的国际公约》《联合国人员和有关人员安全公约》《联合国反腐败公约》等。

6. 有关应急管理预案

应急预案体系为综合应急预案、专项应急预案和现场处置方案，包括应急组织机构和人员的联系方式、应急物资装备清单等附件信息。

二、我国现行应急管理法存在的问题

（一）个别领域法律缺位

应急管理法律体系的建立健全既是应急管理法治化的基础，同时也是应急管理工作得以有效、有序开展的重要保障。《突发事件应对法》虽然填补了我国应急基本法的立法空白，但是针对突发事件的应急管理法律制度仍然不健全。《突发事件应对法》第69条第1款规定："发生特别重大突发事件，对人民生命财产安全、国家安全、公共安全、环境安全或者社会秩序构成重大威胁，采取本法和其他有关法律、法规、规章规定的应急处置措施不能消除或者有效控制、减轻其严重社会危害，需要进入紧急状态的，由全国人民代表大会常务委员会或者国务院依照宪法和其他有关法律规定的权限和程序决定。"因此，对于社会危害性最大的、最高等级的突发事件，原则上应当按照紧急状态处理。但是，目前我国还没有一部相应的紧急状态法。

（二）有些规定过于原则、可操作性不强

立法原则，针对性、明确性不够，可操作性不强是我国立法存在的一个问题，应急立法领域同样如此。例如2013年修正的《传染病防治法》，总则和附则共九章内容，总则部分对制定该法的目的、传染病的分类等进行了规定；第二、三章对传染病的预防工作，疫情报告、通报和公布进行了相应规定；第四、五章对疫情控制、医疗救治进行了规定；第六、七、八章对监督管理、保障措施和法律责任进行了明确，类似于建立了一个长效机制；但实际上，这部法律中的很多条文都是为了保证该部法律体系的完整性，所以部分条文的可操作性并不强，而且一些条文仅规定具体措施而没有明确内容。

法律规定不明确的一个后果是职权配置不够明晰。新冠肺炎疫情肆虐首先暴露了现行法律制度疫情信息报告、预警和信息发布权责不明的短板。在疫情报告方面，《传染病防治法》笼统规定疾病预防控制机构、医疗机构和采供血机构及其执行职务的人员是疫情报告的主要责任主体，没有明确医疗机构的首诊医师负责制，没有明确规定疫情报告的内容、程序、方式和时限。在疫情信息和预警信息发布方面，《传染病防治法》规定的责任主体只有国务院卫生行政部门和其授权的省、自治区、直辖市人民政府卫生行政部门，但《突发事件应对法》规定的预警主体是县级以上地方人民政府。对于《传染病防治法》和《突发事件应对法》上述规定的适用问题，专家学者意见分歧比较大。另外关于突发公共卫生事件发生时征用权的行使主体，《传染病防治法》规定的是县级以上人民政府，《突发事件应对法》扩展为有关人民政府及其部门。不同法律对职权规定的不一致，同样会造成职权不明的后果。

（三）有些法律法规责任配置有失妥当

责任配置不妥当是现行突发公共卫生事件应对法律制度的最大短板和软肋。一是有些权力义务没有规定相应的责任。比如，《传染病防治法》规定政府应当为被隔离人员提供生活保障，但没有规定违反该规定的法律责任；《传染病防治法》还规定对"密切接触者"在指定场所进行医学观察和采取其他必要的预防措施，但没有规定"密切接触者"拒不配合的法律责任。二是有些责任规定过轻，不足以约束权力、确保义务履行到位。比如，《传染病防治法》规定地方政府、县级以上人民政府卫生行政部门、疾病预防控制机构、医疗机构等隐瞒、谎报、缓报传染病疫情的，如果没有造成传染病传播、流行或者其他严重后果，其法律后果是"通报批评，给予警告"，显然这样的法律责任是无法确保疫情信息及时、全面、准确上报的。再比如，疾病预防控制机构或医疗机构故意泄露传染病病人、病原携带者、疑似传染病病人、密切接触者涉及个人隐私的有关信息、资料的，除非造成严重后果，其法律后果也只是"通报批评，给予警告"。

（四）权利保障不够充分

在应对突发公共卫生事件方面，首先要保障行政隔离、疫区封锁、行政征用等行政应急权的有效行使。但行政应急权的行使不可避免地影响到公民人身权和公民、法人和其他组织的财产权。为此，应急要求遵守最低限度人权保障原则，公民的生命权、不受虐待、公正审判权、平等对待权、宗教信仰自由等不得限制。即使是可以限制的权利，对其限制也是有限度的，应当遵守目的的正当性（公益性）、形式的正当性（法定性）、程序的正当性以及补偿的正当性。比如，公民、法人和其他组织的财产权在疫情防控中受到限制的，如果不属普遍性损害，而是特别牺牲，就应当给予及时公平补偿。我国现行突发事件应对的法律法规中，没有基本权利保障原则的规定，行政隔离、疫区封锁、征用制度等紧急措施的规定过于原则，行政隔离缺乏对"密切接触者"的判断标准，疫区封锁相关标准也不够清晰，行政征用的条件、补偿标准、补偿时限等都没有可以遵循的具体标准，公民、法人和其他组织的基本权利被侵犯之后的救济渠道也不畅通。行政紧急权越是缺乏明确具体的规定，越不利于公民、法人和其他组织基本权利的保障。从以往应对突发事件的实践看，征用存在补偿标准由行政方单方确定且过低，以及补偿时间过晚等问题。

（五）法定程序有待完善

对于法治来讲，程序比实体更具有重要意义，规范约束公权力，不仅需要实体规定，也需要程序规定，而且程序的意义更大。应对突发公共卫生事件，程序可以适当简化，但不能忽视程序、完全不要程序。应急的正当程序原则要求行使隔离、征用等紧急权时，应尽可能遵循通知、说明理由、听取意见和申辩等基本流程。与其他国家和地区的相关立法相比，我国的《传染病防治法》《突发事件应对法》《突发公共卫生事件应急条例》等法律法规，在程序的规定方面比较缺乏。比如，没有规定隔离治疗的书面决定、告知家属、隔离期限、不服隔离的救济、解除隔离的决定等程序。行政征用只是原则规定了政府的征用权和使用完毕后的返还、补偿义务，没有规定征用的具体操作程序。且不说正当程序的规范约束行政紧急权价值和保障征收权直接影响到的私权价值，程序的规定对于市场主体来说，还有保护其他权益的意义。比如，如果没有隔离的书面决定和解除决定，就会使合同的履行产生不必要的纷争，也会影响诉讼、仲裁当事人诉讼、仲裁程序中的中止权利行使。

（六）立改废不及时

良法是善治之前提。应急管理的法治化首先要求有"法"可依，同时要及时修改、废除、解释法律法规，使得立法跟上时代的节奏，满足时代的需要。总体来看，我国应急管理法律法规建设在 20 世纪 80 年代末，尤其是2003 年非典疫情以来快速发展，但在一些领域依然存在立改废释不及时的问题。比如，1991 年《传染病防治法实施办法》是根据 1989 年《传染病防治法》制定的，2004 年，国家对《传染病防治法》进行了实质性修订，但《传染病防治法实施办法》始终没有修改，因此造成了法律法规之间不协调甚至矛盾冲突的严重问题。

三、健全我国应急管理法的方法措施

健全我国应急管理法制，应以法治为标准。法治是法律之治、良法之治、程序之治。未来的应急管理法制建设，应突出制度的法律化、法律的明确化、程序的正当化、责任的清晰化和法律制度的体系化。

（一）制度的法律化

法治是"法的统治"，是法律之治。法治之所以强调"法律之治"，是因为法治的核心使命是规范约束公权力、保障私权利。只有居于中立地位、代表民意的立法机关通过的法律，方可合理配置公权力，实现公权力之间的监督制约；方可明确界定私权利，实现定分止争且制约公权力；方可妥当设定刑事责任、限制人身自由的强制措施和处罚，实现责权利的平衡，使法律成为有别于道德的、真正具有强制约束力的"硬"法，不至于沦为没有刚性的"软"法。也正是因为这个原因，法律被称为治国之重器、最大最重要的规矩。推行法治，前提是有法可依，有规则、有制度不等于有法可依。如果在一个国家的制度构成中，作为治国重器的法律过少，而行政法规、规章，尤其是规范性文件过多，必然的结果是制度的约束力不够。

现行应急管理制度构成依然存在法律过少、行政法规、规章和规范性文件过多的结构性问题。很多应急管理制度之所以落不了地，或者不能很好落地，与制度本身层次不高、缺乏约束力有很大关系。常听有些领导和专家学者讲"现在制度是有的，关键是执行不好"，其实，制度执行不好的一个重要原因就是制度本身缺乏执行力——强制力。提高制度的刚性约束力，必须加快推动制度的法律化。

（二）法律的明确化

法治不仅是法律之治，更是良法之治。习近平总书记在 2013 年十八届中央政治局第四次集体学习时的讲话中指出："人民群众对立法的期盼，已经不是有没有，而是好不好、管用不管用、能不能解决实际问题；不是什么法都能治国，不是什么法都能治好国；越是强调法治，越是要提高立法质量。"俗话说无规矩不成方圆，其实，有规矩也不一定成方圆。治国理政，光有规矩、仅停留在有法可依的层面是远远不够的。良法是善治之前提，良法不仅可以为司法减负，而且可以提高行政效率和降低行政成本。良法是具备公开、明确、稳定、公平正义、无内在矛盾、可遵循、完善、不溯及既往等品质之法。我们之所以特别强调明确性这一良法的品质，主要有两个原因：

第一，明确性是法律制度的基本要求。"法律是肯定的、明确的、普遍的规范，在这些规范中自由获得了一种与个人无关的、理论的、不取决于个别人的任性的存在。"[1]在美国法学家富勒和英国法学家菲尼斯各自提出的法治的八项原则中，都包含明确性原则，[2]而英国法学家莱兹更是认为法治的最根本原则就是法律必须是可预期的、公开的和明确的。[3]2015年修正的《立法法》针对一些立法存在的简单概括抽象模糊等问题，在其第6条增加了第2款规定"法律规范应当明确、具体，具有针对性和可执行性"。

之所以出现这种情况，与我国过去很长一段时期坚持"宜粗不宜细"的立法思路有很大关系。法律"宜粗不宜细"使得法律过于原则抽象，很多实质性内容授权行政法规，甚至部门规章、规范性文件规定，结果导致法律缺乏刚性，不管用、不好用。解决法律规定不明确的问题，首先要革新"宜粗不宜细"的立法观念，法律的明确性要通过具体规定实现。在立法部门，总有一种声音，认为我国各地发展程度差别大、情况复杂，法律规定不能太具体，否则会导致法律不可执行。的确，类似日本那样"事无巨细"的立法在我国并不现实，法律也不可能包打天下。但值得注意的是，与法律具有同样适用范围的行政法规、规章可以规定的事项，为什么不能在法律中进行规定？诚然，法律需要保持稳定，但法律的稳定性也是相对的，宪法、民事、刑事等基础类法律的确需要稳定，但行政管理类、经济商事类法律恰巧需要与时俱进。现在的问题似乎不是法律应当稳定，而是有些法律过于"稳定"，以至于严重滞后于实践需要。的确，现行的立法体制机制是无法满足法律因时而变的巨大立法需求的，但解决问题的思路不应是压制需求，而应是推动立法体制机制改革，提高法律供给能力。其次，立法部门应当更有作为和担当，既不能回避问题、绕着问题走，也不能把问题推给其他部门或者地方。问题终究是要解决的，不同类型的问题需要不同层次的制度解决，有些问题只能由法律解决，如果法律不解决，行政法规、规章等即使想解决也无权解决。

---

〔1〕　中共中央马克思恩格斯列宁斯大林著作编译局编译：《马克思恩格斯全集》（第1卷），人民出版社1995年版，第176页。

〔2〕　参见［美］朗·L.富勒：《法律的道德性》，郑戈译，商务印书馆2005年版，第55页；［英］约翰·菲尼斯：《自然法与自然权利》，董娇娇等译，中国政法大学出版社2005年版，第216页。

〔3〕　Joseph Raz：*The Authority of Law*，pp. 214~218. 转引自：夏恿："法治是什么——渊源、规诫与价值"，载《中国社会科学》1999年第4期。

如果立法不能解决已经出现的分歧、争论，指望通过法律的执行化解矛盾是不现实的，也是要付出巨大代价的。

（三）程序的正当化

法治是程序之治。法谚道，"正义不仅要实现，而且要以人们看得见的方式实现。"这里"看得见的方式"就是程序。公权力的行使之所以需要程序，一方面是因为公权力存在的唯一目的就是公共利益，另一方面是因为对于法治而言，程序的价值重于实体。这是因为，相对于实体规定而言，程序规定更加具体可操作，更有利于规范约束"自由裁量权"。公权力的取得和行使不仅应有程序，程序还应正当，否则走程序将沦为"走形式、走过场"。程序的正当性来源于程序的中立、理性、排他、可操作、平等参与、自治、及时终结和公开。应急管理法制建设不仅应重视程序制度设计，还应在程序的告知理由、公众参与、赋予救济权等方面增强程序的正当性。

（四）责任的清晰化

法律与道德的根本区别就在于法律责任的强制性，法律的生命力也在于法律责任的存在。法律责任是法律规范的基本构成要素，权力必须与责任相伴，否则必然被滥用；义务必须有责任保障，否则难保其履行，权利也将无从实现。因此，凡是法律规定的义务，都应尽可能配置相当的责任，这是法律之所以被称为法律的基本要求。但一个不争的事实是，过去有不少法律法规缺乏法律责任的规定。法律责任规范属于法律规范，理应具备明确性的特征。因此，法律责任规范设计应当尽可能避免"可以罚款""可以给予行政处分"这样的模糊规定，而应通过规定罚款的起罚线、封顶线等明确的罚款额度，通过规定具体的行政处分类型明确行政处分责任。不过，这里强调的法律责任清晰化，并不是法律责任实体规定的明确化，而是法律责任配置模式的清晰化。

（五）法律制度的体系化

国家治理体系和治理能力现代化，需要法律制度体系化。回顾改革开放40多年法制建设历程，成绩不容否认，问题也需直面，其中一个突出问题就是立法缺乏刚性规划引领，法律法规之间缺乏协调、存在矛盾冲突和不一致，既影响法律法规的权威，也减损法律法规的实效。法律制度体系性不够的问题，在应急管理法制领域同样存在，未来的应急管理法制建设，必须突出法律制度的体系化。首先，加快"紧急状态法""灾害保险法""灾害救助和补偿法"等法律的制定；其次，加快《突发事件应对法》《传染病防治法》等法律法规的修改进程；最后，以突发事件基本法为统领，加快法律法规等的清理，构建应急管理法律制度体系。

第二节　中央应急管理法治的主要特点与发展方向、措施

一、中央应急管理法治的主要特点

（一）对接机构改革进行制度调整，明确有关部门的工作职责

2018 年 3 月 17 日，第十三届全国人大第一次会议表决通过了关于国务院机构改革方案的决定，正式组建应急管理部。应急管理部的成立标志着新一轮应急体制改革的启动，遵循了"一类事项原则上由一个部门统筹、一件事情原则上由一个部门负责"的原则，符合国家治理体系和治理能力现代化的基本需求。同时，部分应急指挥职能实行整体划转，保留部分专业机构的应急指挥权能。

根据新一轮机构改革的设计，防汛抗旱指挥部已从水利部调整到新成立的应急管理部，该部门变化的不仅是名称，其组织机构、部门职责也发生了相应变化。2019 年，全国多个省市建立健全了防汛抗旱领域的地方立法，各地的立法虽然是从不同角度对防洪抗旱、水污染治理、河道管理等事项加以规范，但都体现出了机构改革后防汛抗旱主管部门的变化。国家防汛抗旱总指挥部修订印发《地方各级人民政府行政首长防汛抗旱工作职责》《国家防总巡堤查险工作规定》，推动理顺防汛抗旱职责分工，指导支持地方健全防汛抗旱指挥机构。应急管理部配合中央编办开展深化安全生产监管体制改革调研，提出完善危险化学品安全监管体制、矿山安全监察体制和安全生产执法体系的意见建议。制定特别重大自然灾害救灾捐赠工作方案，推动建立特别重大自然灾害救灾捐赠工作部门联动机制。这次机构改革将地震局的震灾应急救援职责整合，划入应急管理部管理，国务院抗震救灾指挥部职能移至应急管理部门，是我国地震应急救援指挥制度的重大变革。

2020 年 10 月，根据《中国共产党机构编制工作条例》，应急管理部职责发生部分改变。应急管理部非煤矿山（含地质勘探）安全监管职责划入国家

矿山安全监察局；撤销应急管理部安全生产基础司（海洋石油安全生产监督管理办公室），相关职责并入安全生产执法局；应急管理部增设危险化学品安全监督管理二司，承担化工（含石油化工）、医药、危险化学品经营安全监督管理工作，应急管理部其他职责不变。

在机构改革过程中，坚持优化、协同、高效的原则，对外与23个部门加强沟通，处理好统与分的关系，界定好防与救的职责；对内加强职能的融合和重塑，优化组织结构和运行机制，把分散体系变成集中体系，把低效资源变成高效资源。

（二）建立健全联防联控机制，完善应急职责，明确权责清单

机构改革后，既要发挥应急管理部门的综合优势，也要发挥各相关部门的专业优势，根据职责分工承担各自责任，衔接好"防"和"救"的责任链条，建立协调配合机制，确保责任链条无缝对接，形成整体合力。应急管理部统筹推进《中共中央、国务院关于推进防灾减灾救灾体制机制改革的意见》，印发文件指导地方理顺防汛抗旱、森林草原防灭火等自然灾害应急救援指挥体系，推动将防汛抗旱、森林草原防灭火、抗震救灾等指挥机构办公室调整至应急管理部门。应急管理部各机构除发挥了日常应急管理职能。如对各地区各部门的防灾减灾工作进行指导，编制安全生产和综合防灾减灾规划等，还充分发挥了综合协调职能。在防灾减灾领域，针对各类自然灾害的综合防治，有效衔接、协调各单灾种法规规章，促进了其向综合灾种立法。在灾害对策基本原则层面，建立灾害防范、减灾和应急的上下合作、左右配合的协助合作机制，促进各类责任主体防灾减灾救灾义务和责任的主动履行、承担，协调有关部门对灾害进行监测和预警、制定应急物资储备和应急救援装备规划并组织实施、建立统一应急信息共享平台等。全面提升综合减灾能力，实现从灾后救助向灾前预防转变。

（三）健全应急管理法律体系，推动应急重点领域立法工作

加强我国应急管理法治建设在"一体化"思维的指导下加强，将应急法律体系中不同形式和内容的法律规范进行横向和纵向的整合，从而使整合后的应急法律体系的功能和价值超出原来这些应急法律规范相互分离和零散结合时的状态，进一步优化应急法律体系。应急管理部在应急管理法律体系的健全方面主要从以下几个方面发力，一是对已有法律的修改完善，配合立法

机关对《安全生产法》《突发事件应对法》中的重大问题的修改研究论证；二是为立新法的调研起草，开展危险化学品安全法、应急救援队伍管理法、煤矿安全条例等法律、行政法规调研起草；三是在职权范围的部门规章制修订工作，如制修订《煤矿重大事故隐患判定标准》《工贸企业工贸企业粉尘防爆安全规定》《火灾事故调查规定》；四是指导地方应急管理立法工作，出台《应急管理部关于进一步推进地方应急管理立法工作的指导意见》，对地方立法工作进行指导。五是应急管理国家标准和行业标准的制修订，对标"十四五"规划，明确安全生产、消防救援、减灾救灾等应急管理标准化的发展目标、主要任务、重点工作、重大项目及保障措施等，报批一批应急管理的国家标准和行业标准，核准一批应急管理标准制修订项目，下达一批应急管理行业标准制修订，整合精简一批国家标准和行业标准。

（四）落实"放管服"改革要求，精简许可事项

应急管理部制定深化"放管服"改革，加强事中事后监管工作方案，提出深化"放管服"改革工作思路、重点任务、创新举措。一是优化规范审批行为，具体包括进一步压减应急管理行政审批事项，推进和指导各地新版安全生产许可证应用工作；细化办事指南，将生产许可审批依据链接到政策法规标准数据库，对应急管理审批事项的申请资料进行清单式管理。二是编制行政许可事项清单、权责清单，形成应急管理部行政许可事项清单，编制印发《煤矿安全监察机构权力和责任清单》等，完成了应急管理部权责清单的汇总整理工作，明确了职权事项的实施依据、履职方式、追责情形等内容。三是对部门规章、规范性文件和有关改革措施的清理，按照国务院办公厅的规定组织开展《野生动物保护法》等管理事项的法规规章、规范性文件的清理工作，并对应急管理部的涉企经营许可事项进行研究，为深化"放管服"改革做到心中有数。

（五）提升应急管理执法规范化水平，加强执法力度

应急管理执法的规范水平提升在于规范的执法程序，为此在安全生产执法方面印发《安全生产执法手册（2020年版）》《消防监督检查手册》，同时以"互联网+执法"的信息化系统提供高效便民的措施。应急管理执法体制向应急管理综合行政执法改革，在中央办公厅、国务院办公厅印发《关于深化应急管理综合行政执法改革的意见》后，一方面，完善配套措施，研究起草

《应急管理综合行政执法事项指导目录（征求意见稿）》，印发《应急管理综合行政执法装备配备标准（试行）》，研究制定应急管理综合行政执法用车保障工作办法，持续推进各项改革任务落实；另一方面，印发《关于认真贯彻落实〈关于深化应急管理综合行政执法改革的意见〉的通知》，指导各地应急管理部门主动向党委政府汇报，制定实施意见。在执法队伍、执法程序等完善健全的情况下，应急管理部落实国务院办公厅《关于全面推行行政执法公示制度执法全过程记录制度重大执法决定法制审核制度的指导意见》的有关要求，制定部本级的配套文件，紧紧抓住源头、过程、结果三个执法环节，统筹推进行政执法公示制度、执法全过程记录制度、重大执法决定法制审核制度（以下简称"三项制度"）的落实。加大对工贸行业的执法检查重点事项和落实企业主体责任的检查要点，对安全生产重点行业领域开展专项执法工作。对应急管理执法体系的完善，为制约和监督应急执法权力，规范应急管理执法行为，强化应急管理行政工作人员的法治思维和依法行政能力提供了地方立法经验。

（六）应急管理法治教育不断完善，社会应急意识全面提升

近年来，全国各地方、各单位积极开展了丰富多彩、针对性强的普法工作，取得了一定成效。各地严格贯彻落实《2018-2022年全国干部教育培训规划》的相关要求，制定配套文件，丰富学习教育形式，以"防灾减灾周""安全生产月""国家宪法日"等重要时间节点为契机，深入宣传贯彻应急管理、安全生产、防灾减灾救灾方面相关法律法规，开展形式多样的进机关、进园区、进企业、进学校、进社区、进农村、进家庭法治宣传活动，增强全民法治意识、防灾意识、安全意识，营造良好的应急管理法治氛围。落实"谁执法谁普法"责任制，完善普法清单制度；认真开展以案释法工作，突出宣传应急管理依法治理等内容，开展安全文化示范企业创建活动，加强安全文化建设。

此外，以应急宣传"新、实、广"的三字方针为标准，积极整合资源，丰富普法内容，拓宽宣传渠道，扩大影响力。一是坚持多元覆盖，应急法规宣传方式更"新"。在采用宣传屏、广播电视等传统形式宣传的同时，运用人民网、微信公众号等新媒体，大力宣传应急知识和工作动态；二是坚持多方联动，应急法规宣传内容更"实"。制定《安全生产"百日攻坚战"新闻宣

传工作方案》《安全教育进家庭工作方案》等；组织社区开展"安全大集"，面向百姓开展进社区进家庭活动；通过应急预警信息宣传发布系统，滚动播放应急防范知识，播放公益宣传片；三是坚持全民参与，应急法规宣传范围更"广"。开设安全生产大讲堂学习《生产安全事故应急条例》等，在微信公众号开设权威解读专栏，邀请专家学者专题辅导；整合行业宣传资源，联合开展应急系列活动，应急安全宣传格局初步形成。推动运用社会资源开展应急管理法治宣传教育，联合司法部、全国普法办成功举办 2019 年全国应急管理普法知识竞赛，在为期一个月的"全民网上答题"活动中，全国共有1300 多万人参与活动，线上答题 1.19 亿人次，超过 12.5 亿人次点击浏览，取得了良好的普法效果。

（七）升级应急预案，明确突发事件事故等级，健全处置流程

应急预案按照制定主体划分，分为政府及其部门应急预案、单位和基层组织应急预案两大类。政府及其部门应急预案由各级人民政府及其部门制定，包括专项应急预案、部门应急预案、总体应急预案等。总体应急预案是应急预案体系的总纲，是政府组织应对突发事件的总体制度安排，由县级以上各级人民政府制定。专项应急预案是政府为应对某一类型或某几种类型突发事件，或者针对重要目标物保护、重大活动保障、应急资源保障等重要专项工作而预先制定的涉及多个部门职责的工作方案，由有关部门牵头制订，报本级人民政府批准后印发实施。部门应急预案是政府有关部门根据总体应急预案、专项应急预案和部门职责，为应对本部门（行业、领域）突发事件，或者针对重要目标物保护、重大活动保障、应急资源保障等涉及部门工作而预先制定的工作方案，由各级政府有关部门制定。总体应急预案主要规定突发事件应对的基本原则、组织体系、运行机制以及应急保障的总体安排等，明确相关各方的职责和任务。一是应急预案更精准。应急预案着眼于从根本上消除事故隐患，从根本上解决问题，加强源头治理，以更标准规范的操作方式促进预案精准实施，如《国家森林草原火灾应急预案》在组织指挥这一关键环节上，进一步强调了专业指挥的重要性，并配套制定了扑救森林草原火灾现场指挥机制，要求指定精通灭火指挥、实战经验丰富的行政干部和行业专家、国家森林消防队伍指挥员担任专业副总指挥，参与决策和现场组织指挥，让懂火的人具体指挥打火；消防救援队伍细化预案、力量和装备准备，

发生险情立即处置，随时跨区域机动增援。二是应急预案更标准，以突出落实责任、风险防控等重点环节领域，健全标准体系，为加强应急预案管理，修订国家应急预案管理办法，如应急管理推动国家总体应急预案和国家专项预案、部门预案修订，会同有关部门（单位）推动将应急语言服务能力建设有关内容统筹纳入《突发事件应对法》《"十四五"国家应急体系规划》等法律和文件，强化国家应急语言服务能力建设制度保障，[1]围绕增强针对性、实用性、可操作性，制定一批抢险救援应急预案。[2]

（八）规范问责，强化对行政权力的制约和监督

习近平总书记关于安全生产工作"党政同责、一岗双责、齐抓共管、失职追责"和"三个必须"的要求，进一步明确了各级政府、部门的消防责任，细化社会单位消防安全管理职责，规范公民的消防安全权利和义务，完善政府、部门、单位和公民"四位一体"责任体系。对应急管理机关的负责人进行问责，按照层级管理的原则，将责任人一层一层落实到人，有利于进一步细化应急管理责任。

为了增强各级党政领导干部的红线意识，应急管理部门、国有企业主管部门及行业主管部门可以根据情况采取警示通报、约谈等措施，并按干部管理权限向纪检监察机关或组织人事部门移交应予以问责的问题线索。纪检监察机关或组织人事部门发现或者接到有关问责线索，以及根据上级关于参加生产安全事故调查处理的相关规定，按照职责权限和程序启动问责调查，并依纪依法依规实施问责处置。按照《监察法》《公务员法》加强对干部职工行政执法行为的监督。加强行政应诉工作，严格执行《行政诉讼法》关于被诉行政机关负责人应当出庭应诉的规定，对于行政行为引起的行政诉讼案件，严格履行人民法院生效裁判，认真落实人民法院司法建议。

安全生产警示通报是指安全生产委员会针对本地区或行业领域出现的事故多发等严峻的安全生产形势，对领导安全生产工作不力的人民政府有关部

---

〔1〕 参见"关于政协十三届全国委员会第三次会议第3049号（工交邮电类332号）提案答复的函"，载中华人民共和国应急管理部，https://www.mem.gov.cn/gk/jytabljggk/zxwytadfzy/202012/t20201209_375005.shtml，最后访问时间：2021年1月21日。

〔2〕 参见"深入推进改革发展 全力防控重大风险 为开启全面建设社会主义现代化国家新征程创造良好安全环境"，载中华人民共和国应急管理部，http://www.mem.gov.cn/xw/yjjyw/202101/t20210113_376985.shtml，最后访问时间：2021年1月21日。

门、单位进行公开通报的制度。安全生产约谈制度是指安全生产委员会对领导安全生产工作不力的人民政府和有关部门、单位的有关负责人，进行警示提醒、告诫指导并督促纠正的约见谈话。2019 年，各地针对不同行业的性质、特点，在不同行业领域内，建立了安全生产通报及约谈制度，进一步强化了安全生产监管责任，落实企业安全生产主体责任，预防和控制各类安全生产事故发生。加强有关部门的风险防范意识，及时查清安全生产事故原因、认定事故性质、分清事故责任，提出对责任单位和责任人的处理建议，依法实施责任追究，监督落实事故防范和整改措施。

同时对应急权力进行制约和监督。按照重大应急决策事项专家论证的要求，对全国应急管理事项形势进行研判，重大事项执行请示报告制度对特殊紧急情况随时研究部署。积极回应人大代表和政协委员的提案，自觉接受监督。

二、通过政府工作报告明确应急管理法治的实施

党的十九届四中全会审议通过了《中共中央关于坚持和完善中国特色社会主义制度 推进国家治理体系和治理能力现代化若干重大问题的决定》指出"健全公共安全体制机制。完善和落实安全生产责任和管理制度，建立公共安全隐患排查和安全预防控制体系。构建统一指挥、专常兼备、反应灵敏、上下联动的应急管理体制，优化国家应急管理能力体系建设，提高防灾减灾救灾能力。加强和改进食品药品安全监管制度，保障人民身体健康和生命安全。"党的十九届五中全会审议通过《中共中央关于制定国民经济和社会发展第十四个五年规划和二〇三五年远景目标的建议》指出应急管理的目标是"防范化解重大风险体制机制不断健全，突发公共事件应急能力显著增强，自然灾害防御水平明显提升，发展安全保障更加有力。"[1]党中央作出重大决策部署，由全国人大及其常委会通过立法形式推进，"常委会工作最为显著的特点是紧跟党中央重大决策部署，紧贴人民群众美好生活对法治建设的呼声期盼，紧扣国家治理体系和治理能力现代化提出的法律需求实际，加强立法和法

---

〔1〕 "十九届五中全会公报要点"，载人民网，http://cpc.people.com.cn/n1/2020/1029/c164113-31911575.html，最后访问时间：2021 年 1 月 21 日。

律监督，努力使各项工作更好围绕中心和大局、更好服务国家和人民。"〔1〕全国人大及其常委会在党中央重大决策部署下在应急管理法律方面加强立法，如加强公共卫生立法修法，截至 2021 年 3 月，已完成修订《动物防疫法》等6 项任务。"国家行政管理承担着按照党和国家决策部署推动经济社会发展、管理社会事务、服务人民群众的重大职责。必须坚持一切行政机关为人民服务、对人民负责、受人民监督，创新行政方式，提高行政效能，建设人民满意的服务型政府。"〔2〕党中央作出决策部署、全国人大及其常委会立法推进，由国家行政机关将政策和法律付诸行动，其表现形式就是《政府工作报告》。2019 年、2020 年《政府工作报告》对应急管理的法治实施作出如下安排：公共卫生体系建设方面，改革疾病预防控制体制，加强传染病防治能力；强化安全生产责任，加强自然灾害防御能力，提高应急管理，抢险救援和防灾救灾能力等。《政府工作报告》经过全国人大代表表决通过后，国务院制定《关于落实〈政府工作报告〉重点工作部门分工的意见》（国发〔2020〕6 号），由国家卫生健康委牵头，改革疾病预防控制体制，加强传染病防治能力建设，完善传染病直报和预警系统，坚持及时公开透明发布疫情信息，意见要求其于 2020 年 12 月底前出台相关政策。我们需要总结政府工作报告对应急管理内容的安排，结合这次新冠肺炎疫情防控中暴露出来的问题，寻找国家应急管理法律体系中的短板和不足，以法治化的手段，以及相应的思维方式，提高中央的应急管理能力。

（一）运用战略思维，健全应急管理的预案体系

虽然我国已经初步建立了突发公共事件应急预案体系，但在这次应对疫情中暴露出了一些短板和不足，如预测预警相对滞后、预警信息发布相对迟缓、应急保障相对不足等，必须从战略上进一步健全国家应急预案体系。进一步扩大应急预案覆盖的范围。针对四类突发事件类型，实现全域覆盖，从战略上制定应对突发公共事件的预案。〔3〕

〔1〕 "全国人民代表大会常务委员会工作报告（摘要）"，载中国人大网，http://www.npc.gov.cn/npc/kgfb/202103/d83792de06b14d1dae9cce977e75a176.shtml，最后访问时间：2021 年 3 月 21 日。

〔2〕 "中共十九届四中全会在京举行"，载人民网，http://cpc.people.com.cn/n1/2019/1101/c64094-31431860.html，最后访问时间：2021 年 1 月 21 日。

〔3〕 参见王刚："健全国家应急管理体系"，载《红旗文稿》2020 年第 6 期。

（二）运用辩证思维，健全应急管理的响应机制

习近平总书记强调，加强应急管理体系和能力建设，既是一项紧迫任务，又是一项长期任务。[1]突发公共事件的应急响应，要抓住重点，找准关键，处理好"上下联动""分合有序""内外兼顾"的辩证关系。构建统一指挥、专常兼备、反应灵敏、上下联动的应急管理体制，健全应急响应机制，既要深刻总结应急响应的历史经验教训，也要积极借鉴国外应急响应的有益做法，不断推进我国应急响应科学化。防范化解重大安全风险，推动应急管理关口前移。要建立防备型和主动保障型的应急管理模式，开展重大风险情景构建、模拟演练工作，对重大风险做到底数清、情况明、方法对，真正把问题解决在萌芽之时、成灾之前。

（三）运用法治思维，健全应急管理的法治机制

健全国家应急管理体系，进一步完善应急管理法律法规体系。要以应对这次疫情为契机，既要认真评估《传染病防治法》《野生动物保护法》等法律法规的修改完善，还要抓紧出台《生物安全法》等法律，从而使各种法律法规的衔接更加严密。进一步增强广大领导干部自觉运用法治思维应对突发事件的本领和能力。

（四）运用底线思维，健全应急管理的保障机制

加强国家应急管理保障体系，加强应急管理专业队伍建设，着力构建立体化、多层次、宽领域、全灾种和高水平的应急救援队伍；健全应急物资保障体系；建立海、陆、空一体化交通运输"绿色通道"，确保应急救援物资和人员运输安全畅通，做最坏的准备和最好的努力，最大限度地降低人民生命财产遭受的损失。

三、通过"十四五"规划落实应急管理法治的发展措施

"十四五"规划是在全面建成小康社会之后在 2035 年、2050 年分两步实现中国特色社会主义强国和中华民族伟大复兴目标的第一个五年规划。"十四五"是全面提高各级政府对于突发事件的处理处置能力、加快推进风险治理能力与治理体系现代化建设的关键时期，应大力推进突发事件应急管理体系

---

〔1〕 "充分发挥我国应急管理体系特色和优势　积极推进我国应急管理体系和能力现代化"，载《人民日报》2019 年 12 月 1 日，第 1 版。

与规划体系有效衔接。

（一）"十四五"规划关于应急管理的目标和规划

1."十四五"应急管理规划目标

2021年3月公开发布的《中华人民共和国国民经济和社会发展第十四个五年规划和2035年远景目标纲要》指出"十四五"时期经济社会发展的主要目标，其中在国家治理效能得到新提升的目标项下，应急管理领域的目标是"防范化解重大风险体制机制不断健全，突发公共事件应急能力显著增强，自然灾害防御水平明显提升，发展安全保障更加有力"，[1]这里主要是应急管理体制的健全、应急管理能力的提升以及应急管理的物质保障有力三个方面，反映出应急管理目标设定上坚持问题导向和目标导向相统一，坚持中长期目标和短期目标相贯通，坚持全面规划和突出重点相协调，聚焦突出问题和明显短板。

2."十四五"规划纲要关于应急管理的规划

在应急管理目标的指引下，坚持人民至上、生命至上，主要从提高安全生产水平、严格食品药品安全监管、加强生物安全风险防控、完善国家应急管理体系四个方面提高公共安全能力。

（1）提高安全生产水平。主要从以下几个方面安排：第一是建立公共安全控制体系，完善和落实安全生产责任制，建立公共安全隐患排查和安全预防控制体系。第二是落实安全生产主体责任，建立企业全员安全生产责任制度，压实企业安全生产主体责任。第三是加强安全生产监测预警和监察执法，加强安全生产监测预警和监管监察执法，深入推进危险化学品、矿山、建筑施工、交通、消防、民爆、特种设备等重点领域安全整治，实行重大隐患治理逐级挂牌督办和整改效果评价。第四是推进企业安全生产标准化建设，加强工业园区等重点区域安全管理。第五是提高应急装备的先进性，加强矿山深部开采与重大灾害防治等领域先进技术装备创新应用，推进危险岗位机器人替代。第六是完善安全生产责任的保险机制，在重点领域推进安全生产责任保险全覆盖。

（2）严格食品药品安全监管。第一是完善食品药品安全法律法规和标准

---

〔1〕"中华人民共和国国民经济和社会发展第十四个五年规划和2035年远景目标纲要"，载新华网，http://m.xinhuanet.com/2021-03/13/c_1127205564.htm，最后访问时间：2021年3月21日。

体系，加强和改进食品药品安全监管制度，完善食品药品安全法律法规和标准体系，探索建立食品安全民事公益诉讼惩罚性赔偿制度。第二是加强食品质量的安全监管，深入实施食品安全战略，加强食品全链条质量安全监管，推进食品安全放心工程建设攻坚行动，加大重点领域食品安全问题联合整治力度。第三是构建全生命周期的食品药品管理机制，严防严控药品安全风险，构建药品和疫苗全生命周期管理机制，完善药品电子追溯体系，实现重点类别药品全过程来源可溯、去向可追。第四是稳步推进医疗器械唯一标识制度。第五是加强食品药品安全风险监测、抽检和监管执法，强化快速通报和快速反应。

（3）加强生物安全风险防控。建立健全生物安全风险防控和治理体系，全面提高国家生物安全治理能力。第一是健全生物安全监测预警与防控体系，完善国家生物安全风险监测预警体系和防控应急预案制度，健全重大生物安全事件信息统一发布机制。第二是加强动植物疫情和外来入侵物种口岸防控。第三是统筹布局生物安全基础设施，构建国家生物数据中心体系，加强高级别生物安全实验室体系建设和运行管理。第四是强化生物安全资源监管，制定完善人类遗传资源和生物资源目录，建立健全生物技术研究开发风险评估机制。第五是推进《生物安全法》实施。第六是加强生物安全领域国际合作，积极参与生物安全国际规则制定。

（4）完善国家应急管理体系。构建应急管理体制，优化应急管理能力，构建统一指挥、专常兼备、反应灵敏、上下联动的应急管理体制，优化国家应急管理能力体系建设，提高防灾减灾抗灾救灾能力。主要包括以下内容，第一是加强应急管理职责分工和协同，坚持分级负责、属地为主，健全中央与地方分级响应机制，强化跨区域、跨流域灾害事故应急协同联动。第二是加固和提升应急管理的基础设施，开展灾害事故风险隐患排查治理，实施公共基础设施安全加固和自然灾害防治能力提升工程，提升洪涝干旱、森林草原火灾、地质灾害、气象灾害、地震等自然灾害防御工程标准。第三是增强应急管理救援能力，加强国家综合性消防救援队伍建设，增强全灾种救援能力。加强和完善航空应急救援体系与能力。第四是应急管理技术物质保障有力，科学调整应急物资储备品类、规模和结构，提高快速调配和紧急运输能力。构建应急指挥信息和综合监测预警网络体系，加强极端条件应急救援通信保障能力建设。发展巨灾保险。

（二）通过"十四五"规划落实应急管理法治实施

"十四五"规划在应急管理方面的主要内容是应急管理体制、应急管理能力和应急管理的技术物质保障，结合新冠肺炎疫情和大小不等的应急事件的处置经验，运用习近平法治思想指导应急管理法治实施，主要从以下几个方面推进、完善和提高。

1. 完善突发事件应急预案体系

将突发事件应急预案体系全面衔接"十四五"规划体系，比如总体应急预案纳入国民经济与社会发展规划，专项预案、部门预案分别纳入专项规划和部门规划，区域联防联控预案纳入区域规划（如长三角、珠三角、京津冀）等。同时应强化联合应急预案和区域规划的协调与衔接，重大突发事件的影响及应急处置范围往往超过了单一行政区划，有必要将联合应急预案纳入区域规划以及国土空间规划、城乡规划等具有空间性和区域性的规划，增强大范围的突发事件应急处置能力。突发事件总体应急预案规定了突发事件应对的基本原则、组织体系、运行机制，以及应急保障的总体安排等，明确相关各方的职责和任务。

2. 总结突发事件应急经验教训

应急管理制度是在应急管理实践中逐渐形成和丰富的，制度化又可以保障应急管理成功实践的稳定性、规范性和合法性。[1]针对此次抗击新冠肺炎疫情的经验总结，尤其是短板和突出问题，立足人民群众对安全的需要，涵盖可能危及人民生命财产安全、国家安全、公共安全、社会安全、生物安全、环境安全等的自然灾害、事故灾难、公共卫生事件、社会安全事件等各类突发事件，识别并管控好影响甚至决定突发事件与各类危机之间的逻辑关联、演化机制、发生和传导路径的关键性因素。完善地方政府的信息收集、反馈和发布制度，在突发事件的萌芽状态能够具有观于"青萍之末"、察于"蛛丝马迹"的敏锐感知，重视专业人士的分析研判和理性对待民间信息传播，并及时发布信息，做到公开透明，避免造成民众猜疑、社会恐慌；完善重大事件的迅速行政决策机制，有必要补充制定关于特殊情况且原因不明的风险决

---

〔1〕 参见刘一弘："应急管理制度：结构、运行和保障"，载《中国行政管理》2020年第3期。

策机制，在重大事件突发的情况下，迅速评估最坏的情况和结果，并迅速作出有针对性的决策。我国在突发事件的预防、突发事件的应急响应上和应急处置上还存在不足，要尽量做到防患于未然，从源头上遏制重大风险，树立底线思维、红线意识，增强重大风险防范化解能力。

3. 编制并实施突发事件国家应急规划

以中央应急方案为中心，各地各部门根据实际情况因地制宜地编制并实施突发事件专项应急规划和部门规划。专项应急预案主要是国务院及其有关部门为应对某一类型或某几种类型突发公共事件而制定的应急预案，部门应急预案是根据总体及专项应急预案和本部门职责制定的为应对本部门行业领域的突发事件的工作方案。一方面，可以将突发事件专项应急预案和部门预案纳入相应的"十四五"专项规划，由地方各级、各部门推进各自突发事件应急管理体系建设；另一方面，也可以单独或专门编制突发事件应急管理的专项规划、部门规划、区域规划，对相应领域的应急处置工作做出具体的细致安排和规划，提高突发事件应急处理过程的效率。其目的一是通过规划持续推进突发事件应急管理体系建设，二是将应急管理的相关要求作为发展规划及其各专项规划、区域规划的强制性内容和"硬约束"。

4. 协调联合应急预案和区域规划

联合应急预案侧重明确相邻、相近地方人民政府及其部门间信息通报、处置措施衔接、应急资源共享等应急联动机制。这在我国大力推进长三角一体化、粤港澳大湾区等区域一体化发展的背景下显得极为重要。区域规划是在一定地区范围对整个国民经济社会建设的总体部署，打破了行政区划的壁垒，而从更具战略意义的某个区域范围着眼，这也符合突发事件应急处置工作的要求。习近平总书记在《关于深化党和国家机构改革决定稿和方案稿的说明》中指出："发生一般性灾害时，由各级政府负责，应急管理部统一响应支援。发生特别重大灾害时，应急管理部作为指挥部，协助中央组织应急处置工作。"健全国家、省、市、县四级联动的突发环境事件应急管理体系，深入推进跨区域、跨部门的突发环境事件应急协调机制，健全综合应急救援体系，建立社会化应急救援机制；将联合应急预案纳入区域规划以及国土空间规划、城乡规划等具有空间性和区域性的规划，在有助于区域一体化发展的同时，健全突发事件应急处置能力。

第三节　机构改革推进的整体情况

一、应急管理部机构改革情况

2018年3月17日，全国人大表决通过了国务院机构改革方案。3月21日中共中央印发了《深化党和国家机构改革方案》。

方案提出，提高国家应急管理能力和水平，提高防灾减灾救灾能力，确保人民群众生命财产安全和社会稳定，是我们党治国理政的一项重大任务。为防范化解重特大安全风险，健全公共安全体系，整合优化应急力量和资源，推动形成统一指挥、专常兼备、反应灵敏、上下联动、平战结合的中国特色应急管理体制，将国家安全生产监督管理总局的职责，国务院办公厅的应急管理职责，公安部的消防管理职责，民政部的救灾职责，国土资源部的地质灾害防治、水利部的水旱灾害防治、农业部的草原防火、国家林业局的森林防火相关职责，中国地震局的震灾应急救援职责以及国家防汛抗旱总指挥部、国家减灾委员会、国务院抗震救灾指挥部、国家森林防火指挥部的职责整合，组建应急管理部，作为国务院组成部门。[1]

新组建的应急管理部先后整合了11个部门的13项职责，其中包括5个国家指挥协调机构的职责，顺利完成了机构改革、人员转隶和公安消防、武警森林2支部队近20万人的转制，新组建了国家综合性消防救援队伍，31个省级应急管理厅局全面组建，新时代中国特色应急管理组织体制初步形成。

应急管理部包括1名党委书记和5名副部长；5个议事协调机构（国家防汛抗旱总指挥部、国务院抗震救灾指挥部、国务院安全生产委员会、国家森林草原防灭火指挥部、国家减灾委员会）；22个机关司局（应急指挥中心、风险监测和综合减灾司等）；1个派驻机构（中央纪委国家监委驻应急管理部纪检监察组）；5个部属单位（中国地震局、森林消防局、国家煤矿安全监察局、消防救援局、国家安全生产应急救援中心）。

---

〔1〕 参见"中共中央印发《深化党和国家机构改革方案》"，载 http://www.gov.cn/zhengce/2018-03/21/content_5276191.htm#1，最后访问时间：2021年1月21日。

二、应急管理部的主要职责

新组建的应急管理部主要职责是，组织编制国家应急总体预案和规划，指导各地区各部门应对突发事件工作，推动应急预案体系建设和预案演练。建立灾情报告系统并统一发布灾情，统筹应急力量建设和物资储备并在救灾时统一调度，组织灾害救助体系建设，指导安全生产类、自然灾害类应急救援，承担国家应对特别重大灾害指挥工作。指导火灾、水旱灾害、地质灾害等防治。负责安全生产综合监督管理和工矿商贸行业安全生产监督管理等。公安消防部队、武警森林部队转制后，与安全生产等应急救援队伍一并作为综合性常备应急骨干力量，由应急管理部管理，实行专门管理和政策保障，采取符合其自身特点的职务职级序列和管理办法，提高职业荣誉感，保持有生力量和战斗力。应急管理部要处理好防灾和救灾的关系，明确与相关部门和地方各自职责分工，建立协调配合机制。

中国地震局、国家煤矿安全监察局由应急管理部管理。不再保留国家安全生产监督管理总局。

三、组建应急管理部的重要意义

（一）有利于加强灾害应急管理的统筹协调

新组建的应急管理部将分散于多个部门的自然灾害应急职责加以有效整合，统筹协调。机构改革之前，我国应对灾害存在碎片化问题。民政部负责灾害救助，国土资源部负责地质灾害防治，水利部负责水旱灾害防治，农业部负责草原防火，国家林业局负责森林防火，中国地震局负责震灾应急救援等。为了协调应对自然灾害的统筹工作，我国成立了防汛抗旱指挥部、减灾委、抗震救灾指挥部、森林防火指挥部等高层次议事协调机构。应急管理部的成立，便于统一领导和指挥，可以提高应急管理的统筹协调水平。

（二）有利于整合应急资源，推动应急队伍职业化

应急管理部的建立，有利于整合应急资源。机构改革之前，公安消防主要从事火灾扑救工作以及社会救援工作，受武警总部与公安部的双重领导。《突发事件应对法》规定，县级市以上人民政府建立综合性应急救援队。从各地实践来看，综合性应急救援队主要依托公安消防部队而建。武警森林部队

主要从事森林火灾扑救，受武警总部与国家林业局的双重领导，公安消防部队、武警森林部队进行转制后，将与安全生产、地震应急等应急救援联合发挥积极效应，由应急管理部统一管理。

应急处置和救援能力过于分散于国务院的各个部门之中，应急资源的储备和装备存在重复建设的情况。机构改革之前，许多应急部门都储备了一定种类与数量的应急物资，但彼此之间因部门分割而缺少共享、共用，造成了物资的重复储备。应急管理部成立后将统筹应急物资的储备，提高物资储备与使用的效率，降低储备成本，有利于共同应对事故灾害，避免资源浪费。同时，由于应急资源分散在各个部门，队伍建设的专业化、职业化程度不够，导致在处理事故中出现应急队伍的重大伤亡损失情况，应急管理部的组建有利于加强应急队伍和能力建设。

（三）有利于大幅提升我国减灾应急效率和专业度

此次机构改革，作为国务院组成部门，应急管理部的正部级机构设置高于原国务院应急办司局级的架构，并将应急力量统一到应急管理部，必将使应急管理工作效率大幅度提升，也可以提高整个国家应急工作的反应速度。同时，整合、集中调度应急力量，也是国际发展趋势。美国联邦紧急事务管理局即整合了中央到地方的救灾体系，2003 年，联邦紧急事务管理局成为美国国家安全部的直属部门。该局建立了一个统合军、警、消防、医疗、民间救难组织等单位的一体化指挥、调度体系，一遇重大灾害即可迅速动员一切资源，在第一时间内进行支援工作，将灾情损失降到最低。

应急管理部不仅仅是一个管理部门，也是一个专业化部门。应急救援力量的整合，也有利于其向专业化方向发展。武警等救援力量训练、装备、知识体系等方面都将有所改变，有利于救援专业化，逐渐形成一支专业精湛的救援队伍。

（四）有利于灾情信息的收集和公开透明地发布

机构改革前，应急、减灾、防汛抗旱等部门都建立了自己的灾情收集与信息报告制度，经常针对同一灾害出现灾情统计数字差异较大的问题，给应急决策者带来很大的障碍。应急管理部成立后，依托气象、地震、水利、自然资源等方面的监测设施，发挥全国 70 多万灾害信息员的作用，及时搜集、监测灾害信息，第一时间向社会发布。针对重特大的灾害事故，应急状态下，除发布灾害信息以外，还将发布安全提示、救援进展，将第一时间发布救灾和灾情的重要信息。

（五）有利于民间力量、非政府组织广泛参与

应急管理部的组建，有利于民间救援力量的广泛参与。我国的民间应急救援力量发展较快，在组织力、专业化上都有一定实力。根据以往的经验，在现实中灾害一旦发生，各地政府部门会积极协调民间救援力量参与救灾。然而，各地的应急救援协调部门并不相同，有的是共青团，有的是工会，有的是民政部门，应急管理体系的不顺畅，给政府部门与民间救援协调造成了一定的混乱。

应急管理部组建后，民间救援力量明确了应急管理的对接部门；灾害发生后，民间救援力量可以在第一时间迅速赶往救援现场，协同开展减灾救灾、应急救援、灾后重建等工作。

（六）有利于形成灾害风险整合式治理局面

应急管理部既负责指导火灾、水旱灾害、地质灾害等防治，也负责安全生产综合监督管理和工矿商贸行业安全生产监督管理。应急管理部的成立还可以避免以前存在的责任不清、相互扯皮的问题，有利于对灾难原因进行实事求是地调查评估，进而弥补风险监管的缝隙。新组建的应急管理部有足够的权力与权威，重构应急管理流程，整合相关力量，使之产生"化学反应"和协同效应，努力实现我国应急管理水平的跨越式发展。

四、应急管理部 2019 年、2020 年重要工作回顾

组建应急管理部，是以习近平同志为核心的党中央，立足我国灾害事故多发频发的基本国情作出的重大战略决策。2019 年是应急管理部门组建到位后全面履职的第一年，也是各类灾害事故风险挑战明显上升的一年。应急管理部坚持以习近平新时代中国特色社会主义思想为指导，认真贯彻党中央、国务院各项决策部署，坚持以改革为动力、以关键带全局，狠抓重大安全风险防控，系统推进应急管理事业创新发展。应急管理体制已经明确，工作机制基本形成，力量体系初步建立，应急救援能力和效率显著提高，应急管理科学化、专业化、智能化、精细化水平不断提升，我国应急管理体制机制在实践中充分展现出自己的特色和优势。2019 年以来全国安全形势保持平稳，

生产安全事故总量、较大事故和重特大事故保持"三个下降"，自然灾害因灾死亡失踪人数、倒塌房屋数量、直接经济损失占 GDP 比重较近 5 年均值大幅降低，有效应对了一系列重特大灾害事故，最大限度减少了人员伤亡和财产损失。

（一）推动安全生产应急救援工作

1. 着力做好安全生产应急准备工作

严格落实 24 小时值班备勤和信息报告制度，及时接处险情事故信息，准确研判、快速响应、有效处置；严格落实《国家安全生产应急救援指挥中心关于加强安全生产应急救援信息报告工作的通知》（应指协调〔2017〕48 号）要求，规范事故应急救援信息报告工作，提高生产安全事故信息首报效率，缩短事故应急响应时间。规范事故应急响应、现场处置工作流程，提升应急响应速度，提高应急救援调度能力和现场处置能力。针对矿山、危险化学品、隧道救援等重点行业领域典型生产安全事故特点，开展应急救援技术战术研究；发挥国家安全生产应急救援队专业优势，不断提高重特大事故科学救援水平；开展重点行业领域安全风险评估，准确掌握事故灾害的特点及规律，切实制定应对措施，提高应急准备工作水平。

2. 加强安全生产应急救援队伍基地建设管理

落实《中共中央国务院关于推进安全生产领域改革发展的意见》要求，制定安全生产应急救援队伍建设总体规划，综合考虑国家安全生产应急救援队伍的辐射范围和专业特长等因素，合理确定地方救援队伍布局；加强应急救援装备建设。牢固确立向科技装备要战斗力的思想，加快推进应急救援关键装备轻型化、智能化、模块化建设，不断提升救援能力。

3. 全面推进安全生产应急救援依法治理

抓好《生产安全事故应急条例》（以下简称条例）宣贯工作。提高安全生产应急管理的法治化水平。抓好条例配套规章标准制定工作。根据条例留出的制度接口，研究制定与之相配套的规章标准和地方政府规章。加快研究制定安全生产应急救援队伍快速通行、标志标识、救援补偿、安置抚恤、人身保险等方面的政策制度和技术标准。

4. 不断加强安全生产应急救援基础工作

持续推进生产经营单位应急预案优化工作，制定针对性的应急预案，切实提高处置效率。吸取国内外重特大生产安全事故教训，组织开展有针对性的实战演练，完善应急演练评估改进机制，切实提高演练实效。组织举办矿山、危险化学品、隧道、油气输送管道等应急救援专业实训，提高专业救援队伍的组织指挥和处置技能。指导安全生产应急救援队伍开展"对党忠诚、纪律严明、赴汤蹈火、竭诚为民"主题教育。开展"树立生命至上理念"公益宣传活动，营造始终把人民的福祉和安全放在高于一切位置的社会氛围。

5. 大力推进安全生产应急救援管理体制改革

按照《深化党和国家机构改革方案》的总体要求和应急管理部的统一部署，推进国家安全生产应急救援中心管理体制改革，明确机构职能，理顺工作关系，发挥安全生产应急救援干部的积极性和专业特长；组建由应急管理部统一领导、统一调度的国家安全生产应急救援队，推动队伍走正规化、职业化、专业化发展道路。借鉴消防救援队伍、森林消防队伍建设经验，进一步明确安全生产应急救援理念、原则、建设标准和操作规程，加强国家安全生产应急救援队规范化、标准化建设，提高队伍正规化管理水平。

（二）加强政府信息公开工作

应急管理部主动公开涉及安全生产、防灾减灾救灾、应急救援等方面的工作基本目录；在应急管理部政府门户网站等平台主动公开重大灾害及事故应急预案、预警、救援信息，重大灾害及事故应对信息，安全生产监督检查情况，事故通报查处情况等。持续做好依申请公开工作。印发应急管理部政府信息依申请公开办理规范，建立健全政府信息公开申请登记、审核、办理、答复、归档制度，依法依规及时准确受理答复依申请公开文件。实现依申请公开政府信息在线申请办理。

（三）对部分法律、法规和规章进行梳理

应急管理部门成立后，需要根据机构设置的职责对应急管理工作涉及的应急管理法律法规梳理、清理、修改和制定。首先是统一标准用语，如应急预防与准备、预警与监测、救援与处置、善后和恢复等需要精准确定；其次是明晰职责，除了明确应急管理部的职责，还需要统一协调应急管理内部不同管理事项领域的职责和应急管理部与其他国家职能部门的职责，以及国家应急管理部与地方应急管理局的职责，即按照分级负责的原则，一般性灾害由地方各级政府负责，应急管理部代表中央统一响应支援，发生特别重大灾害时，应急管理部作为指挥部协助中央指定的负责同志组织应急工作。除职责和机构关系的厘清外，还需要对配套的信息流动、政令统一、协调行动、物资人力保障等法律法规进行补充完善。

1. 对部分规章进行了清理

废止了《安全生产行业标准管理规定》（国家安全生产监督管理局、国家煤矿安全监察局令第 14 号）、《安全生产标准制修订工作细则》（国家安全生产监督管理总局令第 9 号）、《防治煤与瓦斯突出规定》（国家安全生产监督管理总局令第 19 号）、《煤矿防治水规定》（国家安全生产监督管理总局令第 28 号）。

2. 修改部分法律法规和规章

2019 年 4 月 23 日第十三届全国人民代表大会常务委员会第十次会议修改《建筑法》《消防法》等八部法律。

2019 年，应急管理部决定对《生产安全事故应急预案管理办法》（国家安全生产监督管理总局令第 88 号）第 1 条、第 2 条、第 4 条、第 10 条、第 11 条、第 12 条、第 21 条、第 24 条、第 25 条、第 26 条、第 27 条、第 32 条、第 33 条、第 35 条、第 36 条、第 45 条作出修改，增加了第 48 条，原有 48 条修改为第 49 条。同时，将第 4 条第 2 款、第 20 条、第 30 条、第 31 条、第 41 条、第 42 条、第 45 条、第 47 条中的"安全生产监督管理部门"修改为"人民政府应急管理部门"；将第 43 条中的"安全生产监督管理部门"修改为"各级人民政府应急管理部门"；将第 44 条中的"县级以上安全生产监督管理部门"修改为"县级以上人民政府应急管理等部门"；将第 46 条中的"国家安全生产应急救援指挥中心"修改为"应急管理部"。

3. 制定了有关规章

为了加强对安全评价机构、安全生产检测检验机构的管理，规范安全评价、安全生产检测检验行为，依据《安全生产法》《行政许可法》等有关规定，制定了《安全评价检测检验机构管理办法》。为了规范生产安全事故应急工作，保障人民群众生命财产安全，根据《安全生产法》和《突发事件应对法》，制定《生产安全事故应急条例》等。

另外，为加强行业生产安全，2020 年 11 月，应急管理部批准了 22 项应急管理行业标准。

第四节 中央应急管理法治的展望

结合我国应急管理体系建设现状、中央应急管理法治发展进程，在疫情等突发状况的大背景下，以习近平新时代中国特色社会主义思想为指导，借鉴各国应急管理法治建设的有益经验，立足于过去中央应急管理法治建设的成就与教训，进而从中央视角探析应急管理法治发展路径，以期对中央应急管理法治工作提出建议。

一、完善应急管理法治体系的立法工作

完善应急立法工作是建设应急管理法治化的前提。建立一套科学完整的应急管理法律体系并结合实践发展动态调整完善，在应对突发事件的过程中能够及时有效化解危机，尽快恢复社会秩序，并在赋予政府合法性的条件下约束政府权力，最大限度地保障公民权利。

（一）构建协调统一的应急管理法律体系

我国自然灾害和各类安全事故频发，影响公共安全的因素日益增多。中央现有的应急管理法律体系在预测预警、险情报告、紧急抢救、重建救济及风险评估等方面发挥着重要作用，但也存在《突发事件应对法》实际实施效果不明显、单行法规定不够具体、上下位法律法规之间缺乏联系协调等问题。此外，机构改革后，应急管理工作面临新形势新问题，缺乏必要的法律法规作规范。因此，需完善应急管理法律体系，研究应急管理相关法律，把应对突发事件的管理制度纳入法治化轨道，加强各法彼此之间的相互配套和衔接，形成一个科学统一的应急管理法律体系，保障应急管理机制更好地发挥作用，解决紧急状况带来的一系列公共问题。

1. 协调应急管理法律法规体系之间的冲突

应急管理法律规范之间不协调、不统一的问题前文已有介绍，未来的应急法制建设，需要相关立法部门实现在不同应急管理规范的管理对象、管理职责、管理过程等方面的衔接协调，理顺上下位法之间的衔接关系，强化管理体系的体制、机制建设，保障应急管理法律体系能够相互兼顾、协调。

2. 健全各领域的突发事件应急管理法律规范

在我国，事故性突发事件管理法和灾害性突发事件管理法数量较多，体

系比较健全。2020年11月国务院常务会议通过了《安全生产法（修正草案）》，推动在《刑法》修改中增加了危险作业罪等法定刑，推动了实施国家森林草原火灾应急预案和防灭火指挥部运行机制。尽管如此，但还不够全面，还应根据现实需要出台一系列新的灾害防治法，如"台风防治法""沙尘暴防治法"等；且对地震以外的其他地质灾害突发事件也应有专门性的立法，如泥石流、滑坡、沙漠化、火山喷发等方面的立法，以强化灾害防治立法的薄弱环节；另外，在对受灾者、殉难者、罹难者等人员进行法律救助、帮助和抚恤等领域，也有必要制定统一的法律，如"灾害救助法""灾后重建扶助法""罹难者与殉职者抚恤金法""救灾捐助法"等。此外，"国防动员法""恐怖事件应急法""紧急状态法"目前在我国还是立法空白，需要加以弥补。

（二）对《突发事件应对法》进行修改

《突发事件应对法》是在2007年制定的一部适用于各类普通突发事件全过程应急管理的基本法，制定背景是在2004年"非典"疫情这一突发事件严重影响公共安全。但随着社会的发展，现有的《突发事件应对法》规定的事项不够详细和具体，可操作性不强。因此，有必要对该法进行一次修改，2020年4月24日，全国人大正式启动了《突发事件应对法》的修改工作，修改时对关于行政应急的管理主体、管理程序、应急预案的设立等多项内容进行逐一修改细化，使之更加完善具体，提高了应对突发事件的处理效率，更加稳健地维护经济社会发展和人权保障所需的法律秩序，确保公民权利受到有效保护，公共权力受到有效制约并能有效行使，使二者能够兼顾、协调、持续地发展。

1. 明确法定应急管理机构的职权

应急管理部行使职权的法律依据是原先行使应急管理职权的机构所依据的法律规范，但由于应急管理部是对原应急管理机制的重大变革，现有的相关法律并不能全面规范应急管理部权力的行使。因此，应尽快修改《突发事件应对法》，将应急管理部的权力来源合法化。职权法定原则是行政主体行使职权的基本原则，应急管理部依法行政的前提是其自身的职权法定，作为此次机构改革中牵涉部门最多、利益最广的部门，必须将其权力来源、权限等法定化，对应急管理部行使权力的具体范围、程序等予以细化，以体现职权法定原则。

2. 进一步保障公民权利，明确行政相对人法律地位

党的十九大报告中提出构建全民共建共治共享的社会治理格局。但《突发事件应对法》仅规定了公民、法人、社会组织等在参与应急救援过程中的义务，并未赋予其权利，这就出现了在救援过程中义务参与救援的主体因实行救援活动而损害第三人权益时应当由谁承担法律责任的问题。应确立行政委托制度，将社会组织和公民在参与应急处置中的行为视为政府行为，因参与应急处置而造成的损失应由政府承担。

3. 完善行政应急权的监督

首先，要细化行政应急权的适用条件，《突发事件应对法》第16条规定了县级以上政府在作出突发事件的决定、命令时要向同级人大常委会备案。但从实践情况来看，人大在履行监督职能时存在被动、消极的情况，仅向本级人大常委会备案并未起到有效的监督作用。因此，完善、细化监督政府作出突发事件决定命令的人大监督制度是至关重要的，能够从源头上规范行政应急权的行使。其次，要加强行政应急权的程序控制，明确规定突发事件情形下的行政应急程序。行政主体行使行政应急权不能无所限制，应设定突发事件情形下的行政应急程序。一方面规范行政主体行使行政应急权，另一方面保护突发事件情形下公民权利不被随意侵犯。

（三）转变立法思路，更新立法理念

立法思路是进行立法工作的前提和基础。随着社会发展，我国应急管理法治体系建设的立法思路应该向综合性立法转变，统筹应急管理领域工作，支撑应急管理综合功能的发挥。习近平总书记在中共中央政治局第十九次集体学习时提到的应急管理领域五部法律，大多属于综合性的法律。其次，在机构改革的背景下，要重新理顺应急管理法制体系的制度，更新某些立法理念。我国的立法工作在一些具体立法技术上整体是较抽象的，原则居多，可操作性较弱。而应急管理领域的立法需要详细具体，关于政府的权力权限、管理范围、金钱、物力及人力等资源的配置问题都需要具有可操作性。另外，应树立一个频繁修订的法律理念。突发应急事件的不断发生需要不断补充细化法律法规，将从众多突发事件中总结出的应急管理经验补充到现有法律规范中，使之体系更加完整，更能适应现行社会的应急状况。因此，我们应该

利用这次应急管理领域整个立法体系更新的契机，将符合应急管理领域工作特点的立法理念贯彻实践下去。

（四）依法依规开展立法活动

遵循立法工作规律可以提高立法的质量，首先要依法立法，这是立法工作的基本要求。法律的制定要遵循《立法法》的规定，行政法规、部门规章的制定要遵守《行政法规制定程序条例》《规章制定程序条例》，各部门制定规章严格按照制定的步骤和程序，确保立法的基本质量。立项、起草、公开征求意见、征求部门意见、专家意见、审查送审，每个环节都要依法依规。立法是有法可依的，依法立法，严格保证立法的质量。立法不仅指制定新法律，还包括对已有法律的修改，修改法律也需要依法进行，如决定《安全生产法》的修改就是按照《立法法》的规定进行的。2002年，经九届全国人大常委会审议通过《安全生产法》后，结束了自新中国成立以来缺少安全生产领域综合法的历史，但在实施十余年间，治国理念、经济社会、安全生产实践不断推进变迁，全社会对安全生产的期望提升，在安全生产形势严峻、重特大事故尚未得到有效遏制等方面日益显现出与现实的不适应。2011年12月原国家安全生产监督管理总局向国务院报送修改《安全生产法》的送审稿，经过有关部门起草、公布征求意见稿，国务院常务会议讨论通过草案，再经由全国人大常委会两次审议草案，2014年8月31日十二届全国人大常委会第十次会议表决通过了我国人大常委会关于修改《安全生产法》的决定。

（五）公正、开放、科学立法

法律起草工作由熟悉业务的专业人员负责，但最首要的是要秉持公正立场进行立法。因为应急管理领域直接关系到广大人民群众的生命财产安全。立法的出发点是否科学公正关系到每个公民的切身利益。此外，要加强应急管理领域的立法开放性，做到多方参与立法。机构改革后很多部门的立法开放性增强，例如，在《自然灾害防治法》的起草工作上，地方厅（局）、主管的业务司参与了起草，应急管理部委托大学以及其他学者提出起草建议。应急管理部也相当重视部校合作，立法的民主性、开放性、科学性提高了，真正做到了开门立法。

二、加强应急管理法治体系的执法工作

积极推进国家应急管理法治化建设，除了立法工作，还要积极加强执法工作，做好应急管理法治体系的实践性保障。随着中国特色社会主义进入新时代，积极推进应急管理体系和能力现代化为新时代国家应急管理事业发展的总目标。应急管理是一个循环往复的工作，从应急管理目标的设定、管理措施的执行、管理行为的监督、管理结果的评估，到目标的再设定，循环往复。应急管理工作的全过程包括事前、事发、事中、事后四个环节。应急管理精细化要求应急管理执法工作严格进行，监管执法的细致程度决定了应急管理法律体系的有效实施。严格落实执法工作有助于加强法律的实践性，落实责任追究机制，建立清晰的应急管理责任体系。

（一）管理目标：树立安全发展、预防为主的理念

在发展理念上，要坚持总体国家安全观，树立安全发展理念，统筹发展和安全两件大事。随着全球化的深入、持续发展，当今社会正处于百年未有之大变局，我们所面临的风险、风险的类型以及受风险的影响程度都在不断增加，任何一个国家的突发事件都有可能演变为全球性的突发事件。在这种情况下，坚持总体国家安全观。是新时代做好应急管理工作的根本指导和遵循在管理阶段上，要健全全程管理、预防为主的运行机制。突发事件应对是包括预防与应急准备、监测与预警、应急处置与救援、事后恢复与重建等多个环节的全链条管理过程。在2020年4月启动的全国安全生产专项整治三年行动契机下，通过进行全面的风险防控和隐患排查，进一步提高安全发展水平，把应急管理工作覆盖到突发事件全过程，做到事前"无急要应"，事中"有急能应"，事后"应后能进"。特别要坚持关口前移，全面做好突发事件预防工作，抓早抓小抓苗头，把突发事件控制在基层、化解在萌芽、解决在当地。

（二）管理主体：构建集中统一、统筹协调的领导体制

中国共产党的领导是中国特色社会主义制度的最大优势，做好应急管理首先必须坚持和加强党的集中统一领导，发挥中国特色社会主义制度的政治优势、组织优势。全面提高领导干部的风险意识和应急能力，推进国家应急管理能力现代化。同时，要构建科学合理的应急管理组织架构。在横向上，既要发挥应急管理部门的综合优势以及自然资源、气象、水利、生态环境、交通运输、住房城乡建设、卫生健康、公安等相关部门的专业优势，又要建立健全各级应急管理委员会等议事协调机构，发挥其牵头抓总、统筹协调的

作用。在纵向上，要进一步理顺中央和地方的职责关系，在继续加强中央统筹指导和协调支持作用的同时，坚持"分级负责、属地管理为主"的原则，进一步强化地方党委和政府在突发事件应对中的主体作用、主体责任。

（三）管理保障：建立充分、运转高效的资源保障体系

要按照"凡事从坏处准备，努力争取最好的结果，做到有备无患、遇事不慌，牢牢把握主动权"的要求，坚持底线思维，做好较长时间应对外部环境变化的思想准备和工作准备。构建集实物储备、合同储备、生产能力储备等各种形式于一体，政府储备为主、民间储备协调互补的多样化应急资源储备体系，科学调整储备的品类、规模、结构，完善应急资源紧急征用和跨区域调度机制，做到关键时刻应急资源"备得有、找得到、调得快、用得好"。

（四）管理方法：健全科技赋能、全民参与的方式

要加快遥感、地理信息系统、全球定位系统、网络通信技术、云计算、大数据、物联网、人工智能、移动互联等技术应用以及高技术成果综合集成转化，强化应急管理装备技术支撑和关键技术研发，依靠科技做好风险防范、监测预警、监管执法、救援实战和社会动员等工作，提高应急管理的科学化、智能化、精细化。同时，要按照"打造共建共治共享的社会治理格局"的要求，完善社会力量和市场力量有序参与机制，提高全社会的安全意识和应急能力，筑牢应对突发事件的人民防线。

（五）管理战略：构建更加完备和精细的国家准备计划

2020年8月份，习近平总书记对"十四五"规划编制工作作出重要指示，此次全面开展的"十四五"规划编制，是经历巨大疫情、组建应急管理部和全面开展规划体制改革后的第一轮五年规划，是在全面建成小康社会之后，分两步实现社会主义现代化国家和中华民族伟大复兴目标的第一个五年规划。应急管理部门应根据"十四五"规划编制工作总体安排，制定应急管理"十四五"规划编制工作方案，并成立领导小组紧锣密鼓地开展规划编制工作。为有效应对不同类型的突发事件，应当在风险、事件和具体场景构建的基础上，分门别类地制定更加完备和精细的国家准备计划，提高应急管理体系的针对性和有效性。

三、引导应急管理的公众参与

在突发事件管理工作中，要坚持群众观点和群众路线，坚持党的领导、

人民当家作主、依法治国的有机统一。坚持人民当家作主，是推进国家治理体系和治理能力现代化的重要举措，这也是应急管理以政府为主导的有益补充，在赋予政府执法合法性的同时，让公众参与有利于限制政府公权力，监督政府执法，让应急管理具有公众参与性。在社会力量发展壮大的今天，社会公众参与力量既需要包括人员、金钱、技术、物力等方面的强大资源，更需要政府履行管理责任，加强对社会力量参与应急管理的理念引导与行为规制。

（一）扩大公众参与渠道及形式

公众参与应急事件管理工作，不能限于传统宣传方式，要不断扩展公众参与的广度、挖掘参与的渠道、丰富参与的形式，这是政治民主和行政民主的要求。有效应对紧急危机的力量源泉和深厚资源除了依靠政府获得，还需要广大民众的奉献。尽管政府机关掌控了许多资源，但在突发事件应对工作中，也不能仅靠政府机关单打独斗，还应当调动全社会的力量来应对危机。民众参与突发事件应对工作，既是公民的义务，也是参与管理国家事务的一种权利。《突发事件应对法》规定，公民可以参加专职或者兼职应急救援队伍，可以为突发事件应对工作提供物资、资金、技术支持和捐赠，有条件的教学科研机构可以为应急工作培养专门人才、研发新技术设备，这些规定体现了公众参与的法律必要性。

（二）公开应急管理的政府信息

民众参与的前提是公众要享有知情权，只有了解政府对紧急状态的管理工作状况才能更好地参与管理、献计献策。因此，政府要定期公开应急管理的相关信息，包括应对管理政策、管理计划、执行手段、执行人员、评估机制等方面，确保信息公开的准确性和及时性。政府可以通过在全国范围内公开发行的报纸等媒体，以及在政府官网等渠道公开政府应急管理信息。应急管理事务透明是突发事件应对工作的基本要求，也是提高政府威信力、提升政府部门形象的有效手段。

（三）应急管理法治建设要贯彻新发展理念

新发展理念核心是以人为本，以人为本是应急管理工作的核心价值，因此，新发展理念是构建高效率的应急管理法治体系的可靠保障，也是贯彻公众参与原则的必然要求。近些年来，我国应急管理公众参与工作坚持以人为本、关注民生、行政便民、依法行政的根本宗旨，把保护和发展人民群众的根本利益作为出发点与落脚点，取得了显著成效。立法者制定应急管理法律及执法者在执行应急管理工作时要树立保障公共利益和人民根本利益的思想，维护社会秩序，保障社会稳定协调发展。法律在赋予政府应急管理执法合法性的同时，也通过新发展理念对其权利进行了一定的限制，例如，必须符合比例原则，需要有相应的法律救济机制作为保障，以防止执法者在紧急状况下滥用权力，损害公民基本权利。可见，贯彻科学发展观，为应急管理法治发展提供了更广阔的空间。

四、借鉴国外应急管理法律建设经验

在坚持中国特色的法治建设的同时，很多国家的应急管理法律建设经验也值得借鉴，像美国、俄罗斯、日本等。它们的应急管理条款内容、制定规范暗含的立法理念与立法逻辑各有千秋，但在全球一体化趋势日益显著的今天，各国的应急管理法治建设遵循如下具有共性的特点和发展趋势，值得我们站在国际视野，积极主动吸收国际应急管理领域的法律内容与先进理念，将国外经验融合到中央应急管理法治工作中。

（一）推进应急管理法律规定明确化、具体化

美国的《斯坦福灾难救济与紧急援助法》、日本的《灾害对策基本法》等，详细规定了应急管理领域人力、财力、物力等资源如何配置的问题，有利于短时间内最大化利用应急救援能力。中央应急法律应进一步细化关于应急管理各事项的具体规定，做到有法可依。

（二）确保应急法律体系的专门化、规范化

国际上多数国家都设置了应急管理紧急事件的法律，通常规定宣布紧急状态权力的行使主体、程序、责任、对公民权利的限制以及权利救济等内容，它是应急管理法制的"基本法"，确保在突发紧急状态中有统一高效的指挥体系，并在实现紧急权力的同时尽可能尊重公民的宪法权利和原有的社会秩序。除了统一的紧急状态法以外，许多国家还针对各种类别的紧急事件制定了各类专门的单行法，或由行政机关制定紧急情况基本法的实施细则，形成一个稳定紧密的应急管理法律体系。

（三）保持国家应急法律修订的时效性、频繁性

应急管理工作具有实践性的特点，应急法律规定以及应急管理法治建设

方法不是根据理论推导的，而是从一次次紧急事故的处置经验中提炼出来的。随着不同的紧急事件发生，应急管理工作也要随之调整，相应的应急管理法律时常需要填充和修改。比如日本的《灾害对策基本法》自1961年制定至60年共修改了30多次，平均2年改一次。因此应急管理法律的制定及修改工作也需要紧跟时效，从每一次紧急状况中调整完善，优化法治进程。

（四）推动应急机构人员的专业化

专门的危机管理体制和机构设置主要有如下几种模式：一是美国的联邦紧急事务管理局模式；二是俄罗斯的紧急情况部模式；三是新加坡在国内事务部下设立民防部队的模式。我国可以针对应急管理组织开展提高自然灾害防治能力、应急救援救灾能力、安全生产监管能力等专题培训，从而保证我国应急管理部门人员的专业化。

（五）构建应急体系的多元化、网络化

许多公共危机不是某一个部门或机构（如警察、消防或医疗机构）单独可以应对的，它们需要不同部门和机构的联合与协调。我国应加强有关部门在应急管理方面的协调配合，加快社会应急救援体系建设。各级政府要专门成立应急调度指挥中心，制定危险化学品、特种设备、重大交通和自然灾害等各类灾害事故应急处置预案，切实将公安、消防、卫生、建设、通信、电力及驻军等社会分散救援力量形成有效的社会应急救援实体。

（六）发动民间力量、非政府组织参与的广泛性

在应急管理领域，政府在掌控资源、专业人才、组织体系等方面虽有优势，但不可避免地存在局限性，政府在应对突发事件的各个阶段，都应积极吸纳和发挥民间力量的作用，提高应对突发事件的处理效率。

（七）促进危机防范演练的经常化

增强社会公众应对突发事件的防范意识，提高应对突发事件的能力，是完善应急管理体系并有效运行的重要内容。实践证明，如果有较强的危机防范意识和能力，在应对公共危机时就能够减少损失。危机防范意识的提高和能力的培养除平时的宣传教育以外，规范化、制度化、法定化的应急演练必不可少。从国外的情况来看，日常的情景训练和危机应对演习，对于提高危机管理效率、保持社会心理健康、减少危机带来的损失具有重要意义。

第二章

地方应急管理法治进展与展望

十九届四中全会审议通过的《中共中央关于坚持和完善中国特色社会主义制度　推进国家治理体系和治理能力现代化若干重大问题的决定》（以下简称《决定》）指出："构建统一指挥、专常兼备、反应灵敏、上下联动的应急管理体制，优化国家应急管理能力体系建设，提高防灾减灾救灾能力。"《决定》将应急管理体制建设上升为国家治理体系和治理能力建设的重要组成部分，进而推动地方应急管理法治的建设、健全地方应急管理体系、优化地方应急管理机构的职能。各省市行政机关是公共秩序的维护者，各类行政应急手段是解决突发事件不可或缺的手段，建立健全行之有效的地方应急立法，保障行政应急措施合理、高效、有序地实行和运用是各省市行政机关的重要任务。

2019 年 1 月 17 日召开的全国应急管理工作会议对全面建设应急管理法律制度体系，加快应急管理领域法律法规的制修订工作，推进应急预案和标准体系建设，改进安全生产监管执法等问题做出了要求。各省市纷纷响应应急管理部的工作部署，就应急管理综合制度、突发事件、防汛抗旱、地质地震、救灾减灾、安全生产等多项领域开展了相关立法工作。部分省市的制度创新在推动应急管理法治化的同时，也为应急管理提供了地方立法经验。

2020 年，站在"两个一百年"奋斗目标的历史交汇点上，各省市深刻分析"十四五"时期我国发展将会面临的机遇和挑战，立足于安全发展新要求，深入谋划应急管理事业改革发展，推进应急管理体系和能力现代化建设。各省市加强谋划推动，深入思考谋划重大工程、重要举措、重点工作，进一步压实应急管理领域的法治政府建设责任，全面推动应急管理、突发事件、防震减灾、防汛抗旱、安全生产等各领域工作的法治化和规范化。此外，部分省市综合运用多种治理理念，创新应急管理模式，在推动本省市应急管理法治化的同时，也为我国应急管理提供了地方立法经验。

第一节　地方应急管理法治发展概况

依法治国是"四个全面"战略布局的重要组成部分。党的十八届四中全会对全面推进依法治国作出了新部署，并明确要求依法强化重点问题的治理。健全各省市的应急管理法规体系，提升增强应急管理法制建设的系统性和统一性，着力解决法规体系不配套、相关内容不一致等问题，是推进地方应急管理依法治理工作的前提。各省市以习近平新时代中国特色社会主义思想为指导，深入贯彻落实习近平总书记关于应急管理、安全生产、防灾减灾救灾的重要指示精神，立足于"从根本上消除事故隐患"的方针，深化源头治理、系统治理和综合治理，夯实应急管理法治建设基础，尽最大努力保障人民群众生命财产安全，为做好"六稳"工作、落实"六保"任务创造良好安全的环境。

一、全面推进地方应急管理法规规章制度的立改废工作

总体来说，在国家层面，与应急管理部职责有关的现行有效的法规共有130余部，涉及安全生产类、自然灾害类等突发事件和综合防灾减灾救灾等多个领域，包括法律、行政法规和规章等。2019年、2020年，各地以法律、行政法规和部门规章为基础，积极修订、新增地方层面的应急立法，主要涉及安全生产类、自然灾害类、消防安全类、资源利用类以及综合防灾减灾救灾等。

（一）按法规层级划分地方应急管理法规规章制度

根据国务院机构改革方案，原水利部、民政部、国土资源部等9个部委、13个方面的职责调整划转到应急管理部。应急管理部正式挂牌成立意味着我国政府在应急体制的建设上选择了"大部制"的建设思路。根据应急管理部《应急管理立法体系框架方案》，推动形成"1+4"（《应急管理法》+《安全生产法》《自然灾害防治法》《消防法》《应急救援组织法》）应急管理法律体系骨干框架，我国应急管理立法体系框架逐渐完善。

现阶段，我国应急管理法规主要有《突发事件应对法》《安全生产法》

《消防法》《水法》《草原法》《防震减灾法》《公益事业捐赠法》等法律，《生产安全事故应急条例》《危险化学品安全管理条例》《防汛条例》《自然灾害救助条例》《水文条例》等行政法规，《安全生产事故隐患排查治理暂行规定》《震后地震趋势判定公告规定》等部门规章，以及《最高人民法院、最高人民检察院关于办理危害生产安全刑事案件适用法律若干问题的解释》等司法解释。2019 年，各地针对我国国家层面应急立法中存在的问题，结合各地的实际情况，对安全生产事故、自然灾害和综合防灾减灾救灾、管理综合性应急救援队伍等职责，就应急力量的建设和动员、综合性应急救援队伍建设管理、重大自然灾害保险、自然灾害救援救助、应急救援物资资金使用管理等问题，有针对性地对地方应急法律制度进行了完善。详情如表 2-1 所示：

表 2-1

序号	性质	省市	名称
1	地方性法规	山西省	《山西省水污染防治条例》（制定）
		贵州省	《贵州省河道条例》（制定）
		陕西省	《陕西省水文条例》（制定）
		北京市	《北京市气象灾害防御条例》（制定）
		广东省	《广东省防汛防旱防风条例》（制定）
		河南省	《河南省安全生产条例》（制定）
		苏州市	《苏州市河道管理条例》（修订草案）
		汕头市	《汕头市防御雷电灾害条例》（修改）
		武汉市	《武汉市防洪管理规定》（制定）
2	地方政府规章	北京市	《北京市生产经营单位安全生产主体责任规定》（制定）
		陕西省	《陕西省取水许可管理办法》（制定）
		浙江省	《浙江省地质灾害治理工程质量和安全生产管理办法》（制定）
		广州市	《广州市气象灾害防御规定》（制定）
		湖南省	《湖南省实施〈自然灾害救助条例〉办法》（生效）

续表

序号	性质	省市	名称
3	"十四五"规划	南京市	《南京市应急管理"十四五"规划》（编制）
		广东省	《广东省应急管理"十四五"规划》（编制）
		河北省	《河北省应急管理事业"十四五"规划》（编制）
		苏州市	《苏州市"十四五"应急体系建设和综合防灾减灾规划》（编制）
		河南省	《河南省应急体系建设"十四五"规划》（编制）
4	其他规范性文件	浙江省	《浙江省矿山地质环境治理恢复与土地复垦基金管理办法（试行）》（制定）
		安徽省	《安徽省安全生产监管执法监督办法》（制定）
		天津市	《天津市安全评价检测检验机构管理实施细则》（制定）
		甘肃省	《甘肃省应急管理厅行政执法证件管理办法》（制定）
		合肥市	《合肥市地震局应急装备物资管理办法》（制定）
		珠海市	《珠海市应急抢险救灾工程管理办法》（制定）
		四川省	《四川省人民政府办公厅关于印发四川省应急救援能力提升行动计划（2019-2021年）的通知》（制定）
		贵州省	《贵州省人民政府办公厅关于建立应急救援指挥体系的通知》（制定）
		湖北省	《湖北省安全生产领域守信联合激励和失信联合惩戒暂行管理办法》（制定）
		湖北省	《湖北省安全生产重大事故隐患挂牌督办办法》（制定）
		宁波市	《宁波市地质灾害群测群防员管理办法》（制定）
		天津市	《天津市提高自然灾害防治能力三年行动计划（2019-2021年）》（制定）
		河北省	《河北省疾病应急救助制度实施办法》（制定）
		吉林省	《吉林省应急管理部门较重以上行政处罚案件集体讨论制度（试行）》（制定）

序号	性质	省市	名称
4	其他规范性文件	吉林省	《吉林省应急管理部门行政执法案卷评查制度（试行）》（制定）
		吉林省	《吉林省应急管理部门法治政府建设情况报告制度（试行）》（制定）
		上海市	《上海市突发事件预警信息发布管理办法》（制定）
		大连市	《大连市渔业船舶海上安全突发事件应急预案》（制定）
		济南市	《济南市城市轨道交通运营突发事件应急预案》（制定）
		成都市	《成都市食品安全突发事件应急预案》（颁布）
		武汉市	《武汉市水污染防治规划》（制定）
		徐州市	《徐州市故黄河两岸等特殊区域深基坑工程建设施工精细化管理办法（试行）》（制定）
		贵州省	《贵州省"十四五"公路养护管理及交通安全和应急体系发展规划》（编制）
		保定市	《保定市防雷减灾管理规定》（制定）
		广西壮族自治区	《广西壮族自治区消防安全责任制实施细则》（制定）
		湖南省	《湖南省安全生产和消防工作考核办法》（制定）
		厦门市	《厦门市建设工程安全生产警示通报和约谈制度》（制定）
		福州市	《福州市市属国有企业负责人安全生产职责清单及责任追究暂行规定》（制定）
		福建省	《福建省文化和旅游安全生产事故隐患挂牌督办实施办法》（制定）
		上海市	《上海市安全评价检测检验机构管理暂行规定》（制定）
		上海市	《上海市建筑施工企业安全生产许可批后监督管理办法》（制定）
		上海市	《上海市安全生产委员会安全生产约谈警示办法（试行）》（制定）

序号	性质	省市	名称
4	其他规范性文件	贵州省	《贵州省较大生产安全事故查处挂牌督办暂行办法》（制定）
		北京市	《北京市危险化学品安全生产风险监测预警系统运行管理办法（试行）》（制定）
		福州市	《福州市交通运输安全生产警示通报和约谈制度》（制定）
		福州市	《福州市交通运输安全生产事故隐患挂牌督办办法》（制定）
		长春市	《长春市安全生产重大事故隐患和违法行为举报核查及奖励办法》（制定）
		广州市	《广州市安全生产执法查处危险化学品处置规定》（制定）
		通化市	《通化市安全生产约谈实施办法（试行）》（制定）
		山东省	《山东省卫生健康系统安全生产管理办法》（制定）
		海南省	《海南省安全评价检测检验机构管理办法》（制定）
		江西省	《江西省应急管理厅关于认真贯彻落实〈安全评价检测检验机构管理办法〉的通知》（制定）
		邢台市	《邢台市党政领导干部安全生产责任制实施细则》（制定）

　　2020 年，各省市针对我国国家层面应急立法中的问题，结合各地的实际情况，重点针对突发事件、水污染防治、河道管理、安全生产等领域制定了地方性法规，针对自然灾害、气象灾害、消防安全等问题制定了地方政府规章。此外，多数省市还完善了突发事件应急预案、应急管理行政处罚自由裁量等标准。详情如表 2-2 所示：

表 2-2

序号	性质	省市	名称
1	地方性法规	浙江省	《浙江省水污染防治条例》（修正）
		广东省	《广东省水污染防治条例》（制定）
		天津市	《天津市水污染防治条例》（修正）
		重庆市	《重庆市水污染防治条例》（制定）
		宁夏回族自治区	《宁夏回族自治区水污染防治条例》（制定）
		广西壮族自治区	《广西壮族自治区水污染防治条例》（制定）
		浙江省	《浙江省河道管理条例》（修正）
		辽宁省	《辽宁省河道管理条例》（修正）
		浙江省	《浙江省水文管理条例》（修正）
		合肥市	《合肥市河道管理条例》（制定）
		石家庄市	《石家庄市河道管理条例》（修正）
		深圳市	《深圳经济特区突发公共卫生事件应急条例》（制定）
		重庆市	《重庆市地质灾害防治条例》（修正）
		天津市	《天津市防震减灾条例》（修正）
		浙江省	《浙江省气象灾害防御条例》（修正）
		兰州市	《兰州市气象灾害防御条例》（制定）
		海南省	《海南自由贸易港消防条例》（制定）
		浙江省	《浙江省交通建设工程质量和安全生产管理条例》（修正）
		辽宁省	《辽宁省安全生产条例》（修正）
		辽宁省	《辽宁省煤矿安全生产监督管理条例》（修正）
		广西壮族自治区	《广西壮族自治区人民代表大会常务委员会关于大力宣传普及应急安全常识提高公众应急防护意识和能力的决定》（制定）
		鹤岗市	《鹤岗市河道管理条例》（制定）
		吕梁市	《吕梁市河道管理条例》（制定）
		昭通市	《昭通市城市河道管理条例》（制定）
		保定市	《保定市河道管理条例》（制定）
		盐城市	《盐城市安全生产条例》（制定）

序号	性质	省市	名称
2	地方政府规章	山东省	《山东省自然灾害风险防治办法》（制定）
		贵州省	《贵州省气象预报预警信息发布与传播管理办法》（制定）
		杭州市	《杭州市突发气象灾害预警信号发布与传播管理办法》（修正）
		天津市	《天津市消防安全责任制规定》（修正）
		河南省	《河南省消防安全责任制实施办法（制定）》
		江西省	《江西省专职消防救援队和志愿消防救援队建设管理办法》（制定）
		广东省	《广东省安全生产责任保险实施办法》（制定）
		山东省	《山东省安全生产风险管控办法》（制定）
		安徽省	《安徽省自然灾害救助办法》（修正）
		江门市	《江门市气象灾害防御规定》（制定）
		泰州市	《泰州市生产经营单位安全生产主体责任规定》（制定）
3	其他规范性文件	深圳市	《深圳市应急管理行政处罚自由裁量权实施标准（2020 年版）》（制定）
		东莞市	《东莞市应急管理局行政处罚自由裁量权适用规则》（制定）
		宁夏回族自治区	《自治区加油站安全生产标准化评分标准（试行）》（制定）
		江西省	《江西省应急管理厅专家管理办法（暂行）》（制定）
		湖南省	《湖南省自然灾害和安全生产类突发事件应急处置暂行办法》（制定）
		湖南省	《湖南省防范化解尾矿库安全风险工作实施方案》（制定）

续表

序号	性质	省市	名称
3	其他规范性文件	湖南省	《湖南省应急管理厅科技项目管理暂行办法》（制定）
		河北省	《河北省林业和草原突发有害生物事件应急预案》（制定）
		河北省	《河北省农业有害生物突发事件应急预案》（制定）
		湖南省	《湖南省特种作业人员和高危行业生产经营单位主要负责人、安全生产管理人员安全生产培训考核发证实施细则》（制定）
		保定市	《保定市重大气象灾害应急预案》（制定）
		广东省	《广东省应急管理厅安全生产资格考试考务管理办法》（制定）
		德阳市	《德阳市地震应急预案》（制定）
		朔州市	《安全生产执法手册（2020年版）》（制定）
		六安市	《六安市应急管理局关于注销危险化学品经营许可证的公告》（制定）
		盘锦市	《盘锦市综合性消防救援应急响应机制实施办法》（制定）
		龙岩市	《龙岩市2020年卫生应急工作要点》（制定）
		贵州省	《贵州省应急管理厅、中国银行保险监督管理委员会、贵州监管局、贵州省财政厅关于〈印发贵州省安全生产责任保险实施细则〉的通知》（制定）
		朔州市	《朔州市农村气象灾害应急广播体系建设实施方案》（制定）
		福州市	《福州市近岸海域赤潮灾害渔业应急预案》（制定）
		湖南省	《湖南省应急管理厅2020年度安全生产监管执法计划》（制定）
		河北省	《2020年全省应急管理和安全生产教育培训工作要点》（制定）

续表

序号	性质	省市	名称
3	其他规范性文件	黑龙江省	《全省应急管理系统深入开展安全生产"大执法"行动方案》（制定）
		云南省	《2020年应急管理法治建设工作要点》（制定）
		朔州市	《2020年全市安全和应急管理教育培训工作要点》（制定）
		四川省	《四川省政府投资地质灾害防治项目建设市场主体信用评价管理办法》（制定）
		深圳市	《深圳市对安全生产领域失信行为开展联合惩戒实施细则》（制定）
		辽宁省	《辽宁省安全生产行政执法与刑事司法衔接工作实施办法》（制定）
		河北省	《河北省城镇燃气安全事故应急预案》（制定）
		保定市	《保定市突发重大动物疫情应急预案》（制定）
		河北省	《河北省应急产业发展规划（2020-2025）》（制定）
		青海省	《青海省应急管理厅专家管理办法（试行）》（制定）
		吉林省	《全省应急系统宣传融合协作工作方案》（制定）
		天津市	《天津市应急救援队伍建设管理办法》（制定）
		成都市	《成都市重污染天气应急预案（2020年修订）》（制定）
		扬州市	《扬州市市场监督管理局机关防控新型冠状病毒感染肺炎疫情应急预案》（制定）
		赤峰市	《赤峰市突发公共事件医疗卫生救援应急预案》（制定）
		天津市	《天津市应急管理标准化工作实施办法》（制定）

续表

序号	性质	省市	名称
3	其他规范性文件	河北省	《河北省重大沙尘暴灾害应急预案》（制定）
		潍坊市	《潍坊市应急管理专家管理办法》（制定）
		江西省	《江西省应急管理厅重大自然灾害调查评估工作暂行办法》（制定）
		深圳市	《深圳市安全风险管控暂行办法》（制定）
		广州市	《广州市应急管理局规范行政处罚自由裁量权实施办法》（制定）
		上饶市	《上饶市消防救援队伍职业保障办法（试行）》（制定）
		吉林省	《吉林省应急管理厅关于加强煤矿应急救援管理工作的通知》（制定）
		上饶市	《上饶市突发事件预警信息发布管理办法》（制定）
		雅安市	《雅安市抢险救灾工程项目管理办法》（制定）
		湖南省	《湖南省非煤矿山生产安全事故应急预案（试行）》（制定）
		深圳市	《深圳市对安全生产领域失信行为开展联合惩戒实施细则》（制定）
		云南省	《云南省安全生产委员会工作规则》（制定）
		贵州省	《贵州省消防安全责任制实施办法》（制定）
		黑龙江省	《黑龙江省消防安全责任制实施办法》（制定）
		广东省	《广东省消防救援队伍职业保障办法（试行）》（制定）
		湖南省	《湖南省突发性地质灾害应急预案（试行）》（已失效）

（二）按自然灾害和事故灾害类型划分地方应急管理法规规章制度

从国家层级来看，我国现有应急管理法规主要有涉及综合应急管理的法律 1 部；涉及安全生产的法律 3 部，行政法规 12 部，部门规章 59 部；涉及森林、草原防灭火职责的法律 2 部，行政法规 3 部；涉及地震灾害防御的法律 1 部，行政法规 5 部，部门规章 7 部；涉及地质灾害防治的行政法规 2 部，部门规章 4 部；涉及防汛抗旱的法律 2 部，行政法规 12 部，部门规章 5 部；涉及灾害救助的行政法规 2 部，部门规章 1 部；涉及消防的法律 1 部，部门规章 11 部。

新一轮机构改革后，原水利部、民政部、国土资源部等 9 个部委、13 个方面的职责调整划转到应急管理部，各地均面临应急管理过程中相关责任主体与之前不一致的问题。2019 年，相关地方及时开展了法规规章的一揽子修改，使其与机构改革方案和应急管理部"三定"规定协调一致。在此基础上，各地结合地方特色，就其主要面临的不同领域的应急管理问题进行了立法。同时，各地陆续启动了"十四五"应急体系规划工作，因地制宜，围绕"三定"方案，参考"十三五"规划执行落实情况，坚持以目标导向和问题导向相统一的原则，为未来 5 年的应急管理工作，确定合理的重点领域，设定科学的目标指标。详情如表 2–3 所示：

表 2–3

序号	领域	省市	名称
1	综合类	河北省	《河北省疾病应急救助制度实施办法》（制定）
		吉林省	《吉林省应急管理部门较重以上行政处罚案件集体讨论制度（试行）》（制定）
		吉林省	《吉林省应急管理部门行政执法案卷评查制度（试行）》（制定）
		吉林省	《吉林省应急管理部门法治政府建设情况报告制度（试行）》（制定）
		南京市	《南京市应急管理"十四五"规划》（编制）
		广东省	《广东省应急管理"十四五"规划》（编制）

序号	领域	省市	名称
1	综合类	河北省	《河北省应急管理事业"十四五"规划编制方案》（编制）
		苏州市	《苏州市"十四五"应急体系建设和综合防灾减灾规划》（编制）
		河南省	《河南省应急体系建设"十四五"规划》（编制）
2	突发事件	上海市	《上海市突发事件预警信息发布管理办法》（制定）
		济南市	《济南市城市轨道交通运营突发事件应急预案》（制定）
		成都市	《成都市食品安全突发事件应急预案》（颁布）
3	水旱灾害类	武汉市	《武汉市防洪管理规定》（制定）
		武汉市	《武汉市水污染防治规划》（制定）
		山西省	《山西省水污染防治条例》（制定）
		苏州市	《苏州市河道管理条例》（制定）
		贵州省	《贵州省河道条例》（制定）
		徐州市	《徐州市故黄河两岸等特殊区域深基坑工程建设施工精细化管理办法（试行）》（制定）
		陕西省	《陕西省水文条例》（制定）
		陕西省	《陕西省取水许可管理办法》（制定）
		广东省	《广东省防汛防旱防风条例》（制定）
4	地质灾害类	浙江省	《浙江省地质灾害治理工程质量和安全生产管理办法（试行）》（制定）
		浙江省	《浙江省矿山地质环境治理恢复与土地复垦基金管理办法（试行）》（制定）
		合肥市	《合肥市地震局应急装备物资管理办法》（制定）
		宁波市	《宁波市地质灾害群测群防员管理办法》（制定）

序号	领域	省市	名称
5	救灾减灾类	珠海市	《珠海市应急抢险救灾工程管理办法》（制定）
		四川省	《四川省人民政府办公厅关于印发四川省应急救援能力提升行动计划（2019-2021年）的通知》（制定）
		贵州省	《贵州省人民政府办公厅关于建立应急救援指挥体系的通知》（制定）
6	其他灾害	湖南省	《湖南省实施〈自然灾害救助条例〉办法》
		天津市	《天津市提高自然灾害防治能力三年行动计划（2019-2021年）》（颁行）
		汕头市	《汕头市防御雷电灾害条例》（制定）
		北京市	《北京市气象灾害防御条例》（制定）
		广州市	《广州市气象灾害防御规定》（制定）
		保定市	《保定市防雷减灾管理规定》（制定）
7	消防安全类	广西壮族自治区	《广西壮族自治区消防安全责任制实施细则》（制定）
		湖南省	《湖南省安全生产和消防工作考核办法》（制定）
8	安全生产类	厦门市	《厦门市建设工程安全生产警示通报和约谈制度》（制定）
		北京市	《北京市生产经营单位安全生产主体责任规定》（制定）
		福州市	《福州市市属国有企业负责人安全生产职责清单及责任追究暂行规定》（制定）
		安徽省	《安徽省安全生产监管执法监督办法》（制定）
		河南省	《河南省安全生产条例》（制定）
		湖北省	《湖北省安全生产重大事故隐患挂牌督办办法》（制定）

序号	领域	省市	名称
8	安全生产类	湖北省	《湖北省安全生产领域守信联合激励和失信联合惩戒暂行管理办法》（制定）
		江西省	《江西省应急管理厅关于认真贯彻落实〈安全评价检测检验机构管理办法〉的通知》（制定）
		海南省	《海南省应急管理厅关于加强安全评价检测检验机构监督管理工作的通知》（制定）
		福建省	《福建省文化和旅游安全生产事故隐患挂牌督办实施办法》（制定）
		上海市	《上海市建筑施工企业安全生产许可批后监督管理办法》（制定）
		上海市	《上海市安全生产委员会安全生产约谈警示办法（试行）》（制定）
		贵州省	《贵州省较大生产安全事故查处挂牌督办暂行办法》（制定）
		福州市	《福州市交通运输安全生产警示通报和约谈制度》（制定）
		福州市	《福州市交通运输安全生产事故隐患挂牌督办办法》（制定）
		长春市	《长春市安全生产重大事故隐患和违法行为举报核查及奖励办法》（制定）
		广州市	《广州市安全生产执法查处危险化学品处置规定》（制定）
		通化市	《关于印发通化市安全生产约谈实施办法（试行）》（制定）
		山东省	《山东省卫生健康系统安全生产管理办法》（制定）
		邢台市	《邢台市党政领导干部安全生产责任制实施细则》（制定）

2020 年，各省市落实"推动党政主要负责人切实履行推进法治建设第一责任人职责"制度、重点行业领域安全生产专项整治三年行动、坚持绿色发展原则等方针政策与新发展理念，结合各省市实际，在应急管理责任制度、安全生产领域、水污染防治领域重点进行了立法。同时，各省市重视运用风险治理、失信惩戒制度等多种治理理念，以安全生产风险管控、安全生产失信联合惩戒等为出发点，进行了立法。详情如表 2-4 所示：

表 2-4

序号	领域	省市	名称
1	综合类	深圳市	《深圳市应急管理行政处罚自由裁量权实施标准（2020 年版）》（制定）
		东莞市	《东莞市应急管理局行政处罚自由裁量权适用规则》（制定）
		江西省	《江西省应急管理厅专家管理办法（暂行）》（制定）
		湖南省	《湖南省防范化解尾矿库安全风险工作实施方案》（制定）
		湖南省	《湖南省应急管理厅科技项目管理暂行办法》（制定）
		黑龙江省	《全省应急管理系统深入开展安全生产"大执法"行动方案》（制定）
		云南省	《2020 年应急管理法治建设工作要点》（制定）
		朔州市	《2020 年全市安全和应急管理教育培训工作要点》（制定）
		河北省	《河北省应急产业发展规划（2020-2025）》（制定）
		青海省	《青海省应急管理厅专家管理办法（试行）》（制定）
		吉林省	《全省应急系统宣传融合协作工作方案》（制定）
		天津市	《天津市应急救援队伍建设管理办法》（制定）
		天津市	《天津市应急管理标准化工作实施办法》（制定）
		潍坊市	《潍坊市应急管理专家管理办法》（制定）
		江西省	《江西省应急管理厅重大自然灾害调查评估工作暂行办法》（制定）

序号	领域	省市	名称
1	综合类	深圳市	《深圳市安全风险管控暂行办法》（制定）
		广州市	《广州市应急管理局规范行政处罚自由裁量权实施办法》（制定）
		吉林省	《吉林省应急管理厅关于加强煤矿应急救援管理工作的通知》（制定）
		天津市	《天津市应急救援队伍建设管理办法》（制定）
2	突发事件	深圳市	《深圳经济特区突发公共卫生事件应急条例》（制定）
		湖南省	《湖南省自然灾害和安全生产类突发事件应急处置暂行办法》（制定）
		河北省	《河北省林业和草原突发有害生物事件应急预案》（制定）
		保定市	《保定市突发重大动物疫情应急预案》（制定）
		赤峰市	《赤峰市突发公共事件医疗卫生救援应急预案》（制定）
		扬州市	《扬州市市场监督管理局机关防控新型冠状病毒感染肺炎疫情应急预案》（制定）
		天津市	《天津市突发公共卫生事件应急管理办法》（制定）
		湖南省	《湖南省自然灾害和安全生产类突发事件应急处置暂行办法》（制定）
		上饶市	《上饶市突发事件预警信息发布管理办法》（制定）
		河北省	《河北省农业有害生物突发事件应急预案》（制定）

序号	领域	省市	名称
3	水旱灾害类	浙江省	《浙江省水污染防治条例》（修正）
		广东省	《广东省水污染防治条例》（制定）
		天津市	《天津市水污染防治条例》（修正）
		重庆市	《重庆市水污染防治条例》（制定）
		宁夏回族自治区	《宁夏回族自治区水污染防治条例》（制定）
		广西壮族自治区	《广西壮族自治区水污染防治条例》（制定）
		浙江省	《浙江省河道管理条例》（修正）
		辽宁省	《辽宁省河道管理条例》（修正）
		浙江省	《浙江省水文管理条例》（修正）
		合肥市	《合肥市河道管理条例》（制定）
		鹤岗市	《鹤岗市河道管理条例》（制定）
		吕梁市	《吕梁市河道管理条例》（制定）
		昭通市	《昭通市城市河道管理条例》（制定）
		保定市	《保定市河道管理条例》（制定）
		石家庄市	《石家庄市河道管理条例》（制定）
		重庆市	《重庆市地质灾害防治条例》（制定）
4	地质灾害类	湖南省	《湖南省突发性地质灾害应急预案（试行）》（已失效）
		德阳市	《德阳市地震应急预案》（制定）
		天津市	《天津市防震减灾条例》（修正）
5	救灾减灾类	安徽省	《安徽省自然灾害救助办法》（修正）
		山东省	《山东省自然灾害风险防治办法》（修正）
		四川省	《四川省政府投资地质灾害防治项目建设市场主体信用评价管理办法》（制定）
		浙江省	《浙江省气象灾害防御条例》（制定）

序号	领域	省市	名称
6	其他灾害	兰州市	《兰州市气象灾害防御条例》（制定）
		贵州省	《贵州省气象预报预警信息发布与传播管理办法》（制定）
		杭州市	《杭州市突发气象灾害预警信号发布与传播管理办法》（修改）
		保定市	《保定市重大气象灾害应急预案》（制定）
		广西壮族自治区	《广西壮族自治区人民代表大会常务委员会关于大力宣传普及应急安全常识提高公众应急防护意识和能力的决定》（制定）
		龙岩市	《龙岩市2020年卫生应急工作要点》（制定）
		福州市	《福州市近岸海域赤潮灾害渔业应急预案》（制定）
		成都市	《成都市重污染天气应急预案（2020年修订）》（制定）
		河北省	《河北省重大沙尘暴灾害应急预案》（制定）
		雅安市	《雅安市抢险救灾工程项目管理办法》（制定）
		江门市	《江门市气象灾害防御规定》（制定）
7	消防安全类	海南省	《海南自由贸易港消防条例》（制定）
		贵州省	《贵州省消防安全责任制实施办法》（制定）
		河南省	《河南省消防安全责任制实施办法》（制定）
		黑龙江省	《黑龙江省消防安全责任制实施办法》（制定）
		天津市	《天津市消防安全责任制规定》（修正）
		上饶市	《上饶市消防救援队伍职业保障办法（试行）》（制定）
		浙江省	《浙江省交通建设工程质量和安全生产管理条例》（修正）

续表

序号	领域	省市	名称
8	安全生产类	辽宁省	《辽宁省安全生产条例》（修正）
		辽宁省	《辽宁省煤矿安全生产监督管理条例》（修正）
		盐城市	《盐城市安全生产条例》（制定）
		广东省	《广东省安全生产责任保险实施办法》（制定）
		山东省	《山东省安全生产风险管控办法》（制定）
		宁夏回族自治区	《自治区加油站安全生产标准化评分标准（试行）》（制定）
		朔州市	《安全生产执法手册（2020 年版）》（制定）
		盘锦市	《盘锦市综合性消防救援应急响应机制实施办法》（制定）
		湖南省	《湖南省应急管理厅 2020 年度安全生产监管执法计划》（制定）
		河北省	《2020 年全省应急管理和安全生产教育培训工作要点》（制定）
		深圳市	《深圳市对安全生产领域失信行为开展联合惩戒实施细则》（制定）
		辽宁省	《辽宁省安全生产行政执法与刑事司法衔接工作实施办法》（制定）
		河北省	《河北省城镇燃气安全事故应急预案》（制定）
		湖南省	《湖南省非煤矿山生产安全事故应急预案（试行）》（制定）
		泰州市	《泰州市生产经营单位安全生产主体责任规定》（制定）
		贵州省	《贵州省安全生产责任保险实施细则》（制定）
		云南省	《云南省安全生产委员会工作规则》（制定）

二、通过"十四五"规划谋划新发展格局

"十三五"应急体系规划工作已接近尾声，为深入贯彻落实党中央关于统

一规划体系更好地发挥国家发展规划战略导向作用的意见精神，国家层面和地方层面分别根据国家"十四五"规划工作总体安排，陆续启动了"十四五"应急体系规划工作。各地因地制宜，围绕"三定"方案，参考"十三五"规划执行落实情况，坚持目标导向和问题导向相统一的原则，为未来5年的应急管理工作，确定合理的重点领域，设定科学的目标指标。全国各地的"十四五"应急制度虽还在制定中，但从各地围绕"十四五"应急制度规划开展的会议内容、课题可以总结出"十四五"规划地方应急制度的共性特征。

（一）加强薄弱环节和关键领域建设

补强应急管理体系中的薄弱环节，是推动应急管理体系整体高度发展的关键。四川省在《"十四五"应急管理领域规划前期重点课题研究指南》中指出，通过研究队伍建设、人才建设、装备建设、基础设施建设存在的缺陷和不足，分析现行专业应急救援队伍管理运行体制中存在的缺陷和不足，进而建立新形势下应急管理体系，推动应急保障能力提升。贵州省应急管理"十四五"规划编制调度会就贵州省应急资源和重要战略设施部署、现有应急能力水平进行评估分析，对国家和省应急管理规划格局、当前应急管理基础薄弱环节和关键重点领域建设等提出了对策措施，对国家级专项规划编制的时间节点进行了安排。

（二）提高各部门间的协调配合能力

加强有关部门在应急管理方面的协调配合，推动城乡、区域间应急联动机制的建立健全，提高其在事故发生时的联动能力。

1. 在横向上加强部门间的日常沟通交流。如合肥市应急管理局在涉"十四五"规划相关会议即"十四五"应急管理规划推进会议中提出，要加强应急管理相关部门的分工配合，行政部门要结合各自在安全生产、防灾减灾、应急救援等方面的职能，部门之间加强沟通联系。河北省在应急管理"十四五"规划编制方案中提出，以习近平新时代中国特色社会主义思想为指导，统筹推进"五位一体"总体布局，坚持稳中求进的工作总基调，加强规划统筹衔接协调。

2. 在纵向上加强上下级之间的联动。如吉安市通过召开"十四五"规划应急体系座谈会，听取各县（市、区）应急管理局和相关科室的意见建议，促进各地应急管理部门的沟通交流，进一步加强市、县两级水利、林业等相关部门单位的联系。

（三）重视应急管理体制机制创新

从各地的前期工作会议内容来看，应急管理体制的创新包括三个层次：

1. 应急制度层次的创新。如南京市在规划中将危险化学品安全监管体制机制创新作为规划要点，再结合南京市危险化学品产业的发展趋势和近年来危险化学品事故发生的特征规律，提出完善危险化学品安全监管体制机制的措施建议。

2. 应急措施层次的创新。如四川省围绕指挥协调、救援处置、风险防范、监管执法等应急管理核心能力需求，全面分析现状，研究四川特色应急管理指挥体系的理论基础、总体框架和层级分类，提出健全应急指挥体系制度和机制，明晰应急指挥权限、理顺指挥关系、优化指挥流程、提升指挥能力的措施建议。

3. 应急管理手段的创新。如江西省在"十四五"防震减灾工作会议上提出，要积极推进行业管理改革，落实创新驱动战略，统筹推进透明地壳、解剖地震、韧性城乡、智慧服务四项科学计划实施，进一步推进全媒体科普宣传、"互联网+地震科普"、智能化VR平台、"5G"技术的普及。

（四）深化应急管理执法改革研究

机构改革以来，相关部门在应急管理工作方面的职能也随之发生变化。厘清部门监管职责、健全协同协作机制、推动形成执法合力的思路和措施，是落实应急管理制度的必要举措。南京市在应急管理规划课题要求中提到，"十四五"时期要深化"放管服"改革，理顺安全监管执法体制，创新安全监管执法方式，推进法治化、规范化、科学化建设；针对履职基础保障、现场检查执法、事故调查处理、执法队伍建设、科学技术支撑等方面，研究提出健全监管执法保障体系、增强监管执法效能的主要任务和实现路径。

第二节　地方应急管理法治的特点

各省市以中央有关法律法规、大政方针为基础，立足于本省市实际需求，有计划、有步骤地针对应急管理进行了立法。各省市在应急立法过程中重视应急制度层次的创新、应急措施层次的创新、应急管理手段的创新，重点明晰了应急指挥权限、理顺指挥关系、优化指挥流程、提升指挥能力的措施建议。

一、对接国家方针政策与新发展理念

地方应急立法仍然高度重视对国家大政方针和新发展理念的落实，集中体现为对党政主要负责人切实履行推进法治建设第一责任人职责制度的落实以及对绿色发展原则的践行。同时，还结合实践中建立健全突发应急体系的需求，进行了应急管理法治的立改废。

（一）推动党政主要负责人切实履行推进法治建设第一责任人职责

2016 年，中共中央办公厅、国务院办公厅印发了《党政主要负责人履行推进法治建设第一责任人职责规定》，明确了党政主要负责人在推进法治建设中的主要责任，对监督检查及考核问责提出了具体要求。应急管理关乎人民生命财产，而应急管理责任制不落实、不明晰，职能部门法定职责履行不到位直接制约着应急管理体系的构建。近年来，各省市为进一步强化应急管理主体责任、增强应急管理制度的可操作性，逐渐针对各应急事件领域制定了"安全责任制"，旨在明晰地方政府职责，推进应急管理主体责任的落实。

2017 年 10 月 29 日，国务院办公厅印发了《消防安全责任制实施办法》（以下简称《办法》），《办法》规定，地方各级人民政府负责本行政区域内的消防工作，政府主要负责人为第一责任人，分管负责人为主要责任人，并逐一界定细化了地方各级政府、行业部门和社会单位的消防安全责任，对建立、健全和落实消防安全责任制作了全面、系统、具体的规定。《办法》中的上述规定，是将推动党政主要负责人切实履行推进法治建设第一责任人职责作为出发点，进一步明晰地方各级政府、部门的应急管理主体职责的体现。

2020 年，天津、黑龙江、贵州、河南等省市均针对消防救援领域的安全责任进行了立法。2020 年 1 月，天津市颁行了《天津市消防安全责任制规定》，重点突出了责任落实保障体系建设。该规定建立了督促、约谈、考评、诚信监管 4 项责任落实工作机制，并对具体情形、各级政府的责任进行了细化和明确，进而确保了消防安全责任制真正具有震慑力和生命力。2020 年 8 月，贵州省人民政府印发的《贵州省消防安全责任制实施办法》中指出，市、县级政府要健全完善消防安全委员会实体化运行和消防救援工作部署、督查、考核、报告机制，规定各级消防安全委员会的具体工作内容，确保政府日常消防救援工作有专门的组织机构统筹协调负责。同时，在乡镇、街道一级构建了由政府主要或分管负责人、相关机构负责人组成的消防救援工作领导机构，确保基层消防救援工作有人抓、有人管。上述措施通过明确各层级政府、行政机关工作人员的具体职责，在落实党政主要负责人有关职责的同时，也使政府开展消防救援工作更加实体化。

（二）优化突发事件应急体系

2020 年，各省市深入贯彻习近平总书记关于防灾减灾救灾的重要论述，重视完善突发事件应对处置方面的立法，以推进应急管理体系和能力现代化。各省市对突发事件应急体系的完善集中体现在两个领域：一是对突发公共卫生事件应急管理体系的完善，二是加强自然灾害应急体系的立法。

首先，从突发公共卫生事件应急管理体系的完善来看，2020 年年初暴发的新冠肺炎疫情，是新中国成立以来传播速度最快、感染范围最广、防控难度最大的重大突发公共卫生事件。疫情防控过程中，各省市不断总结突发公共卫生应急防控法律法规所呈现出的短板，部分省市在归纳疫情防控经验、结合自身防控需求的基础上，建立健全了突发公共卫生事件应急预案。《深圳经济特区突发公共卫生事件应急条例》于 2020 年 10 月起正式实施，与我国《突发公共卫生事件应急条例》相比，《深圳经济特区突发公共卫生事件应急条例》树立了"预防为主、平战结合"的常态化防控理念，突出强调了应急物资储备与供应、联防联控与基层治理、保障措施的重要性，并按照从预防到治理的全流程进行设计，具有一定的创新性。《赤峰市突发公共事件医疗卫生救援应急预案》则对自然灾害、事故灾难、社会安全事件等突发公共事件发生后，医疗卫生救援工作迅速、高效、有序地开展作出了规划。同时，其还大大提升了卫生健康部门应对各类突发公共事件的应急反应能力和医疗卫生救援水平，最大程度减少人员伤亡和健康危害，有利于维护社会稳定。

其次，从加强自然灾害应急体系的立法来看，及时有效的预防控制措施，能最大限度地减轻自然灾害类突发事件造成的危害，保障经济安全、生态安全和人民群众的生命安全。2020 年 8 月起施行的《湖南省自然灾害和安全生产类突发事件应急处置暂行办法》，通过构建统一指挥、专常兼备、反应灵敏、上下联动、平战结合的应急处置体系和处置机制，以依法、协同、高效地应对本省自然灾害和安全生产类突发事件。2020 年 8 月，河北省政府办公厅印发了《河北省农业有害生物突发事件应急预案》《河北省林业和草原突发有害生物事件应急预案》，通过明确划分应急响应等级、设置突发有害生物事件应急处置专家组、细化各级政府职责范围，进而加强和规范农业、林业和草原方面的突发事件应急管理工作。

（三）落实绿色新发展理念

2021 年 1 月 1 日起实施的《民法典》，以习近平生态文明思想为指引，积极贯彻落实绿色发展理念，从法律的层面对生态文明建设和绿色发展作出规定，对推进我国生态文明建设、引领世界民法新潮流具有深远意义和里程碑价值。

从 2020 年地方应急管理法治来看，各省市对绿色发展原则的落实主要集中体现在对水污染的治理方面。近年来，我国治水的主要矛盾已经发生了深刻的变化，从人民群众对除水害兴水利的需求与水利工程能力不足的矛盾，转化为人民群众对水资源水生态水环境的需求与水利行业监管能力不足的矛盾。为解决上述发展矛盾，部分省市在 2020 年，针对水污染、河道治理、水文管理等方面进行了法律法规的立改废工作。

第一，浙江、天津、重庆、广东、宁夏、广西等省市，进行了水污染防治立法领域的立改废。2020 年 11 月通过的《广东省水污染防治条例》，充分衔接了《环境保护法》、《水污染防治法》以及《广东省环境保护条例》等现有法律法规，整合了广东省水环境保护 5 部单项立法，填补了广东省在水污染防治综合立法领域的空白。2020 年 10 月起施行的《重庆市水污染防治条例》，创新性地建立了"约谈限批"制度，即对超过重点水污染物排放总量控制指标或者未完成水环境质量改善目标的区域，要求市生态环境主管部门会同有关部门约谈该地区人民政府的主要负责人，并暂停审批新增重点水污染物排放总量的建设项目的环境影响评价文件。

第二，浙江省于 2020 年修正了《浙江省河道管理条例》，辽宁省则是对现有的《辽宁省河道管理条例》进行了修订。浙江、辽宁两省均具有河流众多、河网密布的特点，对河道防汛、行洪提出了较高的要求。因此，条例的立改废工作，在进一步为河道管理提供法律保障的同时，也为各级水利部门依法行政提供了依据。

（四）落实"放管服"改革的要求

《中共中央关于制定国民经济和社会发展第十三个五年规划的建议》提出了"改革安全评审制度，健全预警应急机制"的任务要求。《中共中央国务院关于推进安全生产领域改革发展的意见》要求"改革完善安全生产和职业健康技术服务机构资质管理办法""科学设置安全生产行政许可事项和办理程序"。应急管理部于 2019 年 5 月起开始实施的《安全评价检测检验机构管理办法》，有效地规范了安全评价机构、安全生产检测检验机构从业行为，发挥了评价检测机构事故防范技术支撑作用，进一步落实了国务院"放管服"改革要求。随后，部分省市也顺应该趋势，结合地方实际，制定了针对安全评价检测检验机构的管理办法，顺应安全生产现实需要，对标应急管理工作大局，对评价检测机构资质认可、监督管理、检查考核等进行了系统性改革。

1. 大幅归并精简许可事项

天津市出台的《天津市安全评价检测检验机构管理实施细则》重塑了专业机构监管体系，更好地满足了行业规范发展的现实需要。先前实施的评价检测机构管理制度存在以下缺陷：一是准入条件较低，已不能完全满足技术支撑需要；二是评价检测机构跨区域从业还存在不同程度的行政壁垒和障碍；三是属地安全监管监察部门对机构及其从业人员行政处罚的依据还不够充分。新出台的《天津市安全评价检测检验机构管理实施细则》通过合并资质等级、压缩审批层级、精简许可范围、取消从业地域限制，推行一个准入标准许可、一个证书全国执业、一个信息平台查询，为机构执业、行业发展和监督检查提供了更为便捷高效的制度设计。

《上海市安全评价检测检验机构管理暂行规定》按照国务院"放管服"改革要求以及应急管理部《安全评价检测检验机构管理办法》的经验，主要归并精简了以下事项：一是取消评价检测机构的甲级、乙级分级设置，分别整合为安全评价资质、安全生产检测检验资质；二是取消评价检测机构从业地域限制，取得安全评价基础资质、检测检验基础资质的机构可以在全国范围内开展业务；三是取消评价检测机构计划性数量限制，不再拟定数量和区域发展规划。

2. 引入多种监管方式

海南省、江西省重视对安全评价检测检验机构的监管，主要体现在以下几方面：第一，强化资质监督。规定资质认可机关通过制定年度监督检查计划、实施"双随机、一公开"监管等，确保每三年对本部门颁发资质证书的评价检测机构监督检查覆盖一次。第二，强化属地监管。要求机构在开展现场技术服务前7个工作日内书面告知项目实施地资质认可机关，接受资质认可机关及其下级有关部门的监督检查。第三，强化日常执法。要求有关部门发现机构违法违规行为的，依法实施处罚，并告知资质认可机关。第四，强化联合惩戒，提高对违法违规行为的处罚力度，对失信机构和人员实行行业禁入和纳入安全生产不良记录"黑名单"管理，并依法实施联合惩戒。第五，实行信息共享。通过信息共享，以安全评价检测检验机构信息查询系统、国家企业信用信息公示系统、全国信用信息共享平台、安全评价师查询平台、注册安全工程师查询系统等为依托，及时查询、公布和共享执法检查、行政处罚、失信惩戒等信息。第六，引导行业自律。发挥行业协会自律管理作用，积极推进信用评估、综合能力和专业能力评定等相关标准和体系建设，引导机构提升服务能力、质量和水平；协助开展技术仲裁，促进公平竞争，维护从业秩序。新修订的《河南省安全生产条例》的突出特点主要体现为三个"进一步"，引入了多个监管主体、多种监管方式，即进一步强化了生产经营单位主体责任，进一步强化了重点行业及事项的安全监管，进一步强化了安全生产监管体制。

（五）对接安全生产专项整治

安全生产专项整治三年行动是习近平总书记亲自批示、亲自部署的重大行动，是保障公共安全、维护国家安全的重大工程。2019年实现了事故总量、较大事故、重特大事故起数"三个继续下降"，但安全生产总体仍处于爬坡过坎期，危险化学品、非煤矿山、消防救援、交通运输、建筑施工等传统高危行业风险还没有得到全面、有效的防控。

第一，建立健全安全生产责任保险制度。2016年12月18日，中国政府网公布《中共中央　国务院关于推进安全生产领域改革发展的意见》明确要求建立健全安全生产责任保险制度，以实现到2020年，安全生产监管体制机制基本成熟，安全生产整体水平与全面建成小康社会目标相适应的目标。2017年12月12日，国家安全监管总局、保监会、财政部颁行了《安全生产责任保险实施办法》。2019年，应急管理部印发安全生产领域强制性标准

《安全生产责任保险事故预防技术服务规范（征求意见稿）》，旨在加强安全基础保障能力建设，在八大高危行业领域强制实施安全生产责任保险制度，切实发挥保险机构参与风险评估和事故预防的功能。2020年，《贵州省安全生产责任保险实施细则》《广东省安全生产责任保险实施办法》相继颁行，其共同点：一是完善了保险公司参与企业风险评估管控和事故预防制度；二是明确按照国家规定投保安全生产责任保险的企业范围、生产经营单位的配合义务；三是鉴于国家已取消安全生产风险抵押金制度，删去关于安全生产风险抵押金的规定。

第二，规范安全生产资格培训、考试的流程。提高安全生产考核工作的标准化和规范化水平，有利于加强安全生产领域专业化队伍建设，有利于防范遏制重特大生产安全事故发生，推动安全生产形势持续稳定好转。广东省应急管理厅于2020年7月1日起实施《广东省应急管理厅安全生产资格考试与证书管理实施细则》和《广东省应急管理厅安全生产资格考试考务管理办法》。《广东省应急管理厅安全生产资格考试考务管理办法》创新之处在于：一是取消了安全主任考核等规定，更符合上位法和国家有关政策的要求；二是进一步优化了申请和复审换证手续，提升了服务质量；三是进一步优化了审核审批流程，提高了工作效率；四是进一步加强了考试点的监督管理，对考试点建设、维护等都提出了新要求，健全了考试机构建设标准化管理；五是创新采用了网络技术和电子证书，更加方便群众。

第三，压实生产经营单位的安全生产主体责任。当前，我国安全生产形势总体平稳，但一些生产经营单位仍存在安全生产意识不强、主体责任不落实、安全生产事故时有发生等问题。2020年7月，江苏省泰州市发布的《泰州市生产经营单位安全生产主体责任规定》，制度创新之处在于：首先，将安全生产工作明确化，要求生产经营单位应将安全教育培训工作纳入本单位年度工作计划；其次，将安全生产工作程序化，敦促生产经营单位按要求制定岗位安全操作规程，明确安全操作要求、作业环境要求、作业防护要求、禁止事项、紧急情况现场处置措施等内容；最后，安全生产工作管理方式多样化，明确了风险分级管控和重大危险源监管双重预防机制，要求生产经营单位定期组织专家和从业人员对生产经营全过程进行风险排查。该文件通过完善制度设计、强调源头管理，对生产经营单位安全生产主体责任进一步细化，从而增强企业落实责任的可操作性。

二、对接机构改革进行制度调整

2018 年 3 月 17 日，第十三届全国人大第一次会议表决通过了《关于国务院机构改革方案的决定》，正式组建应急管理部，作为国务院的组成部门。应急管理部整合了原来分散在国家安监总局、国务院办公厅、公安部、民政部、国土资源部、水利部、农业部、林业局、地震局以及防汛抗旱指挥部、国家减灾委、抗震救灾指挥部、森林防火指挥部等部门机构的应急管理职能，同时原公安消防部队、森林武警部队退出现役，由应急管理部管理。应急管理部的成立标志着新一轮应急体制改革的启动，遵循了"一类事项原则上由一个部门统筹、一件事情原则上由一个部门负责"的原则，符合国家治理体系和治理能力现代化的基本需求。

（一）明确有关部门的工作职责

根据国务院机构改革方案，原水利部、民政部、国土资源部等 9 个部委、13 个方面的职责调整划转到应急管理部。应急管理部正式挂牌成立意味着我国政府在应急体制的建设上选择了"大部制"的建设思路，即希望通过本次改革，尽可能地将那些职能、业务范围相近的事项相对集中，由一个部门统一管理，最大限度地避免政府职能交叉。

1. 部分应急指挥职能实行整体划转

根据新一轮机构改革的设计，防汛抗旱指挥部已从水利部调整到刚成立的应急管理部，该部门变化的不仅是名称，其部门的组织机构、部门职责也发生了相应变化。2019 年，全国多个省市建立健全了防汛抗旱领域的地方立法，各地的立法虽然是从不同角度对防洪抗旱、水污染治理、河道管理等事项加以规范，但都体现出了机构改革后防汛抗旱主管部门的变化。如《陕西省水文条例》第 16、17 条规定应急管理部的主要职责，即承担水文信息采集和情报预报任务的水文测站，应当及时向县级以上应急管理和水行政主管部门提供实时水情信息及水文情报预报，同时，县级以上应急管理、水行政主管部门或者水文机构按照规定权限统一向社会发布水文情报预报。《山西省水污染防治条例》第 5 条中指出生态环境主管部门对本行政区域水污染防治实施统一监督管理，应急管理、水行政、发展和改革等部门在各自职责范围内，做好水污染防治工作，进一步细化了应急管理部与水利部在对水源进行管理时的不同分工，即水利部负责日常的河道管理工作，应急管理部则负责水源地水环境的风险防控工作，确定重点水环境风险源清单，建立应急物资储备库及保障机制。

2. 保留部分专业机构的应急指挥权能

这次机构改革中，将地震局的震灾应急救援职责整合，划由应急管理部管理，国务院抗震救灾指挥部职能移至应急管理部门，是我国地震应急救援指挥制度的重大变革。原抗震救灾指挥部是应急指挥机构，由国务院或地方各级人民政府依法设立，由政府及相关部门负责人、驻当地中国人民解放军和中国武装警察部队有关负责人组成，享有高位协调的权力。机构改革后，在防汛抗旱领域，应急指挥权从水利部改到了刚成立的应急管理部，即水利部对防汛抗旱的指挥权发生了转移。地质地震领域的应急指挥权虽也有所变化，但由于省地震工作部门接受以中国地震局为主导的双重管理的关系，原省级地震工作部门的相关权力仍然保留。从 2019 年度各地有关地质地震方面的立法文件中可以看出，虽然地质地震工作部门在机构改革中也发生了变化，但与防汛抗旱领域不同的是，原省级地震工作部门管理职权并未发生转移，省级地震局在地震地质管理方面仍发挥着原有的指挥作用。如浙江省在《浙江省地质灾害治理工程质量和安全生产管理办法》《浙江省矿山地质环境治理恢复与土地复垦基金管理办法（试行）》中，除加入了应急管理部门的职责外，还保留了原地质地震工作部门的指挥职能。

（二）建立健全联防联控机制

机构改革后，应急管理部中各机构除发挥日常应急管理职能，比如对各地区各部门的防灾减灾工作进行指导、编制安全生产和综合防灾减灾规划、起草相关法律法规草案或者制定部门规章、指导各级应急预案体系建设以及对所属企业安全生产的行政监管职能等，还应充分发挥综合协调职能，比如协调有关部门对灾害进行监测和预警、制定应急物资储备和应急救援装备，规划并组织实施、建立统一应急信息共享平台、开展灾后救助、衔接解放军和武警部队参与应急救援等。在各地的相关法治进展过程中，逐渐健全了各部门间的应急联动机制。

1. 完善各层级政府的应急职责

在完善消防救援工作职责的纵向层面，《广西壮族自治区消防安全责任制实施细则》补充细化了自治区、市、县、乡镇四级政府消防安全领导责任。其按照自治区层面进行宏观管理，市、县级层面实施相关具体措施，乡镇、街道办负责落实这一思路，来细化消防救援工作的责任清单。通过将指挥、办事、专家等各机构职责予以完善，推动在应对突发事故时各部门间的联动，提升各领域应对突发事件的能力，明确各层级处理突发事件部门的职责。

《广东省防汛防旱防风条例》明确了乡镇人民政府、街道办事处承担相应的三防指挥工作，并规定了村民委员会、居民委员会应当履行的三防职责。要求乡镇人民政府、街道办事处应当明确承担防汛防旱防风工作的机构和人员，指导村民委员会、居民委员会的防汛防旱防风工作；村民委员会、居民委员会应当结合实际情况，在所在地人民政府的指导下制定防灾避险应急预案，开展防汛防旱防风知识宣传和应急演练。

《深圳市旅游突发事件应急预案》中指出，在深圳市突发事件应急委员会及政府应急管理办公室的统一领导下，成立深圳市旅游应急总指挥部，负责总体组织和部署突发事件相关工作。同时，在各区设立旅游主管部门，参考市级应急组织机构相关成员组成设置，结合本级部门实际情况研究成立旅游应急组织机构，与上级应急组织架构相衔接，做好本层级负责主导处置的旅游突发事件工作。最后，各类旅游企业建立健全旅游突发事件应急机制，根据企业自身的实际情况和特点建立健全应急机制，旅游企业主要负责人为应急工作的第一责任人，配备专职、兼职人员，对有关突发事件进行监测，负责处理涉及本企业的旅游突发事件。

2. 明确各部门应急管理权责清单

通过确定应急指挥、应急处置等职能机构的权责清单，推动在应对突发事故时各部门间的联动，提升各领域应对突发事件的能力。如为顺应机构改革后部门职责调整，上海市应急管理局承担了原市应急办的相关职责，《上海市突发事件预警信息发布管理办法》在明确市应急、防汛、水务、气象、海洋、民防、地震、农业农村、交通、卫生健康、市场监管、生态环境等部门应当按照各自职责、建立健全监测网络、做好相应类别的突发事件监测预警、信息审核、评估检查等工作的基础上，进一步规定上海市突发事件预警信息发布中心承担全市突发事件预警信息的发布工作，负责建设、升级和管理上海市突发事件预警信息发布系统。市预警发布中心设在市气象局，由市应急管理局、市气象局共同管理，其中市应急管理局负责预警信息发布工作协调，市气象局负责市预警发布中心的业务运行和日常维护。

3. 建立各部门间的联动机制

应急管理部负责统一协调指挥本市各类应急专业队伍，建立应急协调联动机制，推进指挥平台对接，衔接解放军和武警部队参与应急救援工作；统筹应急救援力量建设，负责组织消防救援、森林火灾扑救、抗洪抢险、地震和地质灾害救援、安全生产事故救援等专业应急救援力量建设，指导综合性应急救援队伍建设和各区及社会应急救援力量建设；组织协调本市灾害救助工作，组织指导灾情核查、损失评估、救灾捐赠工作，管理、分配市级救灾款物并监督使用。对接应急管理部改革，各地在立法方面聚焦联动机制建设，提升应急管理效能。

《珠海市应急抢险救灾工程管理办法》在明确应急抢险救灾减灾中的现场指挥部权限的同时，通过建立由项目主管部门牵头组织召开，市政府分管领导主持，发展改革、公安、财政、自然资源、生态环境、住房城乡建设、交通、水务、农业农村、司法、应急管理、城市管理等相关部门为成员单位的联席会议制度，更好地统筹协调各部门救灾减灾的职能。

三、弥补应急管理传统法治体系缺漏

法律制度是国家应急管理体系的制度基础，坚持运用法治思维和法治方式，进而实现在法治轨道上做好应急管理工作，是地方应急管理法治的必由之路。应急法制是以国家依法统一领导、综合协调、分类管理、分级负责、属地管理为主的管理体制。为保障机构改革工作的顺利推进，更好地为应急管理部履职尽责提供法律支撑，大力加强我国应急法制建设，尽快提升危机管理的法治化水平实有必要。

各地在 2019 年围绕《突发事件应对法》完善了地方综合类应急管理法治制度，就中央、国务院高度重视的安全生产、突发事件、防灾减灾等事项作出了全面工作部署。2020 年，各省市立足于社会发展的现实需求，对法律法规、政策文件、技术标准、应急预案等规范性文件进行了完善，进一步建立健全了应急管理制度体系，为地方层面的应急管理搭建了坚实法治框架。

（一）进一步完善应急执法体系

应急管理体系不仅需要有制度进行支撑，还需要政府通过行政执法，进

一步将应急管理制度加以落实，因此，应急执法体系是应急管理制度建设中的关键一环。为完善行政执法体系，应加强对应急管理部门行政执法工作的监督，规范应急管理中行政执法人员的行为，保证行政监管执法人员在应急管理工作上忠于职守、履职尽责。

2019年，根据《行政处罚法》《国务院关于特大安全事故行政责任追究的规定》《安全生产法》《行政强制法》《安全生产许可证条例》等法律，吉林省应急管理厅出台了《吉林省应急管理部门较重以上行政处罚案件集体讨论制度（试行）》《吉林省应急管理部门行政执法案卷评查制度（试行）》《吉林省应急管理部门法治政府建设情况报告制度（试行）》。上述几项制度虽不是以立法的形式出现，但其通过对应急管理执法体系的完善，为制约和监督应急执法权力，规范应急管理执法行为，强化应急管理本部门行政工作人员的法治思维和依法行政能力提供了地方立法经验。在安全生产方面，广州市在2019年2月颁布了《广州市安全生产执法查处危险化学品处置规定》，规范了安全生产执法过程中查处危险化学品的流程，使有关部门能够及时有效地处置应急管理部门在执法中查获的危险化学品，在高效地预防生产安全事故发生的同时，能够有效地处置安全生产事故。

2020年，各省市则更加重视规范应急领域行政处罚的裁量权。机构改革后，行政机关面临着行政执法职责的调整。为应对行政执法职责的新形势、新要求，各省市应急管理部门通过进一步规范应急管理领域的行政处罚自由裁量行为，提高应急管理行政处罚自由裁量权实施标准的科学性、严谨性、合理性，以维护公民、法人和其他组织的合法权益。2020年，深圳、东莞、黑龙江等省市结合相关审判机关对行政处罚自由裁量权部分实施标准提出的建议，以及在适用过程中发现的问题，分别颁行了《深圳市应急管理行政处罚自由裁量权实施标准（2020年版）》《东莞市应急管理局行政处罚自由裁量权适用规则》《全省应急管理系统深入开展安全生产"大执法"行动方案》。其中，《深圳市应急管理行政处罚自由裁量权实施标准（2020年版）》主要有以下三个特点：一是对以生产经营单位从业人员数量作为裁量因素的事项进行裁量因素和实施标准的调整优化；二是按照"宽严相济"的原则和理念，对总则性文件和具体事项的实施标准进行相应修订，使之更契合安全生产领域法律法规本身的立法目的和价值追求；三是在总则性文件中明确轻微违法行为不予处罚的 10 种情形和适用条件，进而贯彻优化营商环境、支持民营经济发展、支持企业复工复产的政策要求。

（二）健全单一灾种向综合灾种的立法

在防灾减灾领域，针对各类自然灾害的综合防治，有效衔接、协调各单灾种法规规章，促进其向综合灾种立法是地方立法的重要关注。为此，各地进一步明确党委、政府和有关部门在防灾减灾活动中的职责。在灾害对策基本原则层面，建立灾害防范、减灾和应急的上下合作、左右配合的协助合作机制，促进各类责任主体防灾减灾救灾义务和责任的主动履行和承担。全面提升综合减灾能力，实现从灾后救助向灾前预防的转变。

1. 建立健全应急指挥体系

应急指挥体系立法的目标是形成统一指挥、专常兼备、反应灵敏、上下联动、平战结合的应急救灾减灾管理体制，实现应急管理从安全生产监管向安全生产、自然灾害、应急救援一体化综合协调转变，从应对单一灾种向全灾种综合防灾减灾救灾转变，从以往应急资源分散、条块分割、各自为政的局面向统一指挥、紧密配合、快速响应转变。2019 年 5 月，贵州省政府颁布了《贵州省人民政府办公厅关于建立应急救援指挥体系的通知》，建立健全应急管理组织体系、责任体系、预案体系、政策法规标准体系、风险监测预警体系、指挥体系、物资保障体系、科技和信息体系。

2. 实现各领域救灾减灾措施全覆盖

广东省出于依法预防和减轻广东省水旱风灾害的需要，从 2019 年 3 月起开始施行《广东省防汛防旱防风条例》。这是中国第一部防汛防旱防风地方法规，其制定和实施的经验对今后中央、各地在防汛、防旱、防风领域制定相关规范提供了经验参考。《广东省防汛防旱防风条例》从防御准备、防御工程设施建设与管理、应急处置、保障措施、法律责任等 7 个方面对广东省行政区域内的防汛防旱防风活动进行了全面规范。一方面，《广东省防汛防旱防风条例》根据灾害程度，从纵向维度上确立了对防汛防旱防风工作分类分级应急响应制度，即应急响应分为防汛、防旱、防风 3 个类别，每个类别分为特别重大（Ⅰ级）、重大（Ⅱ级）、较大（Ⅲ级）和一般（Ⅳ级）4 个级别。另一方面，《广东省防汛防旱防风条例》根据雨情、水情、汛情、旱情、风情等具体情况和应急预案的规定，明确了各部门在应急工作中的职责，即县级以上人民政府防汛防旱防风指挥机构应当及时调整应急响应的类别或者级别，或者结束应急响应。此外，《广东省防汛防旱防风条例》还将近年广东防御强台风时行之有效的创新机制——"联合值守"纳入，进而实现了多部门信息快速共享，决策与信息实现同步。

2019年11月，四川省人民政府就完善应急救援指挥体系作出工作部署，颁布了《四川省人民政府办公厅关于印发四川省应急救援能力提升行动计划（2019-2021年）的通知》，从推进危险化学品重大危险源监测预警系统建设，加强应急管理信息化及指挥场所建设，加强应急救援基地建设，加强森林航空消防救援基础设施建设，提升危险化学品重大风险防范和应急救援能力，提升地震、地质灾害和矿山事故应急救援能力等多方面、多领域完善应急救援体系。预计到2021年，全省应急救援的系统性、整体性、协同性进一步增强，指挥协调、救援处置、风险防范和监管执法能力显著提升，重大安全风险得到有效管控，自然灾害防治能力不断提高，应急救援能力整体水平跃上新台阶。

（三）针对各领域需求进行精准化立法

立法的过程是一个化原则要求为具体规范、把实践经验提炼为可行模式的不断精准化的过程，推进精细化立法是提高法治质量与水平的重要途径。近年来，各省市针对先前应急管理法治体系大而全、条文全而空以及内容可操作性不强等粗放化立法模式进行了反思，经过对以往立法工作的总结，各省市逐渐开始立足于现实需求，开启了应急立法精细化的步伐。

2020年，辽宁省针对安全生产领域，颁行了《辽宁省安全生产条例》《辽宁省安全生产行政执法与刑事司法衔接工作实施办法》。其中，《辽宁省安全生产条例》对安全生产工作的方针和原则、生产经营单位的安全生产主体责任、政府各部门的安全生产监督管理职责、综合监管与行业监管的内涵与边界、生产安全事故的应急救援与调查处理作出了明确规定。《辽宁省安全生产行政执法与刑事司法衔接工作实施办法》则旨在建立健全安全生产行政执法与刑事司法衔接工作机制，为安全生产日常执法中的案件移送与法律监督、事故调查中的案件办理、证据的收集与使用、协作机制提供了依据。

此外，河北省在2020年，针对自然灾害领域分别制定了两部应急预案，即《河北省林业和草原突发有害生物事件应急预案》《河北省农业有害生物突发事件应急预案》。其中，《河北省林业和草原突发有害生物事件应急预案》

旨在加强和规范林业和草原突发有害生物事件的应急管理，预防和控制林业、草原有害生物的传播，进而保障全省林业和草原生态安全。《河北省农业有害生物突发事件应急预案》则侧重于加强和规范对农业有害生物突发事件的应急管理工作，进而保障经济安全、生态安全和人民群众的生命安全。

（四）制定不同灾种领域的应急预案

为进一步细化《突发事件应对法》《安全生产法》《生产安全事故报告和调查处理条例》（国务院令第 493 号）的相关制度，全国多地结合地方特色、行业特征，有针对性地制定了不同事故领域的突发事件应急预案。预案虽属不同领域，但也有共性特征值得借鉴：应急预案是新时代各市应急管理体制机制重塑的制度载体，是突发事件应对工作的总体安排，是加强应急预案体系建设的重要依据。

2019 年的《济南市城市轨道交通运营突发事件应急预案》实施。应急预案虽不是以立法的形式出现，但通过预案内容可以看出各地对各经济领域的突发事件都高度重视，为今后在相关领域立法提供了制度、实践支撑。

2020 年，全国多个省市在现有基础上，对不同灾种的应急预案进行了补充，进而推动应急管理领域中应急预案体系的实现。比如，《保定市重大气象灾害应急预案》《德阳市地震应急预案》《福州市近岸海域赤潮灾害渔业应急预案》《河北省城镇燃气安全事故应急预案》《扬州市市场监督管理局机关防控新型冠状病毒感染肺炎疫情应急预案》等。

1. 明确划分突发事件事故等级

2019 年颁布实施的各预案在明确不同经济领域事故类型的基础上，结合各领域的特点、性质，更加科学合理地划分出事故等级。《济南市城市轨道交通运营突发事件应急预案》中以伤亡人数、财产损失数额为界限，将济南市轨道运营突发事件分为特别重大、重大、较大和一般事故四个等级。

2. 健全突发事件处置流程

预案中针对不同领域的特征，就突发事件的处理流程进行了不同的规定，大致就演练、监测、预警、响应、追责等制度做出了细化，以保障突发事件前中后三个阶段都能有序进行。《济南市城市轨道交通运营突发事件应急预案》中将事故处理流程分为监测预警和信息报告、应急响应、后期处置、演练四个阶段。《深圳市旅游突发事件应急预案》则是将其分为预警、应急、后期处置、监督管理四个阶段，同时进一步就各阶段涉及的主体、工作流程作出了详细规定。

3. 细化部门应急职责

《成都市食品安全突发事件应急预案》明确在食品安全突发事件中，由市食药监局牵头，会同市教育局、市公安局、市卫计委等，负责组织协调各工作组开展应急处置工作，协调解决应急处置中的重大问题等。由市卫计委牵头，会同市食药监局等，负责制定救治方案，指导事件发生地政府对事件涉及的病人进行医疗救治。由市公安局牵头，会同市委宣传部、市经信委、市教育局、市民宗局、市司法局、市商务委、市食药监局等，负责指导事件发生地政府加强社会治安管理，严厉打击编造传播谣言、制造社会恐慌、趁机作乱等违法犯罪行为，做好矛盾纠纷化解和法律服务工作。做好主要生活必需品的市场供应工作，满足居民日常生活需要。

《深圳市旅游突发事件应急预案》中指出，在深圳市突发事件应急委员会及政府应急管理办公室统一领导下，成立深圳市旅游应急总指挥部，负责总体组织和部署突发事件相关工作。同时，在各区设立旅游主管部门，参考市级应急组织机构相关成员组成设置，结合本级部门实际情况研究成立旅游应急组织机构，与上级应急组织架构相衔接，做好本层级负责主导处置的旅游突发事件。最后，各类旅游企业建立健全旅游突发事件应急机制，根据企业自身的实际情况和特点建立健全应急机制，旅游企业主要负责人为应急工作的第一责任人，配备专职、兼职人员，对有关突发事件进行监测，负责处理涉及本企业的旅游突发事件。

（五）重视消防救援领域的应急立法

消防安全关乎人民生命财产，而部分地区消防安全责任制不落实，消防救援队伍执业保障制度不明晰，消防救援队伍应急响应制度建设不健全等现实因素，直接制约着我国公共消防安全的发展。

第一，明晰各主体责任边界，推动责任主体间齐抓共管。近年来的火灾事故均暴露出部分地区消防安全责任制不落实、职能部门法定职责履职不到位的问题。究其原因，主要是现行消防法律法规和政策规范性文件对消防安全责任的规定不够具体，部分地方政府、部门的消防安全职责不明晰、社会单位消防安全主体责任落实不到位，进而导致责任主体怠于履职的现象时有发生。基于上述困境，2020 年，全国多个省市结合自身发展需要，制定了消防安全责任制。《贵州省消防安全责任制实施办法》《河南省消防安全责任制实施办法》《黑龙江省消防安全责任制实施办法》《天津市消防安全责任制规定》均明确规定，以政府统一领导、部门依法监管、单位全面负责、公民积极参与为原则，坚持党政同责、一岗双责、齐抓共管、失职追责，建立健全消防安全责任制，以保障人民群众生命财产安全。

第二，规范专职消防救援队和志愿消防救援队的建设和管理。消防救援队伍承担着防范化解重大安全风险、应对处置各类灾害事故的重大职责，让消防救援指战员能享受保障和照顾政策，是保持队伍战斗力、提升火灾预防和应急救援能力、保护群众人身财产安全的重要保证。2020 年，《江西省专职消防救援队和志愿消防救援队建设管理办法》《广东省消防救援队伍职业保障办法（试行）》《上饶市消防救援队伍职业保障办法（试行）》相继出台。以《广东省消防救援队伍职业保障办法（试行）》为例，广东省结合本省实际进行了融合、细化和延伸，主要从职业荣誉、伤亡抚恤、救助基金、社会优待、医疗保障、住房保障、人员落户、子女教育、家属安置、福利待遇、经费保障、教育培训、科技和人才保障等 13 个方面进一步明确消防救援队伍职业保障的政策措施和标准要求。

第三，强化消防救援治理体系和治理能力现代化。《深化党和国家机构改革方案》指出，应急管理部的主要职责之一是指导各地区各部门应对突发事件工作，推动应急预案体系建设和预案演练；建立灾情报告系统并统一发布灾情，统筹应急力量建设和物资储备并在救灾时统一调度，组织灾害救助体系建设，指导安全生产类、自然灾害类应急救援，承担国家应对特别重大灾害指挥部工作。2020 年，盘锦市颁行了《盘锦市综合性消防救援应急响应机制实施办法》，按照就近调配、快速行动、有序救援的要求，以更高的站位、更高的标准、更大的力度，推进以消防救援为重点的综合性救援治理体系和治理能力现代化，加快建立完善消防救援队伍共训共练、救援合作机制。

四、综合运用多种治理理念

当前，全球已经进入一个突发事件发生频次更高、影响范围更广、应对难度更大的阶段，有效预防和妥善处置各种突发事件已成为世界各国和社会各界共同面临的严峻挑战。伴随着现代社会国际化、网络化、信息化发展趋势，突发事件的关联性、衍生性、复合性和非常规性不断增强，跨区域和国际化趋势日益明显；互联网等新兴媒体的快速发展，使突发事件信息传播速度和范围出现显著变化，舆情管理难度不断增大；部分重特大突发事件超出传统常规判断，极端化、小概率特点凸显，给各地的安全和应急管理带来更加严峻的挑战。

在应对突发事件的实践中，世界各国逐渐形成了保护生命安全、社会力量参与、立足基层一线、应急关口前移、应急管理法制化等现代应急管理的基本理念。2019年、2020年，各地在应急管理法治化进程中，重视总结国内外实践经验，立足于现代化发展趋势，不断引入新的应急管理法治治理理念，实现对应急管理理念、方式的创新。各地在应急管理法治化进程中，通过结合当地特色，重视现代化发展趋势，引入了新的应急管理法治治理理念。

（一）融入风险治理理念

党的十八大以来，习近平总书记针对风险治理作出了重要论述，强调风险治理的主要任务是加强对各种风险源的调查，提高动态监测、实时预警能力，推进风险防控工作科学化、精细化，对各种风险及其原因都要心中有数、对症下药、综合施策，出手及时有力，力争把风险化解在源头，进而实现不让小风险演化为大风险，不让个别风险演化为综合风险，不让局部风险演化为区域性或系统性风险，不让经济风险演化为社会政治风险，不让国际风险演化为国内风险的风险治理目标。为此，各地围绕从末端治理向前端治理转变、从单纯的风险防御到与风险治理并重转变以及强化应急预案建设等方面加强了相关立法。2020年，党的十九届五中全会《中共中央关于制定国民经济和社会发展第十四个五年规划和二〇三五年远景目标的建议》对防范化解重大风险提出明确要求：防范化解重大风险体制机制不断健全，突发公共事件应急能力显著增强，自然灾害防御水平明显提升，发展安全保障更加有力。

1. 聚焦治理端口前移

前端治理可以大大降低事故发生的可能性，通过前端治理与末端治理相结合，可以减轻末端治理中的负担，进而提升地质地震灾害的应急管理效率，以贯彻可持续发展的思想。在地质地震应急管理领域的地方立法文件中，逐渐呈现出由末端治理走向前端治理的模式转变的特征，传统的末端治理方式在抗震救灾、预防地质灾害等方面存在方法上的局限性、技术上的落后性。合肥市地震局为加强地震应急装备的管理，充分发挥地震应急物资装备在地震应急和演练中的使用效能，特制定《合肥市地震局应急装备物资管理办法》，即对救灾装备、物资进行事前的投入，以防地质灾害来临时无应对措施。

在气象灾害防御方面，北京市第十五届人大常委会第九次会议表决通过了《北京市气象灾害防御条例》，这是北京市首部针对气象灾害防御领域的法规，其对气象灾害的预防、预警、应急、隐患排查治理等进行了全面规定，重点突出了气象灾害的防御与治理。《北京市气象灾害防御条例》围绕科学规划建设来防灾、排查治理灾害隐患来消灾、高效应急管理来减灾三个环节展开，强调在城市建设与管理中减少致灾因子和消除灾害隐患的治理活动。《北京市气象灾害防御条例》从两方面入手：一是从规划、工程和技术等方面提出治理措施，如编制规划时应当进行气候可行性论证，统筹考虑气候的适宜性、影响性、风险性，结合本市气象灾害特点和可能造成的危害科学确定规划内容。二是针对隐患排查治理专门提出10条治理措施，如针对高温、园林绿化、水务等部门应当通过植树造林、增加绿地和水体面积、恢复湿地等措施，避免和减轻高温灾害造成的影响。在气象灾害的治理方面，明确规定气象灾害预警信息统一发布主体为市和区突发事件预警信息发布机构，各级政府应做好组织、领导、协调工作；公民、法人和其他组织应当增强防灾避险意识，主动获取气象灾害预警信息，提高自救互救能力。这一规定进一步强化了政府职责，厘清了部门工作职责，细化了社会责任。

2. 强化风险规制

风险规制也是事前治理的重要模式之一，即设立专业的公共机构，对可能造成公共危害的风险进行评估和监测，并通过制定规则、监督执行等法律手段来消除或者减轻风险。风险规制的价值在于，能全面有效地落实安全管理工作，评估出不同环境或不同时期的安全危险性，进而有针对性地加强安全管理，采取宣传教育、行政、技术及监督等措施和手段，推动安全工作的有效开展，避免突发事件的发生，或在突发事件发生后，能采取有效的措施来应对。

新修订的《安全生产法》即将出台，该部《安全生产法》更加强调了安全生产领域的风险管控，提出采用先进的监管手段来防控风险。2019年，全国的危化品企业和煤矿初步建立起安全生产风险监测预警信息化系统，以实现安全生产领域的风险管控。北京市应急管理局以《安全生产法》中重视风险管控原则为基础，编制了《北京市危险化学品安全生产风险监测预警系统运行管理办法（试行）》，明确要求推动危险化学品安全生产风险监测预警系统有效运行，加强对危险化学品企业动态的监督管理，有效地防范危险化学品事故发生。同时，《北京市危险化学品安全生产风险监测预警系统运行管理办法（试行）》明确了市、区应急管理局的工作职责，规范了危险化学品安全生产风险监测预警的分级与处置、预警系统安全与维护等事项。北京市将风险监测预警制度引入应急管理中，实现了应急管理以危险防控为主转向以风险预防为主的转变，对其他省市在应急管理中引入风险规制理念提供了立法经验。

在风险评估方面，《保定市防雷减灾管理规定》中明确规定，建设单位必须对城市桥梁、燃气、轨道、供水、供热等公共设施、输电线路、变电站、发电厂等电力设施、电气装置，城市火车站与铁路枢纽的主体工程等大型建设项目、重点建设项目、爆炸危险项目在调研立项阶段进行雷击风险评估，确保公共安全。

3. 立足各领域特点进行立法

在自然灾害防治领域，各省市的应急管理实践表明，通过有效的风险防治措施，将工作重点转向灾前预防，能够有效降低自然灾害的不利影响。一方面，前端治理可以大大降低事故发生的可能性，通过前端治理与末端治理相结合，可以减轻末端治理中的负担，进而提升自然灾害应急管理效率，以贯彻可持续发展的思想。另一方面，要实现自然灾害领域的风险治理，就需要建立高效科学的自然灾害防治体系，提高全社会自然灾害防治能力。加强风险评估和监测预警，提升多灾种和灾害链综合监测、风险早期识别和预报预警能力，为保护人民群众生命财产安全和国家安全提供有力保障。2020年1月，山东省颁布了《山东省自然灾害风险防治办法》。该办法通过建立风险调查与评估相关制度、规定自然灾害风险防治重大工程和统一的应急管理信息平台、明确重点区域和时期的风险防控措施，以及监督保障措施及法律责任，缓解了山东省饱受陆地和海洋等多种自然灾害频繁袭击、灾害种类多、分布地域广、发生频率高、造成损失重的困境。

在安全生产领域，采取针对性措施主动排查化解风险，深刻汲取有关事故教训，切实做好危险化学品、建筑施工、人员密集场所等重点行业领域的风险排查工作，加强源头治理、系统治理、精准治理，及时消除各类风险隐患，是严防生产安全事故发生的重要保障。2020 年 3 月，《山东省安全生产风险管控办法》实施，一是建立了安全生产风险分级管控制度，即将安全生产风险分为重大风险、较大风险、一般风险和低风险 4 个等级；二是要求生产经营单位将风险管控纳入全员安全生产责任制，生产经营单位主要负责人对安全生产风险管控工作全面负责；三是根据风险因素辨识情况，山东省对风险点进行定性定量评价，以便于前期的应急布控。进而实现有效管控安全生产风险，防范生产安全事故发生，保障人民群众生命和财产安全，促进经济社会持续健康发展的目标。

（二）引入社会信用体系

国务院于 2014 年发布的《社会信用体系建设规划纲要（2014-2020 年）》，推动建立了由政府主导、覆盖全社会的社会信用体系。从党的十八大提出"褒扬诚信，惩戒失信"的宗旨以来，党和政府越来越重视信用体系建设，针对失信行为主体的惩戒措施政策也越来越多。失信惩戒、信用评价制度是社会信用体系建设的重要制度，近年来，被应急管理法治领域所采用。

失信惩戒是信用法治的重要内容，一系列法规与政策文件的出台，为失信惩戒机制的建设、巩固，以及在各领域的广泛适用打下了坚实的基础。在应急管理领域，失信惩戒制度能压实责任主体及时履职，有效化解有关责任人员在突发事件面前不作为的现象。2020 年，为有效落实国务院关于建立完善守信联合激励和失信联合惩戒制度的要求，改进和完善安全生产信用体系建设，深圳市颁行了《深圳市对安全生产领域失信行为开展联合惩戒实施细则》，明确了瞒报、谎报、迟报生产安全事故应承担的责任，旨在压实生产经营单位严格履行安全生产主体责任，督促安全生产责任主体及时报告安全生产突发事故，以及时采取应急措施，减小公民人身、财产的损害。

市场主体信用评价，即由专业的机构或部门按照一定的方法和程序在对企业进行全面了解、考察调研和分析的基础上，作出有关其信用行为的可靠性、安全性程度的评价。在应急领域采用市场主体信用评估制度，有利于规范应急物资市场的交易秩序，避免应急过程中出现的物资保障不利的困境。

2020年，四川省颁行了《四川省政府投资地质灾害防治项目建设市场主体信用评价管理办法》，在明确各级国土资源主管部门在地质灾害防治市场主体信用录入、信用评价、公示公告、结果应用和监督管理责任分工的同时，实行了守信激励失信惩戒的市场主体信用分类监管机制，进而规范了全省地质灾害防治项目建设市场秩序，构建了统一开放、竞争有序、诚信守法、监管有力的地质灾害防治项目建设市场体系。

（三）建立健全公共治理方式

浙江省在《浙江省地质灾害治理工程质量和安全生产管理办法》中明确了除地质主管部门在地质灾害治理工程质量方面的职能外，还就建设单位、勘察单位、设计单位在地质灾害治理工程质量的职责予以细化。同时，该文件第10条中还指出，各县市地质灾害防治主管部门可以自行组建相关单位或者协调确定受益单位作为地质灾害治理工程的建设单位；对中型、小型地质灾害治理工程，县级、县级市人民政府可以按照有关规定指定有关乡镇人民政府负责组建地质灾害治理工程的建设单位。将建设单位与政府共同作为地质灾害治理的责任主体之一，在减轻政府执法力度、节省政府资源的同时，可以更加直接、高效地预防、治理不同建设工程领域的地质灾害。

2019年1月，北京市人民政府施行了《北京市气象灾害防御条例》，其围绕北京"四个中心"城市战略定位，贯彻以人民为中心的发展思想，以全面落实生产经营单位安全生产主体责任为目标，通过构建完善的安全生产主体责任体系，进一步健全企业自我约束、持续改进的安全生产内生机制，为生产经营单位全面落实主体责任提供了制度保障。同时，《北京市气象灾害防御条例》以"责任"为主线，构建了"1+8"的主体责任体系，覆盖了生产经营单位安全生产工作的全过程和各环节。即明确主体责任内涵，建立健全安全生产组织机构、规章制度、资金保障、教育培训、场所和设备设施安全管理、日常管理、风险管控和应急救援、法律责任等八大责任体系。

（四）充分发挥市场的作用

《矿山地质环境治理恢复与土地复垦基金管理办法（试行）》中规定，设立矿山地质环境治理恢复与土地复垦基金，以督促采矿权人履行矿山地质环境治理恢复与土地复垦义务，采矿权人预先提存于企业在银行设立的专项基金账户中，专项用于矿山地质环境治理恢复与采矿损毁土地复垦所需的资金。与传统行政强制手段相比，运用经济手段对地质地震应急领域进行管理，积极调动市场在风险治理中的作用，使政府从治理者逐渐转变为监管者，不仅降低了应急管理中政府的行政投入负担，还能提高治理效率。即经济手段治理具有更多公平公正性，也更加灵活机动，该地方立法经验的实际效果令人期待。

（五）引入现代化应急技术

技术创新是提升灾害防治能力的重要举措，近年来，各地通过实施自然灾害防治技术装备的现代化，以提升灾害防治能力。2019 年颁布的《天津市提高自然灾害防治能力三年行动计划（2019-2021 年）》中指出，要提高专业化装备技术水平，以提高灾情信息采集与传输能力、应急指挥能力、应急救援能力、后勤保障能力为目标，全面加强北斗卫星导航、卫星传输等应急通信装备，防汛、破拆与支护、钻探掘进等大型应急救援专业设备，以及应急广播设施、救灾专用车辆等技术装备建设。建设地基和空基相结合，布局科学、技术先进、功能完善、高效可靠的"智慧气象"观测系统，实现对基本气象要素的分钟级立体覆盖。完善区级气象灾害现场应急保障车辆配备。建设水旱灾害防御装备现代化工程，建立水闸、泵站视频监控系统，开展无人机河道查险。实施有害生物防御工程，扶持专业化统防统治组织发展，提高生物灾害防治的专业化、社会化水平。

五、建设高质量的应急队伍

紧紧围绕防范化解重大安全风险、应对处置各类灾害事故的核心职能，破立并举、守正创新，加快提升队伍正规化、专业化、职业化水平，全力推进应急治理体系和治理能力现代化，为守护民生民安、维护安全稳定不懈努力是新时代对应急管理体系提出的新要求。

（一）优化应急领域专家管理

应急管理专家库建设通过着眼于有效防范、科学应对各类生产安全事故和自然灾害突发事件，提高应急管理科技水平，提升防灾减灾救灾能力，进而防范化解重大风险。近年来，各省市为适应"全灾种""大应急"应急管理模式，逐渐重视专家在应急管理中的重要作用，通过选出一批具有丰富专业知识和实践经验的应急管理专家，为防范和应对突发事件提供专业、技术支撑的同时，也为领导科学决策提供重要参考。

2020 年，江西省、潍坊市分别颁行了《江西省应急管理厅专家管理办法（暂行）》《潍坊市应急管理专家管理办法》，两部文件均对安全生产、自然灾害、应急救援、救灾救助、综合应急领域的专家职责、专家聘任方式、专家管理模式进行了规定，旨在通过加强应急管理专家库体系建设，充分发挥专家的技术支持作用，以强化应急管理工作。2020 年 3 月，青海省发布《关于征集青海省应急管理厅专家的通知》，青海省应急管理局面向青海全省范围内的政府机关、高等院校、科研机构、企业、行业协会、应急救援队伍、技术服务等机构，征集应急处置类、咨询服务类、现场检查类、技术评审类、事故调查类、灾害评估类和宣传培训类专家。一方面，从社会中广泛招募不同工作领域的专家，能实现专业优势互补，进而从不同专业的角度优化、创新现有的应急管理模式；另一方面，针对不同应急灾种招募专家，能更加科学合理地制定应急管理制度，进而高效快捷地应对突发灾害。

（二）重视应急管理人员专业培训

2020 年，各省市应急管理领域的教育培训工作紧紧围绕"培训到位"这条主线，全力开展安全生产"大培训、大考核、大比武、大整治"工作，着力提升应急管理系统干部履职能力和企业从业人员安全素质，为推动安全生产形势持续稳定好转提供坚强保障。

河北省、山西省等省市，结合本省市发展需求，分别发布了应急管理和安全生产教育培训工作要点，主要包括如下内容：第一，重视对指挥长、管理者、从业者等应急管理领域的主要法律主体开展培训；第二，实施严格的考核机制，即严格实施应急管理系统干部专业能力、企业"三项岗位人员"、全员安全技能提升的考核；第三，持续深化安全培训机构的整治工作，通过开展培训机构乱象整治，深入开展企业虚假培训整治，整治基层执法不到位的现象。湖南省实施的《湖南省特种作业人员和高危行业生产经营单位主要负责人、安全生产管理人员安全生产培训考核发证实施细则》，有助于进一步规范生产经营单位主要负责人、安全生产管理人员和特种作业人员的安全生产培训、考核、发证工作，提高安全生产管理水平和从业人员安全素质，防止和减少生产安全事故。

（三）规范应急救援队伍管理方式

随着应急管理法制体系不断完善，应急管理体制机制改革深入推进，应急救援力量建设工作格局发生深刻变化，以国家综合性消防救援队伍为主体力量、以军队非战争军事行动力量为突击力量、以专业救援队伍为骨干力量、以社会应急力量为辅助力量的中国特色应急救援力量体系正在形成。

为全面加强应急救援力量建设，提高各类突发事件应急救援能力，2020年，部分省市针对应急救援队伍管理进行了立法，《天津市应急救援队伍建设管理办法》《广东省消防救援队伍职业保障办法（试行）》《上饶市消防救援队伍职业保障办法（试行）》相继发布。其中，《天津市应急救援队伍建设管理办法》应急救援队伍管理模式主要包括以下几方面：一是划定了应急救援队伍的范围，即应急救援队伍主要包括国家综合性消防救援队伍，市、区人民政府有关部门组建的专业应急救援队伍和专家队伍，驻津部队、预备役队伍和民兵应急救援队伍，基层单位组建的专（兼）职应急救援队伍，以及社会组织注册成立的社会应急力量。二是明确了应急救援队伍的工作制度，主要包括值班值守制度、应急响应制度、培训演练制度，详细规划了应急救援工作前中后期的工作模式。三是细化了基层组织应急救援队伍、社会应急力量参与应急救援的方式，这在基层组织、社会应急力量在突发事件"第一响应"、推广自救互救理念、弘扬应急文化等方面发挥了重要作用。

六、细化问责追责制度

习近平总书记关于安全生产工作"党政同责、一岗双责、齐抓共管、失职追责"和"三个必须"的要求，进一步明确了各级政府、部门的消防救援责任，细化社会单位消防安全管理职责，规范公民的消防安全权利和义务，完善政府、部门、单位和公民"四位一体"责任体系。

（一）将应急管理职责落实到责任人

应急管理部在2019年6月13日国务院新闻办举行的全国安全生产月主题新闻发布会上表示，2018年度省级政府安全生产和消防救援工作考核巡查已经结束，这是应急管理部组建后第一次牵头省级政府进行巡查考核。总体来看，各级党委政府在落实安全生产责任、防控化解重大安全风险方面做了大量有效工作，取得了很好的成效。但考核巡查中也发现了一些共性的问题，其中，一些地方在招商引资时，重效益轻安全，埋下事故隐患；一些地方风险意识不强，对新行业、新领域带来的安全风险认识不足，没有采取相应的办法、措施进行管控。

1. 引入应急管理行政责任人制度

为强化政府职能部门在防汛抗旱工作中的风险意识、责任意识，立足于防大汛、抗大旱、抢大险、救大灾工作，切实履行部门的工作职责，督促相关政策的落实，各地对在防汛抗旱工作中因失职、渎职造成严重后果的，依法依纪追究责任。国家防汛抗旱总指挥部发布了《关于防汛抗旱行政责任人的通报》，各地将防汛抗旱行政责任人制度与地方相结合。贵州省在修订的《贵州省河道条例》中明确了省内河道实行统一管理与分级负责、流域管理与行政区域管理相结合的原则。明确各级河（湖）长是落实河（湖）长制的第一责任人，负责组织实施一河（湖）一策方案，协调解决河湖管理保护工作中的重大问题，推动建立区域间、部门间协调机制，组织对下级河（湖）长和有关责任部门进行督促检查、绩效考核，通过行政责任人制度对河、湖防汛抗旱工作的前中后进行规划、管理，进而将防汛抗旱工作落到实处。

2. 加强事后问责制度

对应急管理机关的负责人进行问责，按照层级管理的原则，将责任一层一层落实到人，有利于进一步细化应急管理责任。

福州市进一步规范了国有企业中安全生产责任人的问责制度，在《福州市市属国有企业负责人安全生产职责清单及责任追究暂行规定》中明确了对安全生产责任人的问责方式，即谈话提醒、批评教育、责令检查、通报、诫勉、责令公开道歉、停职检查、调整职务、责令辞职、降职、免职或者处分等，其中涉嫌职务违法犯罪的，由监察机关依法调查处置。河北省邢台市印发的《邢台市党政领导干部安全生产责任制实施细则》，进一步明确了党政领导干部安全生产职责及考评制度、奖励机制，其中规定了对党政领导干部在安全生产方面履职不到位，阻挠、干涉、妨碍安全生产执法或事故调查，迟报、漏报、谎报或者瞒报事故，对发生生产安全事故负有领导责任，对存在地域性、行业性重大事故隐患或普遍性问题未能及时有效解决负有领导责任等7种问责情形。

湖南省人民政府办公厅在2019年5月印发了《湖南省安全生产和消防工作考核办法》，以推动严格落实安全生产责任，有效防范和遏制生产安全事故和消防火灾事故，促进安全生产和消防救援形势持续稳定向好。《湖南省安全生产和消防工作考核办法》中对消防救援工作中工作不利、违法失职等行为予以"黄牌警告""一票否决"等处罚，即被"黄牌警告"的单位，当年不得参加与安全生产和消防有关的评先评优；被"一票否决"的单位，当年不得评先评优，其党政主要负责人、分管负责人自预否决之日起一年之内不得提拔重用，按照绩效管理有关规定扣发当年绩效奖金。

（二）规范问责权实施机关及其程序

为了增强各级党政领导干部的红线意识，清晰地让各级领导干部明白如何抓安全、如何尽职履责、推动安全生产工作落地落实，地方在加强应急管理法治过程中，进一步规范了问责权的实施行使机关及其程序。《邢台市党政领导干部安全生产责任制实施细则》中将各级党委、政府作为安全生产的追责机关，通过加强安全生产监管部门领导班子建设、配齐配强领导班子，加强安全生产监管部门机构建设和干部队伍建设，来推动建设高素质专业化的执法队伍。《福州市市属国有企业负责人安全生产职责清单及责任追究暂行规定》中明确，应急管理部门、国有企业主管部门及行业主管部门可以根据情况采取警示通报、约谈等措施，并按干部管理权限向纪检监察机关或组织人事部门移交应予以问责的问题线索。纪检监察机关或组织人事部门发现或者接到有关问责线索，以及根据上级关于参加生产安全事故调查处理的相关规定，按照职责权限和程序启动问责调查，并依纪依法依规实施问责处置。

（三）建立应急治理通报及约谈制度

安全生产警示通报是指安全生产委员会针对本地区或行业领域出现的事故多发等严峻的安全生产形势，对领导安全生产工作不力的人民政府有关部门、单位进行公开通报。安全生产约谈制度是指安全生产委员会对领导安全生产工作不力的人民政府和有关部门、单位的有关负责人，进行警示提醒、告诫指导并督促纠正的约见谈话的制度。2019年，各地针对不同行业的性质、特点，在不同行业领域内，建立了安全生产通报及约谈制度。为了进一步强化省内各级人民政府及其部门安全生产监管责任，落实企业安全生产主体责任，预防和控制各类生产安全事故发生，做到监管与服务并重，福建省颁布了《福建省安全生产警示通报和约谈制度》。为促进市内安全生产工作，强化安全生产责任落实，着力防范和遏制较大以上生产安全事故，着力降低一般生产安全事故，切实维护人民群众生命财产安全和城市运行安全，上海市实施了《上海市安全生产委员会安全生产约谈警示办法（试行）》。为进一步强化市内交通运输系统安全生产监管责任，落实企业安全生产主体责任，加大重大事故隐患督促整改力度，切实预防和遏制各类重大安全生产事故发生，福州市颁行了《福州市交通运输安全生产警示通报和约谈制度》。上述法律法规虽然是针对不同行业制定的通报、约谈制度，但其均对安全生产通报、约谈制度的适用情形、适用对象、相关程序进行了详细规定。

（四）完善安全生产挂牌督办办法

为进一步查处、消除安全事故隐患，加强有关部门的风险防范意识，2019年，地方在安全生产应急立法方面逐渐融入了督察督办制度。为严肃查处较大生产安全事故，贵州对较大生产安全事故查处实行"挂牌督办"，贵州省安全生产委员会在2019年发布了《贵州省较大生产安全事故查处挂牌督办暂行办法》，要求被督办主体及安全生产相关职能部门在规定的时限内，依法依规做好事故善后工作，及时查清安全生产事故原因、认定事故性质，分清事故责任，提出对责任单位和责任人的处理建议，依法实施责任追究，监督落实事故防范和整改措施。

为规范安全生产事故隐患挂牌督办工作，加大重大事故隐患督促整改力度，有效遏制重特大生产安全事故的发生，根据《中共中央国务院关于推进安全生产领域改革发展的意见》、《安全生产法》、原国家安全生产监督管理总局《安全生产事故隐患排查治理暂行规定》，福建省人民政府安全生产委员会印发《福建省安全生产事故隐患挂牌督办办法》。一是明确了挂牌督办按分级、属地和"三个必须"的原则进行，同时，根据《公路水路行业安全生产隐患治理暂行办法》增加了重大事故隐患的报告内容、方式、时间、整改方案、验收、核销等要求，明确了交通运输部门对核销的确认时间和确认方式。二是多主体监督对安全事故隐患进行整改。明确规定重大事故隐患除挂牌督办外还应按法律法规要求下达整改通知书，整改方案向社会公开、接受社会监督。对整改不合格的，加大执法力度，明确要求责令改正或停产整改，整改仍无法达到安全生产条件的，提请政府依法关闭。

湖北省在2019年3月颁布了《湖北省安全生产重大事故隐患挂牌督办办法》，进一步加强了安全生产重大事故隐患治理的力度，有效防范和遏制了重特大生产安全事故的发生。《湖北省安全生产重大事故隐患挂牌督办办法》坚持"三个必须"的原则，即管行业必须管安全、管业务必须管安全、管生产经营必须管安全。该原则有效地落实了安全生产领域中各监管部门的监管职责。同时，《湖北省安全生产重大事故隐患挂牌督办办法》中还明确了对监管不力的行政机关、行政人员的处罚，县级以上安委会应将重大事故隐患挂牌督办工作情况纳入安全生产通报、督导、约谈、巡查、年度考核和安全生产诚信体系采集范围。对工作不力、治理进展缓慢或治理效果较差的，根据情况予以通报批评、专项督导、约谈曝光、巡查问责、纳入"黑名单"联合惩戒，导致发生事故的依法追责。

长春市在遵循"合法举报、适当奖励、属地分级、行业负责"和"统一受理、统一奖励"的原则指导下，颁布了《长春市安全生产重大事故隐患和违法行为举报核查及奖励办法》，鼓励社会主体对危害和整改难度较大、应当全部或者局部停产停业，并经过一定时间整改治理方能排除隐患，或者因外部因素影响致使生产经营单位自身难以排除隐患的工程予以举报，从前期预防安全生产事故的发生。

第三节　地方应急管理法治的展望

现阶段，地方应急法治主要存在以下五方面的问题，具体而言包括：第一，地方应急法治对国家发展战略的回应存在滞后性，主要表现为：在推进安全生产专项整治三年行动中，地方计划制定、问题清单、责任追究等方面尚存在不足；在落实党政主要负责人第一责任人职责制度方面，存在责任主体范围较窄、评价标准不明、监督机制不健全等问题；应急管理工作中未充分落实"六稳""六保"理念。第二，应急管理法治治理模式、治理能力尚需提升，在自然灾害防范应对能力、安全生产领域治理模式创新、社会共治治理理念的提升、"互联网+执法"系统构建等方面仍需加强。第三，部分有关部门的职责边界存在模糊，即日常管理与紧急状态管理部门间的职权、安全生产和应急管理的部门内部关系尚需加以细化，以及部门间的协同配合机制也需加以强化。第四，应急管理体制机制有待进一步建立健全，应急管理体制效能、安全生产监督管理体系、应急救援管理体制、标准制修订工作、地方应急管理立法可操作性均有待完善。第五，应急管理法治治理模式、治理能力尚存不足，主要是应急协同模式、应急监管主体责任、落实倒逼企业安全责任措施、不同灾种的针对性治理方面存在不足。

基于上述地方应急法治存在的不足，各省市应急管理部门接下来应紧紧围绕全面推进依法治国的总目标，采取有效措施，建立健全综合型应急体制。立足于综合型应急体制，综合我国应急管理法规清理情况，借鉴各国应急管理法律体系建设的有益经验，针对我国应急管理法制体系存在的问题，按照"人为风险＋自然灾害＋应急处置"的逻辑体系对地方应急法治进行规划、构建。

一、进一步加强地方应急管理法治与国家战略相衔接

应急管理是国家治理体系和治理能力的重要组成部分，担负保护人民群众生命财产安全和维护社会稳定的重要使命。十九届五中全会《中共中央关于制定国民经济和社会发展第十四个五年规划和二〇三五年远景目标的建议》中提出，完善国家应急管理体系，加强应急物资保障体系建设，发展巨灾保险，提高防灾、减灾、抗灾、救灾能力。在疫情防控常态化前提下，抓"六保"、促"六稳"，是坚持稳中求进、抓实经济社会发展各项工作的主要着力点；坚持一手抓疫情防控、一手抓安全生产的发展战略，进而理顺了应急管理领域中维稳与生产间的关系。此外，领导干部在法治政府建设进程中扮演着重要角色，而应急管理工作需要法治保驾护航，压实党政主要负责人切实履行推进法治建设第一责任人职责，有助于党政领导干部更加科学合理地推进应急管理法治的开展。

（一）衔接"十四五"规划，开创应急管理新格局

"十四五"时期是我国全面建成小康社会、实现第一个百年奋斗目标之后，乘势而上开启全面建设社会主义现代化国家新征程、向第二个百年奋斗目标进军的第一个五年，我国将进入新发展阶段。坚持以习近平新时代中国特色社会主义思想为指导，深入贯彻落实习近平总书记关于安全生产、应急管理、防灾减灾救灾的重要论述精神，认真贯彻落实上级政府决策部署，把握地方经济社会高质量发展的重要战略机遇，做好应急管理"十四五"规划的衔接。以推进地方安全发展为目标，以推动改革创新为动力，以提升应急管理能力为主线，以狠抓安全生产责任落实为着力点，建立完善应急管理体

系，统筹加强自然灾害防治，全力防范化解重大安全风险，着力提升应急管理和防灾减灾救灾能力，守牢安全生产底线，坚决防范遏制重特大安全事故，为全面开创地方高质量发展高品质生活提供坚实的安全保障。

1. 通过国家强制力的法定化保障应急机制的有效运行

从内容上看，应急管理可以分为常规管理和紧急状态管理两部分。前者是指各级人民政府有关应急管理的日常工作，如普及灾害救助教育、编制应急预案等；后者是当危机发生时，应急管理领导机构、执行机构以及全社会应当遵循的行为规范。无论是常规管理还是紧急状态管理，应急管理的各类主体均应当遵循各自法定的职责分工尽职履责。特别是在紧急状态下，常规的工作方式和工作定位均被打乱，因此必须依靠各主体紧密围绕一套成熟、权威的应急管理法律规则统筹得当、分工协作，才能转危为安，妥善处理突发事件。

2. 通过权利义务的分配平衡应急管理过程中的多方利益

政府并非应急管理的唯一主体，虽然我国政府在事实上承担了抗震救灾、抗洪抢险、处理突发事件过程中的绝大部分工作，但历史经验表明多元化的应急管理模式是未来公共应急管理工作的必然选择。但是，主体多元势必将导致利益冲突和纠纷的复杂化，如为了应对突发事件，政府履职势必会对一些个人权益造成侵害，法律便应当在权限上对政府予以必要限制，以防止其恣意妄为，同时给予受害人事后的补偿救济，以平衡公共利益保护与个人利益保护之间的冲突。

（二）扎实推进安全生产专项整治三年行动

安全生产专项整治三年行动从2020年4月启动至2022年12月结束，分为动员部署、排查整治、集中攻坚和巩固提升四个阶段，包括两个专题、九个行业专项领域。其中，两个专题旨在解决思想认识不足、安全发展理念不牢、抓落实上有很大差距、安全生产责任和管理制度不落实等突出问题；九个专项主要聚焦风险高、隐患多、事故易发多发的行业领域，包括煤矿、非煤矿山、危险化学品、消防救援、道路运输、民航铁路等交通运输、工业园区、城市建设、危险废物等行业领域，组织开展安全整治。

为扎实有效地开展好安全生产专项整治三年行动，各省市应急管理法治应重视以下几个方面：首先，各省市可通过制定"安全生产专项整治三年行动问题隐患清单""安全生产专项整治三年行动计划"等规范性文件，为安全生产专项整治三年行动提供法律依据。其次，严格督促检查，严肃责任追究。通过制订"安全生产专项整治交叉检查方案"等规范性文件，定期组织交叉督导检查，全面检视专项整治进展情况，对较大事故实行挂牌督办，按规定实施警示约谈，确保失管漏控监管部门责任追究到位。最后，营造整治氛围，增强安全意识。各省市应急管理部门，通过充分发挥电台、电视台、网站、报纸等媒体作用，做好专项整治宣传动员，一是普及安全生产常识，积极发动职工群众参与，营造浓厚舆论氛围；二是督促各类企业加强安全教育培训，切实提高一线员工遵章守纪意识、安全操作水平、应急处置能力。

（三）压实党政主要负责人推进法治建设第一责任人职责

党政主要负责人的第一责任人职责制度是法治国家、法治政府、法治社会一体建设的关键一步，该制度有效运行也是我们全面落实依法治国战略的重要举措。各省市应急管理部门在落实党政主要负责人的第一责任人职责制度过程中，主要存在安全生产、突发事件、自然灾害等方面，责任主体范围较窄、评价标准不明、监督机制不健全等问题，影响了该制度的实施效果。

健全应急管理法治领域中党政主要负责人履行法治建设第一责任人制度，可通过细化问责依据、问责主体、责任主体、问责情形、责任形式等实施要素，推动各环节都在法律体制下运行，即扩展责任主体范围、构建法治建设工作成效评估体系、健全制度运行的监督机制等，提高党政主要负责人履行法治建设职责的能力，以健全并保证该制度的贯彻落实。具体而言包括：其一，扩展应急管理部门责任主体范围。应急部门法治建设工作第一责任人，应定期研究安全生产法治建设工作，坚持重要工作亲自部署、重大问题亲自过问、重点环节亲自协调；部门分管负责人为本部门法治建设工作直接责任人，组织推进法治建设各项具体工作的开展；其他负责人认真履行"一岗双责"的责任，坚持依法行政、依法监管。其二，以应急管理工作的特殊性为出发点，构建法治建设工作成效评估体系。建立内部评估与外部评估相结合、专家评审与公众参与相结合的"两结合"程序机制，能化解由党的机构或政府部门评估自身带来的局限性，使地方应急管理法治建设工作更加客观，具有公信力。其三，加强对法治建设第一责任人制度运行的监督。将党政主要负责人履行应急管理法治建设情况纳入上级党委考察下级党政主要负责人政绩考核的指标体系，进而敦促各级党政主要负责人将本地区或本部门的应急管理法治建设工作落到实处。

（四）做好"六稳"工作、落实"六保"任务

我国当前形势下，"六稳"是大局，"六保"是前提，只有全面落实好"六保"，才能实现"六稳"，从而稳住中国经济这个大局，实现稳中求进。具体到应急管理法治领域，各省市应急管理法治建设过程中，坚决贯彻党中央对当前经济社会发展工作的总要求，围绕"六稳""六保"，以高度政治自觉抓紧、抓实、抓细安全风险防范工作，全力维护人民群众生命安全和经济社会发展大局。

各级应急管理部门要自觉讲政治，围绕扎实做好"六稳"工作、全面落实"六保"任务充分发挥职能作用。一方面，通过加强制度构建，实现"六保""六稳"理念在应急管理的落实。安全生产部门应提高政治站位，把扎实做好"六稳"工作、全面落实"六保"任务摆在更加突出位置。通过树牢安全发展理念，完善约谈、通报批评等惩戒制度，压紧压实安全生产责任，进而守牢安全生产底线。另一方面，强化企业工作人员的安全生产意识，坚持疫情防控与安全生产"两手抓、两促进"。统筹推进企业复产复工，推送疫情防护知识和企业疫情期间安全风险辨识知识、个人防护应知应会知识，防范职工安全生产意识下滑。同时，认真组织开展安全检查和技术服务，积极引导企业做好疫情防控和复产复工工作，通过"安全生产温馨提示"分级分区精准防控，及时提醒县区和行业主管部门加强监管。

二、优化应急管理法治治理模式、治理能力

党的十九届五中全会通过的《中共中央关于制定国民经济和社会发展第十四个五年规划和二〇三五年远景目标的建议》将"国家治理效能得到新提升"作为今后五年我国经济社会发展的主要目标之一，并对"十四五"时期推进国家治理体系和治理能力现代化作出重要部署。具体到应急管理法治领域，推进国家治理体系和治理能力现代化可细化为，强化自然灾害防范应对能力、创新安全生产领域治理模式、融入社会共治治理理念、推进"互联网+执法"系统建设。

（一）强化自然灾害防范应对能力

强化自然灾害防范应对能力，牢固树立灾害风险管理和综合减灾理念，

坚持以防为主、防抗救相结合，坚持常态减灾和非常态救灾相统一，努力实现从注重灾后救助向注重灾前预防转变，从应对单一灾种向综合减灾转变，从减少灾害损失向减轻灾害风险转变。

第一，狠抓应急物资储备建设。积极推进各省市重要应急物资日常储备和生产能力储备体系建设工作，推动航空应急救援装备物资综合储备库建设，以及中央预算内投资支持的物资储备库建设。第二，完善应急管理领域的监测预警制度。完善同气象、水文、自然资源等相关部门的沟通协调机制，及时发布各类灾害预警信息，严格落实提前转移、安全避险等工作要求，最大程度地减轻灾害影响。第三，加强风险研判。建立完善水旱灾害、地质灾害、森林火灾和地震灾害等自然灾害综合监测预警机制和多部门联动工作机制，开展中长期风险会商研判，多灾种及灾害链风险研判，编制深度分析报告。第四，加强基础能力建设。按照全国统一部署，扎实推进自然灾害综合风险普查工作，推动基层建立应急管理体系，突出抓好基层灾害信息员队伍建设。

（二）创新安全生产领域治理模式

安全生产是安全与生产的统一，其宗旨是安全促进生产。搞好安全工作，改善劳动条件，可以调动职工的生产积极性；减少职工伤亡，可以减少劳动力的损失；减少财产损失，可以增加企业效益，无疑会促进生产的发展；而生产必须安全，则是因为安全是生产的前提条件，没有安全就无法生产。近年来，各省市逐渐意识到安全生产与经济发展间的重要联系，不断重视安全生产领域的应急管理法治工作。

第一，加强复工复产安全服务。对煤矿、非煤矿山、危险化学品、烟花爆竹、金属冶炼等领域复产复工企业，指导其全面开展一次安全风险辨识评估，一次全面安全隐患排查，一次安全规章制度、操作规程和应急预案的对标梳理，一次全员安全教育培训，一次反"三违"集中行动。第二，加强线上线下安全服务。实施分区分类差异化安全监管，对有关生产经营单位存在的突出问题，在标准化创建、自动化改造、隐患排查等方面指导帮助企业；组织安全生产服务机构和专家，开展安全生产远程技术指导服务，规范安全管理，着力帮助解决突出问题。第三，加强职业技能提升服务。会同有关部门在全省化工行业、煤矿、非煤矿山、烟花爆竹、金属冶炼等高危行业企业中持续开展安全技能提升行动，努力造就一批高素质技能人才队伍。第四，加强行政许可服务。坚持执行延时错时预约服务制度，落实工作日午间不"打烊"和双休日、节假日业务照常办工作制度，落实业务预约要求，确保非工作时间也能办事、办成事。深化"一次不跑""只跑一次""一链办理"等改革，依托一体化政务平台、网上办事大厅等渠道完善线上服务。

（三）融入社会共治治理理念

以法治为基础的多元主体共同治理是我国社会治理实践探索的经验总结，也是实践中形成的新要求。作为社会治理的制度创新，多元主体共同治理主要包括四大特征：多元主体，开放、复杂的共治系统，以对话、竞争、妥协、合作和集体行动为共治机制，以共同利益为最终产出。多元主体共同治理不是政府退出，不是"小政府、弱政府"，而是"小政府、强政府、大社会"的共同治理模式。

党的十八大报告提出，"强化公共安全体系和企业安全生产基础建设，遏制重特大安全事故"，其成为新时代推进安全生产管理创新和防灾减灾救灾综合体制机制改革的依据。具体而言，将社会共治治理理念融入应急管理法治可从以下几方面进行：第一，聘请社会专业领域人士提供治理意见。为提高依法行政水平，保证安全生产行政执法工作的合法性与合理性，开拓创新工作思路，可通过聘请资深律师担任应急管理部门的法律顾问，助力应急管理领域的执法工作，旨在提高应急管理行政处罚案件的查办效率和质量，为应急管理执法工作规范化、专业化提供保障。第二，加大宣传教育力度。组织开展好"安全生产月""消防宣传日"等活动，持续开展安全生产和防灾减灾知识技能进企业、进农村、进社区、进学校、进家庭等"五进"活动，着力营造关注安全、完善应急管理法治的浓厚氛围。第三，加大综合减灾示范建设。主要在安全生产领域，深化"安全发展示范城市""青年安全文明示范岗"等系列创建活动，着力营造人人关注安全、人人参与安全、人人支持安全的氛围。

（四）推进"互联网+执法"系统建设

建立综合指挥和信息化网络平台，推进"互联网+执法"，打通综合行政执法指挥平台与网格化社会治理平台，执法力量第一时间出动开展精准执法。此外，以信息化助推执法办案规范、指挥调度实时、监督管理高效、业务数据可视、业务辅助智能，能较好地实现应急管理部门对城市应急管理执法活动的即时性、过程性、系统性管理，努力提高执法效能。

近年来，应急管理部指导北京、安徽、湖南、甘肃等省市应急管理部门建设行政执法信息平台；同时，推动建立了全国危险化学品重大危险源企业联网监控模式。各省市在应急管理法治进程中，可通过借鉴上述省市、领域经验，重视制定"互联网+执法"系统建设工作方案，编制系统总体建设工作方案及地方建设任务书。积极推进省市县三级应急指挥中心建设，努力构建集资源管理、值班值守、视频会商、指挥调度、监测预警、信息报送和监督管理等功能于一体，上下贯通、左右联动、条块结合、顺畅高效的综合应急指挥平台。

三、进一步厘清有关部门的职责边界

各省市应急局应加强、优化、统筹全市应急能力建设。目前，各地地方应急管理法治进展中职能划转和职责任务方面仍存在一定的欠缺，其首要任务就是坚持防抗救相结合，坚持常态减灾和非常态救灾相统一，努力实现从注重灾后救助向注重灾前预防转变，从应对单一灾种向综合减灾转变，从减少灾害损失向减轻灾害风险转变。这一要求提出了要处理好"防—抗—救"的关系、"常态"和"非常态"（紧急状态）的关系。对照"防—抗—救"的关系、"常态"和"非常态"（紧急状态）的关系，还存在一些问题。

（一）明晰"上下游"关系的职权边界

尽管在机构改革后，中央强调应急管理部要"从应对单一灾种向综合减灾转变"，但过去单一灾种、单一部门、单一行业的应急管理立法思路，导致应急资源管理分散，因此，相关职责整合难度较大。比如，关于自然灾害抢险救灾的应急指挥机制、应急力量的建设管理、资金物资的统筹储备和使用，灾后应急救助和恢复重建等，在地质、地震、洪涝、防火等立法中都有涉及，但存在不一致、相互不配套等问题，影响应急管理部门综合履行防灾减灾救灾职责。

以防汛抗旱领域中各地应急管理局"承担市人民政府防汛抗旱指挥部的具体工作"为例，防汛抗旱无疑是应急管理的重要环节，但防汛抗旱存在防灾、减灾、救灾不同职能的匹配和衔接。各地政府机构改革中，虽然将原设置于水利部门的防汛抗旱指挥部进行了划转，也强调防救结合，但并不意味

着应急部门全面承担了防汛抗旱的职能。鉴于水利行业在防汛抗旱中的极端重要性，有的地方组建了水利防汛专项分指挥部，办公室设在水利局水旱灾害防御部门（水利应急中心），负责落实全市河道、水库、湖泊、蓄洪（滞）区等防洪工程、南水北调工程和山洪灾害等防汛责任，组织、协调、指导全市水旱灾害防御工作，以便更好地发挥行业优势，体现综合统筹、专业负责的特点。可见，防汛指挥机构职责并非全部由防汛指挥部办公室承担，而应根据相关法律和工作职责确定具体承接部门。

（二）细化日常管理与紧急状态管理间的部门职权

由于应急管理局为新组建部门，就其他部门的划转职责而言都是部分接收，因此，应急部门与其他部门均存在职责切分问题。在"防—抗—救"紧密结合的要求下，就存在前端防与末端救的职能切分和配合问题，需要进一步厘清。对于"防灾"而言，应急管理部门的成立并不意味着其他"涉灾部门"职责的免除，而是希望借此建立更为统一和协调的"防—抗—救"三者相互关联的管理体系。

安全与风险是系统的属性，不是个体和部件的属性，安全性和危险性都是系统相对的涌现。传统的事件链模型、因果关系模型已不适用于今天高度复杂的经济社会发展现状。重大事故涉及整个社会、经济、技术和文化的复杂过程，重点是认识整体系统行为是如何导致损失的。因此，在"防—抗—救"三者的关系中，防灾是支撑应急全过程的支撑性行动，是日常管理的重要体现。这一过程尽管需要应急管理部门的参与，但涉灾其他各部门仍需依照有关法律法规和部门职责，依托本部门专业能力和技术支撑，健全行业防灾减灾监管体制，严格落实监管责任。正是在此前提下，才将各部门原来承担的末端"应急"的职能相对集中，作为应急管理部门的主要职责。

仍以水利部门与应急部门职责切分为例，根据《水法》第38条、第60条规定，水利部门为河道主管部门，负责河道范围内防洪工程规划、审核、运行、管理、保护以及防洪障碍物清除工作。根据"三定"规定，水利部门负责指导本市水利设施、水域及其岸线的管理、保护与综合利用。也就是说，水利部门仍承担日常管理工作，在防汛抗旱到达一定警戒情况之前，无需进行灾害应对，也并非为应急管理部门职权范围。要避免在移转应急指挥部等职权的时候，将行业的日常管理职能一并移转，从而突出应急与行业管理部门各负其责的要求。

（三）健全部门间协同配合的体制机制

应急管理涉及面广，包括事故灾害、自然灾害、综合性防灾减灾救灾等诸多行业领域，关系到诸多部门单位，组织任务重，协调难度大，必须建立健全有效的组织领导和统筹协调机制。新一轮机构改革实施前，地方通过颁布地方性法规，将应急管理机构进行了实体化，即在政府中成立突发事件应急委员会。随后，相关省市通过文件，以细化应急委员会工作职能、工作程序的方式，强化了应急委员会的统筹决策职能，进一步强化应急委员会统筹协调作用，加强监督检查、政策法规、风险管理、舆情监控等方面的职能和工作力量。这一改革在当时的条件下，对确保应急工作高位协调和全市突发事件应对指挥通畅、令行禁止起到了很好的作用。

在本次机构改革中，有关地方的应急委办公室从原设在市政府办公厅改设在应急局，主要承担原突发事件应急委员会的具体工作，在应急职能进一步集中优化的前提下，也存在部门协同配合机制的重新理顺问题。因此，是走高位协调的老路，还是通过机制完善，强化应急局的协调能力，是需要重新考虑的问题。我们认为，在机构改革后，应急管理局本质上是通过实际承担应急委员会的日常工作，履行综合监管职责，即应急管理部门要利用好政府应急委员会的平台，在党委和政府的领导下，负责指导协调、监督检查、巡查考核本级政府有关部门和下级政府的应急管理工作。

（四）理顺安全生产和应急管理的部门内部关系

安全生产是应急管理工作的"基本盘和基本面"，是对公民生命权、财产权的基本保障。2018年4月23日，在应急管理部第一次部长办公会议上，党组书记、副部长黄明强调，要认真贯彻落实习近平总书记等中央领导同志关于加强当前安全生产工作的重要指示精神，把安全生产始终放在突出位置，作为应急管理工作的基本盘和基本面，始终作为丝毫不能放松的基本任务和基本保障，狠抓安全防范责任措施落实，坚决遏制重特大事故发生。应急管理部门成立以后，既要承继过去安全生产监督管理部门关于安全生产监督管理的职责，又要构建统一领导、权责一致、权威高效的应急能力体系，这需要进一步处理好安全生产和应急管理的关系。

应急管理的核心是防灾减灾救灾，其与安全生产工作既有共性又有个性。

在共性部分，二者共享基本的理念和思想，即以人为本、安全发展，安全第一、生命至上；共享基本的方法，即全方位、全过程的风险治理；共享共同的发展目标，即人民安居乐业、社会安定有序、社会长治久安。但二者也存在比较明显的区别，即防灾减灾救灾主要适用《突发事件应对法》《防震减灾法》《防洪法》等，其责任主体是地方政府，强调地方党委政府在灾害应对中发挥主体作用、承担主体责任。相应地，安全生产主要适用《安全生产法》等，其责任主体主要是生产经营单位，要求生产经营单位承担主体责任，强化行政机关针对生产经营活动的行政执法。与应急管理的灾害处理不同，安全生产是风险防控的领域，其职权的行使重点不仅在救，也在防。但在防和救之间，仍需进一步处理好应急管理局和行业管理部门之间的关系，以进一步依照有关法律法规和部门职责，健全完善安全生产监管体制。

四、进一步建立健全应急管理体制机制

应急管理与经济社会发展水平、产业结构、人员素质等情况密切相关，具有较为明显的区域差异性。一方面，部分全国性应急管理法律法规的具体规定在各地方适用性不强，需要进一步结合各地特点将其细化，加强其可操作性；另一方面，各地应急管理部门任务繁重，需要通过协调好各部门间的职能，才能提高应急管理体制的效能。

（一）提高应急管理体制的效能

消防救援、地震等行业全部或者部分实行垂直管理体制，有的与地方属地监管存在职责交叉、多头管理等问题。消防救援方面，尽管机构改革以后消防救援队伍全部退出现役，进而组建了国家综合性消防救援队伍，作为应急救援的主力军和国家队，承担防范化解重大安全风险、应对处置各类灾害事故的重要职责，但消防救援队伍仍实行特殊的职务职级序列和管理办法，一定程度上增加了地方应急管理机构的协调难度。在防震抗震方面，尽管机构改革以后，中国地震局调整为由应急管理部管理，但省级地震局仍实施以中国地震局为主的双重领导，存在行业监管与属地应急综合监管职责不清、协调机制不健全等问题，制约应急管理体制的效能发挥。

（二）健全原有安全生产的监督管理体系

2016年，国务院国有资产委员会发布的《中共中央国务院关于推进安全生产领域改革发展的意见》（以下简称《意见》）分别就健全落实安全生产责任制、改革安全监管监察体制、大力推进依法治理、建立安全预防控制体系、加强安全基础保障能力建设五个方面提出了具体的改革要求，是安全生产领域系统改革的纲领性文件。尽管近年来，特别是党的十九届三中全会通过的《深化党和国家机构改革方案》在一定程度上突破了《意见》划定的改革措施，如调整了职业安全健康的管理体制等，但总体而言，《意见》的基本面和绝大多数改革举措在当前仍然是适用的。在当前推进地方应急管理法治化的过程中，需要进一步健全原有安全生产监督管理体系，依靠严密的责任体系、严格的法治措施、有效的体制机制、有力的基础保障完善系统治理，切实增强安全防范治理能力，大力提升地方安全生产整体水平，确保公众安康幸福，共享改革发展和社会文明进步成果。

（三）加强联动互通的应急救援管理体制建设

应急救援是应急管理的最后一道防线，对维护人民群众生命安全、降低事故损失具有重要作用。习近平总书记指出，要加强应急救援工作，最大限度减少人员伤亡和财产损失。为此，相关地方已经先行先试，正式启动了安全生产联防联控体系建设。2018年，已初步建成安全生产区域一体化应急网络，实现重特大生产安全事故风险区域预测预警，应急救援统一调度、联合处置、力量互补、信息共享。以北京市为例，在《北京市应急管理局职能配置、内设机构和人员编制规定》中已分别就市应急管理局与市规划自然资源委、市水务局、市园林绿化局等部门在自然灾害防救方面的职责分工进行了规定，并就市应急管理局与市粮食和储备局在市级救灾物资储备方面的职责分工进行了规定。

目前，应急管理的法治化，要求各地在进一步巩固已经建立的安全生产联防联控机制的基础上，将其从安全生产应急救援扩大到更为广泛的应急救援上来，加强跨部门、跨地区信息交流与共享，强化应急救援指挥机构与事故现场的通信指挥保障，提高响应和救援效率，并建立健全应急装备物资储备保障制度和资源信息库，加强与物资储备主管部门、大型装备生产企业、相关救援队伍的沟通衔接，建立重要应急装备物资的生产、储备、监管、调用和紧急配送体系，逐步建立应急部门牵头的决策机制、响应升级下的应急指挥机制、辅助与支持机制等。

（四）稳步推进标准制修订工作

2019 年，应急管理部的标准制定工作取得了一系列成效。一是重视与国家标准化委员会间的部门联动工作。国家标准化委员会批复同意将 "XF" 和 "YJ" 分别作为消防救援、应急管理行业标准代码。二是规范了标准制定的依据。应急管理部印发了《应急管理标准化工作管理办法》，对标准立项、组织起草、征求意见、技术审查、报批发布、宣贯实施、标准复审等各环节进行规范。三是在相关应急领域制定了标准。应急管理部报送国家标准化委员会批准发布《社会单位灭火和应急疏散预案编制及实施导则》等 42 项国家标准，制定发布实施《安全生产责任保险事故预防技术服务规范》等 19 项行业标准。

应急管理标准是法律法规的延伸，是统一的技术规范。加强应急管理标准化工作，对于提升我国综合防灾减灾救灾和应急救援能力，保护人民群众生命财产安全，起着至关重要的基础性作用。地方应急管理法治中标准化建设应以应急管理部标准化建设为参考，一方面，遵循 "统一领导、归口管理、分工负责" 的原则，坚持目标制定应急管理标准化工作框架方案，构建地方应急管理标准化体系；另一方面，坚持问题导向，全面提高标准制修订效率、标准质量和标准实施效果，切实为应急管理工作的规范化、应急科技成果的转化以及安全生产保障能力、防灾减灾救灾和应急救援能力的持续提升提供技术支撑。

（五）增强地方应急管理立法操作性

《突发事件应对法》原则性、抽象性过强，可操作性弱，表现为缺乏清楚授权、责任规定缺乏刚性、禁止性规范比例小等。针对各种类的突发事件的单行法，由于受《突发事件应对法》立法模式的影响，往往只注重规定在应急状态下行政机关的权限、职责、紧急行政权力行使的条件和标准等，而忽略一些应急管理中的手段及特殊程序。我国各地虽在《突发事件应对法》的基础上，进一步赋予城市人民政府更多的应急处置措施。如在应对自然灾害、事故灾害或者公共卫生事件时，可以进入相关场所进行检查和封存物品，拆除、迁移妨碍应急处置和救援的设施、设备或者其他障碍物等，以及采取防止发生次生、衍生事件的必要措施，但一方面，何为 "必要措施" 存在授权不清的困惑；另一方面，增加的部分权力仍以事件为中心，无法跳出末端立法的基本框架，并不适应当前应急管理的实际需求。

（六）用法律手段为地方应急部门的应急处置授权赋能

由于突发事件的紧迫性、危险性、不确定性，为了防止突发事件对各地稳定和正常社会秩序造成彻底破坏，需要运用行政紧急权力来实施应急法律规范，调整紧急状况下国家权力与公民权利的分配，尽快恢复各种利益的平衡。应急法律体系首先应当是一种法律化的应急管理机制，然后才是控制和平衡政府紧急权力的一种法律工具。应急法制的首要任务应当是保障人们在应对突发事件的过程中积累的应急机制被固定下来，作为政府行使应急权力的支撑。因此，要具体研究符合需求的应急机制问题，通过法律手段为履行应急职能授权赋能。

1. 《立法法》对制定地方性法规和地方政府规章的相关规定

《立法法》第72条第1款规定省、自治区、直辖市的人民代表大会及其常务委员会根据本行政区域的具体情况和实际需要，在不同宪法、法律、行政法规相抵触的前提下，可以制定地方性法规。第82条第1款规定了制定地方政府规章的要求：省、自治区、直辖市和设区的市、自治州的人民政府，可以根据法律、行政法规和本省、自治区、直辖市的地方性法规，制定规章。第89条第1款规定地方性法规的效力高于本级和下级地方政府规章。

从《立法法》的精神中可以看出，地方性法规的制定只要不与宪法、法律、行政法规相抵触就可以制定，而地方政府规章则要求依据法律、行政法规和本省、自治区、直辖市的地方性法规制定，且地方性法规的效力高于地方政府规章。从各地应急管理法治化的要求以及现行法规和规章的制定和实施情况来看，由各地人民代表大会制定地方性法规更有利于行动的开展和以后相关工作的进行。

2. 地方性法规和地方政府规章设定行政处罚的相关规定

《行政处罚法》规定地方性法规可以设定除限制人身自由、吊销企业营业执照以外的行政处罚。法律、行政法规对违法行为已经作出行政处罚规定，地方性法规需要作出具体规定的，必须在法律、行政法规规定的给予行政处罚的行为、种类和幅度的范围内规定。政府规章可以在法律、法规规定的给予行政处罚的行为、种类和幅度的范围内作出具体规定。尚未制定法律、法规的，省级政府规章对违反行政管理秩序的行为，可以设定警告或者一定数量罚款的行政处罚。罚款的限额由省、自治区、直辖市人民代表大会常务委员会规定。根据《行政处罚法》的规定，地方性法规可以设定除限制人身自由、吊销企业营业执照以外的行政处罚，地方政府规章只可以对尚未制定法律、法规的违反行政管理秩序的行为，设定警告和一定数额罚款的行政处罚。在行政处罚这一层面，制定地方性法规可以设定的范围更广，规定的事项更多。

3. 建议地方通过地方性法规为应急管理授权赋能的主要考虑

应急管理是一项综合性复杂的工程，涉及各地治理的方方面面。综合上文中《立法法》《行政处罚法》中对地方性法规和地方政府规章的相关规定，可以看出地方性法规和地方政府规章在设定事项、效力等方面的不同。因此，通过制定地方性法规的形式来规范应急管理工作，特别是现场指挥处置中的行政权力，是权威性强、社会效果佳，且立法成本相对较低的办法。由于推进应急管理法治化涉及相关工作的重大体制、机制问题，需要对相关地方性法规和规章进行修改、整合及调整。根据地方性法规优于地方政府规章的原则，如果以制定地方政府规章的方式推动工作进行，比直接制定地方性法规需要消耗的立法资源实际可能更多，完善有关法律体系经历的时间周期也可能更长。

此外，以制定地方性法规的形式推进应急管理法治化的开展，可规范的内容比制定地方政府规章更为全面、广泛。特别是关于强制措施、行政处罚等问题，根据相关法律的要求，地方政府规章在此方面无权或权限较小，而行动中若要涉及相关内容，目前来看，也有必要通过制定地方性法规的方式加以明确。

五、优化应急管理法治治理模式、治理能力

经过机构改革两年多来的探索实践，应急管理机制基本框架逐步形成。未来各省市在落实应急管理法治的过程中，要针对深层次矛盾和问题，出台深入推进应急管理事业改革发展意见措施，全系统要同心协力，推进落实落地。一是通过加强立法覆盖范围，实现对不同灾种进行针对性立法，旨在提高不同领域应急管理的效能；二是通过应急立法细化有关主体的责任，明晰责任、压实责任，是推动安全生产工作的重要基点；三是重视标准的作用，

标准的灵活性、高效性与应急管理的突发性是相契合的，通过完善应急管理领域的标准，有助于推动应急管理体制的构建。

（一）强化应急协同模式

现阶段，应急管理强调以防为主，坚持防、抗、救相结合，这一过程尽管需要应急管理部门的参与，但涉灾其他各部门仍需依照有关法律法规和部门职责，依托本部门专业能力和技术支撑，健全行业防灾减灾监管体制，严格落实监管责任。在跨层级、跨系统、跨部门、跨区域、跨国界维度上，仍需进一步建立健全快速动员、整合资源和应急力量，推动应急系统中利益相关者间的有效合作，减少制度性集体行动障碍，发挥整体协同效应。

第一，确立应急管理部门指导协调其他部门防控各类风险的核心地位。这需要对防、抗、救的上下游关系进行梳理，以适应我国灾害防治从单一灾种向综合减灾转变的要求。机构改革后，虽然将部门灾害防治的职权进行了转化，也强调防、抗、救相结合，但并不意味着应急部门全面承担了灾害防治的职能，而成为一个"超级部门"。为此，"应急管理法"需要跳出部门立法的窠臼，注重规范应急管理各部门、各环节的协调，建立立体、网格、多元化的管理体系。

第二，完善危机管理和危机预警等措施。危机预警和危机管理是整个危机管理过程的第一步，加强这一阶段的工作有利于预防和避免危机事件的发生。相较于个体行动而言，需要建构一套主体多元、合作互补、复合高效的公共治理体系，形成有组织的集体行动，显示更强和更具支配作用的风险治理能力。一方面，要正视科学和政治作为理解风险规制活动的两个维度。通过完善科学力量参与风险决策的一系列组织架构、议事规则和职责要求，提升科学在应急管理决策方面的实质影响力；与此同时，强化确保政治责任和行政责任承担的一系列程序和实体制度，保障和规范行政权在科学知识基础上依法开展行政决策。另一方面，也要为体制内外的各种力量参与应急管理开辟管道，引导社会各界通过制度化的渠道发现和反馈不同领域的各种风险。

（二）严格落实应急监管主体责任

狠抓落实履责，筑牢第一防线。落实主体责任不能简单表态，必须付诸行动，主要包括以下几个方面：一是严格落实主体责任，按照"严、狠、准、实"要求，综合运用"双千示范"企业创建、企业安全生产主体责任履职情况"一报告、双签字"和守信联合激励、失信联合惩戒等办法，推进企业落实安全生产主体责任；二是严格落实监管责任，按照"管行业必须管安全、管业务必须管安全、管生产经营必须管安全"的要求，尽快修订完善安全生产工作职责，推动负有安全生产监督管理职责的部门加强所负责行业、领域的安全监管；三是严格落实领导责任，紧扣"查问题、促整改"的核心任务，此处可借鉴江西省的应急管理经验，通过"曝光一批典型案例、处理一批非法违法典型、移交一批重大隐患、追责一批责任人"的方式，推动地方党委、政府落实安全生产领导责任；四是严格落实责任追究，坚持"科学严谨、依法依规、实事求是、注重实效"和"四不放过"的原则，深挖事故深层次原因，彻查事故暴露出的各类问题，严肃责任追究。

（三）倒逼企业安全责任落实

安全生产事关人民群众的生命和财产安全以及经济社会的持续健康发展，强化和落实生产经营单位安全生产主体责任是安全生产的核心关键，为此，《安全生产法》专章规定了生产经营单位的安全生产保障责任。近年来，北京、湖南、山东、广东等多地也纷纷制定并公布了有关企业生产经营主体安全生产责任的规定，督促企业生产经营主体落实安全生产责任，按照源头治理的原则和要求，对生产经营活动作出具体要求，但生产经营单位主体责任落实不严、安全投入不足、安全意识单薄、安全制度不完善等问题仍然存在。

在倒逼企业安全责任落实方面，北京市于 2019 年颁行的《北京市生产经营单位安全生产主体责任规定》值得借鉴。《北京市生产经营单位安全生产主体责任规定》创造性地将生产经营单位的主体责任细化为提供组织机构保障、规章制度保障、安全资金保障、教育培训保障、场所设施保障、日常管理保障、风险管控保障及应急救援保障等几大方面，并规定了较为完善的法律责任追究机制以保障几大责任的落实，使《安全生产法》中规定的生产经营单位的安全生产保障责任得以落实。

（四）强化不同灾种的针对性治理

法律的生命在于实施，将法律制度进一步具体、细化，有助于推动法律更好地实施。现阶段，我国各省市在上位法的指导下，基本实现了在应急管理综合制度、突发事件、防汛抗旱、地质地震、救灾减灾、安全生产等八项应急管理领域均有地方性立法。然而，上述每一项领域也都还具有细化的空间，比如，在火灾防治方面，森林火灾、建筑物火灾的防治、救援方式便存在差异。

第一，抓实地震地质灾害防范。一方面，建立健全部门联动制度，重视风险的前端治理。现阶段，可将地震地质灾害防治工作与建设工程抗震管理制度相结合，通过扎实推进抗震设防审批、减隔震技术推广、抗震鉴定及加固制度的落实，以及深化农村老旧房屋抗震加固工作，实现地质灾害风险的前端治理。另一方面，提速重点城市群和重要经济带防灾抗震能力建设。聚焦重点部位、重点项目和重点人群，督促有关地方和部门加大对交通沿线、风景旅游区、工矿企业等重点区域和部位地质灾害的精细化防范。

第二，抓实水旱灾害防范。2019年，国家防汛抗旱总指挥部修订印发《地方各级人民政府行政首长防汛抗旱工作职责》和《国家防总巡堤查险工作规定》，旨在推动理顺防汛抗旱职责分工，指导支持地方健全防汛抗旱指挥机构。2020年，全国多个省市针对水文管理、河道管理、水污染治理进行了立法，体现了地方在应急管理法治进程中，对水旱灾害防治的重视，但也有进一步完善的空间。其一，将紧盯山洪地质灾害、中小河流洪水、小型水库度汛安全等作为防御重点，强化各项防范措施落实，确保安全度汛。其二，围绕提升粮食安全保障能力，指导各地统筹推进防汛排涝工作，尽量减少农田受淹；做好水库蓄水管理工作，为保障粮食安全提供水量保证。

第三，抓实森林火灾防控。从应急管理部消防救援局发布的2020年全国火灾及消防救援队伍接处警情况来看，森林火灾占火灾比例较大，造成的损失普遍较为严重。2020年，多数省市对消防救援队伍建设、消防应急预案等方面进行了完善，但对森林火灾进行专门立法的省市较少。因此，在森林火灾应急管理方面，可进一步强化野外用火管控，持续推进森林火灾风险隐患排查整治"十查十看"等活动，重点治理林缘加油站、液化气站和穿越林区高压电线等引发的森林火灾隐患问题。

第三章

全国重特大生产安全事故汇总分析

随着我国一系列安全生产法律法规的出台，安全生产开始有逐渐好转的趋势。但目前的安全生产应急管理还不容乐观，企业对安全生产没有达到足够重视。生产安全突发事件发生率较高，突发事件发生后的应急处置不是很得当，对人民的生命财产和社会和谐造成了一定影响。

本章对 2019 年、2020 年全国发生的重特大生产安全事故进行汇总，主要对重特大生产安全事故的概况、经过、应急处理情况、事故原因、主要教训等相关情况进行介绍。通过对事故进行分析，总结出我国重特大生产安全事故暴露出的问题，并对今后的工作提出相关对策及建议。

2007 年 3 月 28 日国务院第 172 次常务会议通过《生产安全事故报告和调查处理条例》，自 2007 年 6 月 1 日起施行。《生产安全事故报告和调查处理条例》第 3 条规定，根据生产安全事故（以下简称事故）造成的人员伤亡或者直接经济损失，事故一般分为以下等级：

1. 特别重大事故，是指造成 30 人以上死亡，或者 100 人以上重伤（包括急性工业中毒，下同），或者 1 亿元以上直接经济损失的事故；

2. 重大事故，是指造成 10 人以上 30 人以下死亡，或者 50 人以上 100 人以下重伤，或者 5000 万元以上 1 亿元以下直接经济损失的事故；

3. 较大事故，是指造成 3 人以上 10 人以下死亡，或者 10 人以上 50 人以下重伤，或者 1000 万元以上 5000 万元以下直接经济损失的事故；

4. 一般事故，是指造成 3 人以下死亡，或者 10 人以下重伤，或者 1000 万元以下直接经济损失的事故。

国务院安全生产监督管理部门可以会同国务院有关部门，制定事故等级划分的补充性规定。

本条第 1 款所称的"以上"包括本数，所称的"以下"不包括本数。

第一节　全国重特大生产安全事故概况

一、2019 年全国重特大生产安全事故概况

根据《中华人民共和国 2019 年国民经济和社会发展统计公报》，2019 年我国全年各类生产安全事故共死亡 29 519 人。工矿商贸企业就业人员十万人生产安全事故死亡人数 1.474 人，比上年下降 4.7%；煤矿百万吨死亡人数 0.083 人，下降 10.8%。道路交通事故万车死亡人数 1.80 人，下降 6.7%。[1]

2019 年，全国安全生产形势总体保持稳定态势，事故起数和死亡人数分别下降 18.3% 和 17.1%，较大事故、重特大事故起数分别下降 10.2% 和 5.3%。[2]2019 年全年发生特别重大生产安全事故 1 起，国务院安委会挂牌督办的重大生产安全事故 12 起。根据国务院安全生产委员会特别重大、重大生产安全事故查处挂牌督办通知书[3]，整理出 2019 年发生的 13 起重特大生产安全事故，见表：

表 3-1　2019 年全国重特大生产安全事故

序号	事故名称	所属行业
1	江苏响水天嘉宜化工有限公司"3·21"特别重大爆炸事故	化工
2	陕西省榆林市神木市百吉矿业有限责任公司李家沟煤矿"1·12"重大煤尘爆炸事故	煤矿

〔1〕 "中华人民共和国 2019 年国民经济和社会发展统计公报"，载国家统计局官网，http://www.stats.gov.cn/tjsj/zxfb/202002/t20200228_1728913.html，最后访问时间：2021 年 1 月 21 日。

〔2〕 "2019 年全国安全生产形势总体稳定 事故起数和死亡人数'双下降'"，载人民网，http://politics.people.com.cn/n1/2020/0106/c1001-31536304.html，最后访问时间：2021 年 1 月 21 日。

〔3〕 "事故挂牌督办情况"，载中华人民共和国应急管理部官网-事故查处，https://www.mem.gov.cn/gk/sgcc/sggpdbqk/，最后访问时间：2021 年 1 月 21 日。

续表

序号	事故名称	所属行业
3	内蒙古自治区锡林郭勒盟西乌珠穆沁旗银漫矿业有限责任公司"2·23"井下车辆伤害重大生产安全事故	金属非金属矿山
4	山东济南齐鲁天和惠世制药有限公司"4·15"重大着火中毒事故	医药
5	河北衡水翡翠华庭"4·25"施工升降机轿厢坠落重大事故	建筑
6	上海市长宁区"5·16"重大建筑施工事故	建筑
7	山东威海荣成市福建海运"金海翔"号货轮"5·25"重大中毒窒息事故	海运
8	河南三门峡市河南煤气（集团）有限责任公司义马气化厂"7·19"重大爆炸事故	化工
9	浙江省宁海县"9·29"重大火灾事故	日化
10	广西壮族自治区河池市南丹县庆达惜缘矿业投资有限公司"10·28"重大坍塌事故	金属非金属矿山
11	云南省临沧市凤庆县云凤高速安石隧道"11·26"重大涌水突泥事故	道路交通
12	浙江省海宁市龙洲印染有限责任公司"12·3"重大污水罐体坍塌事故	纺织
13	湖南省浏阳市碧溪烟花制造有限公司"12·4"重大爆炸事故	烟花爆竹

　　13 起重特大事故共造成 246 人死亡，1 月发生重大事故 1 起，造成 21 人死亡；2 月发生重大事故 1 起，造成 22 人死亡；3 月发生特别重大事故 1 起，造成 78 人死亡；4 月发生重大事故 2 起，造成 21 人死亡；5 月发生重大事故 2 起，造成 22 人死亡；7 月发生重大事故 1 起，造成 15 人死亡；9 月发生重大事故 1 起，造成 19 人死亡；10 月发生重大事故 1 起，造成 13 人死亡；11 月发生重大事故 1 起，造成 12 人死亡；12 月发生重大事故 2 起，造成 23 人死亡。

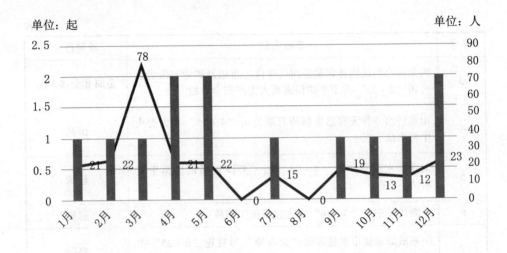

图 3-1　2019 年各月全国重特大生产安全事故起数及死亡人数

　　2019 年全国生产安全事故主要有以下几个特点：一是全国生产安全形势总体保持稳定态势，事故起数和死伤人数较往年都有较大程度的下降。二是重大、特大事故仍频繁发生。全国共发生 13 起重特大生产安全事故，造成了较大的人员伤亡和经济损失，特别是江苏响水天嘉宜化工有限公司"3·21"特别重大爆炸事故，共造成 78 人死亡、76 人重伤，640 人住院治疗，直接经济损失 198 635.07 万元，教训惨痛。三是事故发生集中于部分重点行业。2019 年以来化工、煤矿、金属非金属矿山、建筑施工发生多起重特大事故，特别是江苏响水天嘉宜化工公司"3·21"特别重大爆炸事故，给人民群众生命财产安全造成重大损失，暴露出安全生产基础性、源头性、瓶颈性问题突出，反映出一些地区和企业安全发展理念不牢、抓安全生产不严不实、防范措施不到位、监管执法能力不足等问题。

二、2020 年全国重特大生产安全事故概况

　　在极不平凡的 2020 年里，经过各方面共同努力，全国应急管理系统在以习近平同志为核心的党中央坚强领导下，坚决贯彻习近平总书记一系列重要指示精神，认真落实党中央、国务院决策部署，敢于担当，攻坚克难。严密防范复工复产安全风险，深入开展全国安全生产专项整治三年行动和重点地

区"开小灶"专项整治活动，全国安全生产形势持续稳定好转，取得了全年无特别重大事故的历史性成绩。2020 年全国生产安全事故起数和死亡人数同比分别下降 15.5% 和 8.3%，应急管理工作取得了新中国成立以来"三个历史最低、两个历史首次"，自然灾害死亡失踪人数历史最低、生产安全事故起数和死亡人数历史最低、重特大事故起数和死亡人数历史最低，首次未发生特别重大事故，首次化工、烟花爆竹、非煤矿山、工商贸等重点行业领域同时未发生重特大事故的成绩。[1]

表 3-2　2020 年全国重特大生产安全事故

序号	事故名称	所属行业
1	福建泉州欣佳酒店"3·7"重大坍塌事故	建筑
2	沈海高速浙江温岭段"6·13"液化石油气运输槽罐车重大爆炸事故	化工
3	山西临汾聚仙饭店"8·29"重大坍塌事故	建筑
4	重庆能投渝新能源有限公司松藻煤矿"9·27"重大火灾事故	煤矿
5	山西太原台骀山滑世界农林生态游乐园有限公司"10·1"重大火灾事故	建筑
6	湖南衡阳源江山煤矿"11·29"重大透水事故	煤矿
7	重庆永川吊水洞煤业有限公司"12·4"重大火灾事故	煤矿

第二节　全国重特大生产安全事故汇总

《生产安全事故报告和调查处理条例》第 19 条规定，"特别重大事故由国务院或者国务院授权有关部门组织事故调查组进行调查。重大事故、较大事故、一般事故分别由事故发生地省级人民政府、设区的市级人民政府、县级

---

〔1〕 参见"全国应急管理工作会议在京召开"，载中华人民共和国应急管理部官网-应急要闻，https://www.mem.gov.cn/xw/yjjw/202101/t20210107_376613.shtml，最后访问时间：2021 年 1 月 21 日。

人民政府负责调查。省级人民政府、设区的市级人民政府、县级人民政府可以直接组织事故调查组进行调查，也可以授权或者委托有关部门组织事故调查组进行调查。未造成人员伤亡的一般事故，县级人民政府也可以委托事故发生单位组织事故调查组进行调查"。

《生产安全事故报告和调查处理条例》第34条规定，"事故处理的情况由负责事故调查的人民政府或者其授权的有关部门、机构向社会公布，依法应当保密的除外"。

本章有关事故的情况均根据国务院和各地人民政府或其授权的机构向社会公布的事故调查报告及中华人民共和国应急管理部公布的《2019年全国十大生产安全事故》《2020年全国十大生产安全事故》整理。

一、2019年全国重特大生产安全事故

（一）2019年特别重大生产安全事故

2019年度发生特别重大生产安全事故1起：

江苏响水天嘉宜化工有限公司"3·21"特别重大爆炸事故[1]

1. 事故概况：2019年3月21日14时48分，位于江苏省盐城市响水县生态化工园区的天嘉宜化工有限公司（以下简称"天嘉宜公司"）发生特别重大爆炸事故，造成78人死亡、76人重伤，640人住院治疗，直接经济损失198 635.07万元。3月22日，国务院江苏响水"3·21"特别重大爆炸事故调查组成立（以下简称"事故调查组"），由应急管理部牵头，工业和信息化部、公安部、生态环境部、全国总工会和江苏省政府参加，聘请爆炸、刑侦、化工、环保等方面的专家参与调查。通过反复现场勘验、检测鉴定、调阅资料、人员问询、模拟实验、专家论证等，查明了事故直接原因和性质，查明了事故企业、中介机构违法违规问题，查明了有关地方党委政府及相关部门在监管方面存在的问题。事故调查组认定，天嘉宜公司"3·21"特别重大爆炸事故是一起由于长期违法贮存危险废物导致自燃进而引发爆炸的特别重大生产安全责任事故。

---

〔1〕 参见"江苏响水天嘉宜化工有限公司'3·21'特别重大爆炸事故调查报告"，载中华人民共和国应急管理部官网－事故查处，https://www.mem.gov.cn/gk/sgcc/tbzdsgdcbg/，最后访问时间：2021年1月21日。

2. 事故经过：事故调查组经调阅现场视频记录等进行分析认定，2019 年 3 月 21 日 14 时 45 分 35 秒，天嘉宜公司旧固废库房房顶中部冒出淡白烟，随即出现明火且火势迅速扩大，至 14 时 48 分 44 秒发生爆炸。

天嘉宜公司成立于 2007 年 4 月 5 日，主要负责人由其控股公司倪家巷集团委派，重大管理决策需经倪家巷集团批准。企业占地面积 14.7 万平方米，注册资本 9000 万元，员工 195 人，主要产品为间苯二胺、邻苯二胺、对苯二胺、间羟基苯甲酸、3,4-二氨基甲苯、对甲苯胺、均三甲基苯胺等，主要用于生产农药、染料、医药等。企业所在的响水县生态化工园区（以下简称"生态化工园区"）规划面积 10 平方千米，已开发使用面积 7.5 平方千米，现有企业 67 家，其中化工企业 56 家。2018 年 4 月因环境污染问题被中央电视台《经济半小时》节目曝光，江苏省原环保厅建议响水县政府对整个园区责令停产整治；2018 年 9 月响水县组织 11 个部门对停产企业进行复产验收，包括天嘉宜公司在内的 10 家企业通过验收后陆续复产。

事故发生后，在党中央、国务院的坚强领导下，江苏省和应急管理部等立即启动应急响应，迅速调集综合性消防救援队伍和危险化学品专业救援队伍开展救援，至 3 月 22 日 5 时许，天嘉宜公司的储罐和其他企业等 8 处明火被全部扑灭，未发生次生事故；至 3 月 24 日 24 时，失联人员全部找到，救出 86 人，搜寻到遇难者 78 人。江苏省和国家卫生健康委全力组织伤员救治，至 4 月 15 日危重伤员、重症伤员经救治全部脱险。生态环境部门对爆炸核心区水体、土壤、大气、环境密切监测，实施堵、控、引等措施，未发生次生污染；至 8 月 25 日，除残留在装置内的物料外，生态化工园区内的危险物料全部转运完毕。

3. 事故直接原因：事故调查组通过深入调查和综合分析认定，事故直接原因是天嘉宜公司旧固废库内长期违法贮存的硝化废料持续积热升温导致自燃，剧烈燃烧引发硝化废料爆炸。

起火位置为天嘉宜公司旧固废库中部偏北堆放硝化废料部位。经对天嘉宜公司硝化废料取样进行燃烧实验，表明硝化废料在产生明火之前有白烟出现，燃烧过程中伴有固体颗粒燃烧物溅射，同时产生大量白色和黑色的烟雾，火焰呈黄红色。经与事故现场监控视频比对，事故初始阶段燃烧特征与硝化废料的燃烧特征相吻合，认定最初起火物质为旧固废库内堆放的硝化废料。

事故调查组认定贮存在旧固废库内的硝化废料属于固体废物，经委托专业机构鉴定属于危险废物。

4. 起火原因：事故调查组通过调查逐一排除了其他起火原因，认定为硝化废料分解自燃起火。经对样品进行热安全性分析，硝化废料具有自分解特性，分解时释放热量，且分解速率随温度升高而加快。实验数据表明，绝热条件下，硝化废料的贮存时间越长，越容易发生自燃。天嘉宜公司旧固废库内贮存的硝化废料，最长贮存时间不超过 7 年。在堆垛紧密、通风不良的情况下，长期堆积的硝化废料内部因热量累积，温度不断升高，当上升至自燃温度时发生自燃，火势迅速蔓延至整个堆垛，堆垛表面快速燃烧，内部温度快速升高，硝化废料剧烈分解发生爆炸，同时旧固废库房内的所有硝化废料，共计约 600 吨袋（1 吨袋可装约 1 吨货物）。

5. 主要教训：

第一，安全发展理念不牢，红线意识不强。江苏省盐城市对发展化工产业的安全风险认识不足，对欠发达地区承接淘汰落后产能没有把好安全关。响水县本身不具备发展化工产业条件，却选择化工作为主导产业，盲目建设化工园区，且没有采取有效的安全保障措施，甚至为了招商引资，违法将县级规划许可审批权下放，导致一批易燃易爆、高毒高危建设项目未批先建。2018 年 4 月，江苏省原环保厅要求响水化工园区停产整顿，响水县政府在风险隐患没有排查治理完毕、没有严格审核把关的情况下，急于复产复工，导致天嘉宜公司等一批企业通过复产验收。这种重发展、轻安全的问题在许多地方仍不同程度存在，一些党政领导干部没有牢固树立新发展理念，片面追求 GDP，安全生产说起来重要、做起来不重要，没有守住安全红线。

第二，地方党政领导干部安全生产责任制落实不到位。江苏省委省政府2018 年度对各市党委政府和部门工作业绩综合考核中，安全生产工作权重为零。盐城市委常委会未按规定每半年听取一次安全生产工作情况汇报，在市委市政府 2018 年度综合考核中，只是将重特大事故作为一票否决项，市委领导班子述职报告中没有提及安全生产，除分管安全生产工作的市领导外，市委书记、市长和其他领导班子成员对安全生产工作只字未提。2018 年响水县委常委会会议和政府常务会议都没有研究过安全生产工作。实行"党政同责、一岗双责、齐抓共管、失职追责"是中央提出的明确要求，健全和严格落实党政领导干部安全生产责任制是做好安全生产工作的关键和保障，如果这一制度形同虚设，重视安全生产也就成为一句空话。

第三，防范化解重大风险不深入不具体，抓落实有很大差距。党中央多次部署防范化解重大风险，江苏作为化工大省，近年来连续多次发生重特大事故，教训极为深刻，理应对防范化解化工安全风险更加重视，但在开展危险化学品安全综合治理和化工企业专项整治行动中，缺乏具体标准和政策措施，没有紧紧盯住重点风险、重大隐患采取有针对性的办法，在产业布局、园区管理、企业准入、专业监管等方面下功夫不够，防范化解重大安全风险仅仅停留在开会发文件上，形式主义、官僚主义严重。防范化解重大风险重在落实，各地区都要深入查找本行政区域重大安全风险，坚持问题导向，做到精准治理。

第四，有关部门落实安全生产职责不到位，造成监管脱节。党中央明确"管行业必须管安全、管业务必须管安全、管生产经营必须管安全"，但相关部门对各自的安全监管职责还存在认识不统一的问题。这起事故暴露出监管部门之间统筹协调不够、工作衔接不紧等问题。虽然江苏省市县政府已在有关部门安全生产职责中明确了危险废物监督管理职责，但应急管理、生态环境等部门仍按自己理解各管一段，没有主动向前延伸一步，不积极主动、不认真负责，存在监管漏洞。这次事故还反映出相关部门执法信息不共享，联合打击企业违法行为机制不健全，没有形成政府监管合力。

第五，企业主体责任不落实，诚信缺失和违法违规问题突出。天嘉宜公司主要负责人曾因污染环境罪被判刑，却仍然实际操控企业。该企业自2011年投产以来，为节省处置费用，对固体废物基本都以偷埋、焚烧、隐瞒堆积等违法方式自行处理，仅于2018年年底请固体废物处置公司处置了两批约480吨硝化废料和污泥，且假冒"萃取物"在环保部门登记备案；企业焚烧炉在2016年8月建成后未经验收，长期违法运行。一些环评和安评中介机构利欲熏心，出具虚假报告，替企业掩盖问题，成为企业违法违规的"帮凶"。对涉及生命安全的重点行业企业和评价机构，不能简单依靠诚信管理，要严格准入标准，严格加强监管，推动主体责任落实。

第六，对非法违法行为打击不力，监管执法宽松软。响水县环保部门曾对天嘉宜公司固体废物违法处置行为作出8次行政处罚，原安监部门也对该企业的其他违法行为处罚过多次，但都没有一查到底。这种"以罚代改、一罚了之"的做法，客观上纵容了企业违法行为。目前法律法规对企业严重不诚信、严重违法违规行为处罚偏轻，往往是事故发生后追责，对事前违法行为处罚力度不够，而且行政执法与刑事司法衔接不紧，造成守法成本高、违法成本低，一些企业对长期违法习以为常，对法律几乎没有敬畏。

第七，化工园区发展无序，安全管理问题突出。江苏省现有化工园区 54 家，但省市县三级政府均没有制定出台专门的化工园区规划建设安全标准规范，大部分化工园区是市县审批设立，企业入园大多以投资额和创税为条件。涉事化工园区名为生态化工园，实际上引进了大量其他地方淘汰的安全条件差、高毒高污染企业，现有化工生产企业 40 家，涉及氯化、硝化企业 25 家，构成重大危险源企业 26 家，且产业链关联度低，也没有建设配套的危险废物处置设施，"先天不足、后天不补"，导致重大安全风险聚集。目前全国共有 800 余家化工园区（化工集中区），规划布局不合理、配套设施不健全、入园门槛低、安全隐患多、专业监管能力不足等问题比较普遍，已经形成系统性风险。

第八，安全监管水平不适应化工行业快速发展需要。我国化工行业多年保持高速发展态势，产业规模已居世界第一，但安全管理理念和技术水平还停留在初级阶段，不适应行业快速发展需求，这是近年来化工行业事故频繁发生的重要原因。监管执法制度化、标准化、信息化建设进展慢，《安全生产法》等法律法规亟需加大力度修订完善，化工园区建设等国家标准缺失，危险化学品生产经营信息化监管严重滞后，缺少运用大数据智能化监控企业违法行为的手段。危险化学品安全监管体制不健全、人才保障不足，缺乏有力的专职监管机构和专业执法队伍，专业监管能力不足问题非常突出，加上一些地区贯彻落实中央关于机构改革精神有偏差，简单把安监部门牌子换为应急管理部门，只增职能不增编，从领导班子到干部职工没有大的变化，使原本量少质弱的监管力量进一步削弱。国务院办公厅和江苏省 2015 年就明文规定到 2018 年安全生产监管执法专业人员配比达到 75%，至今江苏省仅为 40.4%，其他一些地区也有较大差距。2016 年中共中央、国务院印发了《关于推进安全生产领域改革发展的意见》，提出应加强危险化学品安全监管体制改革和力量建设，建立有力的协调联动机制，消除监管空白，但目前推动落实不够。

（二）2019 年重大生产安全事故

2019 年度发生重大生产安全事故 12 起：

1. 陕西省榆林市神木市百吉矿业公司李家沟煤矿"1·12"重大煤尘爆炸事故[1]

（1）事故概况：2019 年 1 月 12 日，陕西省榆林市神木市百吉矿业公司李家沟煤矿发生煤尘爆炸事故，造成 21 人死亡。该矿为民营企业，核定生产能力 90 万吨/年，属低瓦斯矿井，煤尘具有爆炸危险性。

事故发生后，国务院领导同志高度重视，李克强总理、刘鹤副总理、王勇国务委员对事故抢险救援作出重要批示，要求抓紧做好搜救工作，妥为善后处置，查明事故原因，依法依规追责；务必把安全生产责任和措施落到实处，警钟长鸣，坚决防范重特大事故发生，切实保障人民群众生命财产安全。应急管理部党组书记黄明立即就落实中央领导同志批示作出安排部署，在部指挥中心与事故现场连线，指导事故救援，并派出应急管理部副部长，国家矿山安全监察局党组书记、局长黄玉治带领工作组赶赴事故现场指导应急救援等方面工作。

依据《安全生产法》《生产安全事故报告和调查处理条例》《煤矿安全监察条例》等法律法规，经陕西省人民政府批准，陕西煤矿安全监察局会同省监察委员会、省应急管理厅、省公安厅、省总工会、省能源局、榆林市人民政府等单位组成神木市百吉矿业有限责任公司"1·12"重大煤尘爆炸事故调查组（以下简称"事故调查组"）。事故调查组下设技术组、管理组、责任追究组和综合组，并在全国范围内聘请 15 名专家参与事故调查。

（2）事故经过：1 月 12 日 8 时 30 分，连采队队长张东旭主持召开班前会议，当班副队长屈广田和班长李春广安排具体工作，连采队当班出勤 26 人，其中包括，连采队管理人员 3 人（张东旭、屈广田、李春广）、连采机司机组人员 4 人（张建民、姜来源、宋晓辉、黎峰）、运煤车司机 8 人（余斌、吴昌

---

[1]　参见"国务院安委会办公室关于陕西省榆林市神木市百吉矿业有限责任公司李家沟煤矿'1·12'重大煤尘爆炸等四起煤矿事故的通报"，安委办〔2019〕2 号，载国务院安全生产委员会官网，https://www.mem.gov.cn/awhsy_3512/awhbgswj/201901/t20190131_247943.shtml，最后访问时间：2021 年 1 月 21 日。

荣、王华强、张继全、周磊、张泽东、王付兵、陈宝）、铲车司机 2 人（杜东峰、陈敏）、液压支架和单体支护工 3 人（胡发明、周天海、刘天兵）、锚杆支护工 2 人（陶家平、王发斌）、512 风门看护工 1 人（丁德荣）、爆破作业 3 人（马孝文、蔡明友、张刚军）。当班任务是在 506 连采面三支巷回采 3 个采硐，并进行运输、放顶、支护等工作，然后在二区掘进。

9 时 14 分，当班人员先后从副平硐乘车入井。约 9 时 45 分到达 506 连采面，在三支巷组织回采。连采队队长张东旭现场安排完工作后，于 10 时 36 分升井。

13 时 50 分，连采队开始放炮强制放顶，放炮结束后，班长李春广和 3 名爆破工升井办理火工品退库手续。完成退库手续后，班长李春广带领 1 名爆破工（马孝文）再次入井到 506 连采面作业。

16 时 24 分，主平硐驱动机房胶带机司机杭怀军发现主平硐口有黑烟喷出，电话汇报值班调度员王利。王利立即查看，发现安全监测监控系统和通讯联络系统中 506 连采工作面信号中断，立即通知张东旭查明情况。张东旭安排蔡明友驾车入井查看，蔡明友约 16 时 40 分从副平硐入井，沿 506 回风巷向工作面前行，在 506 回风巷约 700 米处，追上驾驶第 6 趟入井的 C09 号运煤车的余斌，二人均感到巷道内粉尘大、能见度极差，呼吸困难。二人停车熄火，弃车升井。

16 时 25 分，井下带班矿领导杨延鹏发现 507 综采工作面风流逆转，粉尘较大，电话汇报调度室后，到 506 连采面查看情况，发现 506 回风巷有 2 处密闭墙损坏，烟尘较大，于 17 时 18 分将情况汇报调度室。

17 时 35 分，总工程师屠建德到 506 连采工作面进风巷查看情况后汇报调度室：506 连采面进风巷烟尘大、无法进入、情况不明。

17 时 40 分，矿调度室请示矿长胡书贞后，通知井下所有作业人员撤离。

经核对全矿当班入井 87 人，66 人安全升井，连采队有 21 人被困井下。

（3）事故应急处理情况：12 日 19 时 40 分，先行到达的神木救护队分两组开展救援工作，一组 11 人从副井进入，前进至 506 连采面进风巷 50 米左右，陆续发现 19 名遇难者，接近 506 连采面时因听到工作面方向有顶板垮落声，为防止次生事故发生，随即返回升井。另一组 9 人从 512 运输顺槽进入，前进到 506 回风巷发现 1 名遇难者，接近 506 连采面时工作面方向有顶板垮落声，随即升井。

13 日 4 时 15 分，神东救护队入井侦察，在连采机右侧发现 1 名遇难者，至此 506 连采面 21 名遇难人员全部找到。

13 日 12 时 35 分，21 名遇难者全部升井，抢险救援工作结束。[1]

（4）事故原因：506 连采工作面和开采保安煤柱工作面采空区及与之连通的老空区顶板大面积垮落，老空区气体压入与老空区连通的巷道内，扬起巷道内沉积的煤尘，弥漫 506 连采面，并达到爆炸浓度，在三支巷中部处于怠速状态下的无 MA 标志非防爆 C17 运煤车产生火花，点燃煤尘，发生爆炸，造成人员伤亡。

（5）主要教训：第一，违规承包，矿井将从井下综采工作面至地面原煤仓间所有系统的日常生产、运行、维护与管理承包给山东鲁泰控股集团有限公司，将边角煤回采和矿井掘进工程承包给神木市炜源建设工程有限公司，违反了《国务院关于预防煤矿生产安全事故的特别规定》（国务院令第 446 号）第 8 条的相关规定。第二，违规在综采工作面采空区与老窑采空区之间布置一个连采工作面，开采矿井区域与原老窑之间的煤体。第三，506 连采工作面隐蔽致灾因素排查不清，掘进时未做到先探后掘，盲目采用探巷掘进，与老窑打透后仍然不停止采掘活动。第四，在采煤工作面顺槽向外随意开口掘进巷道，巷道式采煤与短壁工作面混掘混采，以掘代采，探、采交织。第五，506 连采工作面使用无 MA 标志设备和非防爆车辆入井。第六，506 连采工作面未严格执行防尘降尘措施，巷道、工作面及设备、管线煤尘堆积严重。第七，不严格执行出入井检查、登记制度，对非防爆四轮车、铲车、皮卡车入井习以为常。第八，安全培训流于形式，下井工人缺乏基本的安全常识，存在携带烟火入井、抽烟的现象。第九，爆破前未执行"一炮三检"制度，未配备专职瓦检员，由班组长兼任，未配备便携式光学瓦检仪。第十，事故发生后，人为修改监控系统数据。

---

[1] 参见"陕西省榆林市神木市百吉矿业有限责任公司'1·12'重大煤尘爆炸事故调查报告"，载陕西煤矿安全监察局官网-政务公开，http://www.smaj.gov.cn/3-5063-content.aspx，最后访问时间：2021 年 1 月 21 日。

2. 内蒙古自治区锡林郭勒盟西乌珠穆沁旗银漫矿业有限责任公司"2·23"井下重大运输安全事故[1]

（1）事故概况：2019年2月23日8时20分许，内蒙古自治区西乌珠穆沁旗银漫矿业有限责任公司（以下简称"银漫公司"）井下发生重大运输安全事故，造成22人死亡，28人受伤。

事故发生后，党中央、国务院高度重视，国务院总理李克强，中共中央政治局委员、中央书记处书记、中央政法委书记郭声琨，国务委员王勇等领导同志立即作出重要批示，就做好事故处置工作提出明确要求。应急管理部立即派出部党组副书记、副部长付建华为组长的工作组赴现场指导应急救援和事故调查工作。国务院安全生产委员会对事故查处挂牌督办。自治区党委书记李纪恒，自治区主席布小林，自治区党委常委、常务副主席马学军，自治区党委常委、党委秘书长张韶春，自治区副主席欧阳晓晖带领自治区有关部门先后赴现场指挥应急救援、看望慰问伤员、指导伤员救治和善后处理工作。

2019年2月24日，按照《安全生产法》《生产安全事故报告和调查处理条例》（国务院令第493号）等有关法律法规，自治区人民政府成立了锡林郭勒盟西乌珠穆沁旗银漫矿业有限责任公司"2·23"井下车辆伤害重大生产安全事故调查组（以下简称"事故调查组"），由自治区党委常委、常务副主席马学军为组长，自治区党委常委、党委秘书长张韶春，自治区纪委监委、应急管理厅、锡林郭勒盟行署等单位负责人为副组长，自治区纪委监委、应急管理厅、工业与信息化厅、公安厅、自然资源厅、市场监督管理局、总工会以及锡林郭勒盟行署派员参加，组织开展事故调查工作。根据需要，事故调查组聘请有关专家参与调查，并委托鉴定机构对事故车辆相关情况进行技术鉴定。

（2）事故经过：2019年2月23日7时许，温建西乌分公司当班工人在主斜井口派班室召开班前安全生产例会。7时30分许，司机张赢在温建西乌分公司分管设备副总经理齐利民的安排下，驾驶事故车辆从维修车间出发运送

---

[1] 参见"国务院安委会办公室关于内蒙古自治区西乌珠穆沁旗银漫矿业有限责任公司'2·23'井下重大运输安全事故的通报"，载国务院安全生产委员会官网，https://www.mem.gov.cn/awhsy_3512/awhbgswj/201902/t20190227_247944.shtml，最后访问时间：2021年1月21日。

当班工人入井作业。7时33分许，事故车辆到达主斜井口的派班室等待工人上车；7时46分许，待工人上车后，驶离派班室，驶回维修车间；7时48分许，到达维修车间，于7时52分许搭载工人后驶向辅助斜坡道井口；期间，途径主斜井口派班室附近，有人员上下车；8时14分许，事故车辆行驶到措施斜坡道井口处停车，等待入口电子门开启。17秒后，事故车辆起步驶入措施斜坡道，行驶过程中，车辆失控，与措施斜坡道左右侧帮多次刮蹭后，正面碰撞在巷道第19个躲避硐室的侧壁上，造成事故。碰撞瞬间速度约66km/h。

（3）事故应急处理情况：事故发生后，银漫公司、温建西乌分公司立即组织员工、车辆及物资开展现场救援。参与救援的员工近200人，调动公司及员工私人车辆约40辆，从宿舍、仓库向事故井口运送被褥、担架等救援物资，将伤员救出后分别送往锡林郭勒盟医院和锡林郭勒盟蒙医医院进行救治。

9时02分许，距矿区约15公里的吉仁高勒镇巴彦高勒卫生院接到银漫公司事故报告，立即派出两名医护人员乘坐公共卫生流动服务车赶赴现场参与救援。10时30分许，旗应急管理局组织人员、车辆赶赴现场展开救援。11时40分许，旗政府组织公安、医疗部门以及15名医护人员、3辆救护车赶赴现场组织救援。12时11分许，旗政府宣布启动应急预案并上报有关情况。公安部门到达现场后，立即封锁事故井口、保护事故现场、进行现场勘查。经详细排查，除乘坐事故车辆伤亡人员外，未发现其他遇难者和受伤人员。

13时20分许，锡林郭勒盟行署有关负责同志、盟应急管理局及公安局等部门赶到事故现场指挥救援。

（4）事故原因：温建西乌分公司违规使用未取得金属非金属矿山矿用产品安全标识、采用干式制动器的报废车辆向井下运送作业人员。事故车辆驾驶人不具备大型客运车辆驾驶资质，驾驶事故车辆在措施斜坡道向下行驶过程中，制动系统发生机械故障，制动时促动管路漏气，导致车辆制动性能显著下降。驾驶人遇制动不良突发状况处置不当，误操作将挡位挂入三挡，车辆失控引发事故。事故车辆私自改装车厢内座椅、未设置扶手及安全带，超员运输，加重了事故的损害后果。[1]

---

〔1〕 参见"锡林郭勒盟西乌珠穆沁旗银漫矿业有限责任公司'2·23'井下车辆伤害重大生产安全事故调查报告"，载煤矿安全网，http://www.mkaq.org/html/2019/10/24/500162.shtml，最后访问时间：2021年1月21日。

（5）主要教训：事故暴露出银漫公司安全生产主体责任不落实，安全管理极其混乱，安全投入严重不足，有关人员安全管理知识和能力匮乏。转嫁安全生产责任，以包代管、包而不管，任由施工单位长期违规使用非法改装车辆运输人员。违反设计规定将措施斜坡道用于人员运输，弄虚作假逃避复产验收。温州建设分公司现场管理混乱，安全管理制度形同虚设，违规使用干式制动车辆运输人员，且人货混装、严重超载。安全评价机构不负责任，出具虚假验收评价报告。当地政府及有关部门对企业安全监管缺位等。

3. 山东济南齐鲁天和惠世制药有限公司"4·15"重大着火中毒事故〔1〕

（1）事故概况：2019年4月15日15时10分左右，位于济南市历城区董家镇的齐鲁天和惠世制药有限公司（以下简称"天和公司"）四车间地下室，在冷媒系统管道改造过程中，发生重大着火中毒事故，造成10人死亡、12人受伤、直接经济损失1867万元。

事故发生后，国务院、应急管理部和山东省委、省政府高度重视，国务院副总理刘鹤、国务委员王勇、应急管理部党组书记黄明、省委书记刘家义、省长龚正等领导同志分别作出批示指示，要求全力做好事故处置和伤员救治工作，尽快查明原因，依法严肃问责，全面排查整治风险隐患，严防同类事故发生。国务院安委会下发了《重大生产安全事故查处挂牌督办通知书》（安委督〔2019〕3号），对该起事故查处实行挂牌督办。应急管理部迅速派员赶赴事故现场，指导事故处置和调查工作。省应急管理厅等部门立即派出工作组，指导、协助事故抢险救援、伤员救治和善后处理等工作。

依据《安全生产法》《生产安全事故报告和调查处理条例》和《山东省生产安全事故报告和调查处理办法》（省政府令第236号）等法规规定，省政府4月15日批准成立了由省应急管理厅牵头的济南齐鲁天和惠世制药有限公司"4·15"重大着火中毒事故调查组（以下简称"事故调查组"），省公安厅、省总工会、省工业和信息化厅、省住房和城乡建设厅、辽宁省应急管理厅和济南市政府派员参加。事故调查组下设技术组、管理组、综合组，同时邀请化工安全专家组成专家组，开展事故调查工作。

---

〔1〕 参见"济南齐鲁天和惠世制药有限公司'4·15'重大着火中毒事故调查报告"，载济南市应急管理局官网，http://jnsafety.jinan.gov.cn/art/2019/9/6/art_29128_3707980.html，最后访问时间：2021年1月21日。

（2）事故经过：2019 年 4 月 15 日，天和公司安排对四车间地下室−15℃冷媒管道系统进行改造。

8 点 30 分左右，公司技改处安排信邦公司施工负责人姬国忠带领施工人员到达四车间地下室。携带工器具主要有临时用电配电箱一个、便携式小型电焊机两台、手持式电动切割机两台、冲击电钻一台以及扳手、钳子、锤头等。8 点 50 分左右，四车间副主任王云重、自动化控制工程师刘明鹏到现场，向姬国忠等施工人员口头交代具体改造工作，之后，王云重、刘明鹏、姬国忠陆续离开现场。9 点左右，四车间工段长李建全填写二级动火证和临时用电许可证，二级动火证经四车间主持工作的副主任杲鑫签署批准后，四车间安全员徐淑坤通知公司 EHS 办公室主管人员赵志明一同进行现场审核确认。李建全找四车间电工王桂田办理临时用电许可证，王桂田于 9 点 10 分左右确认现场条件后签字；李建全找王云重签字批准后，把一式三联临时用电许可证交给四车间安排的施工作业监护人孙希利。9 点 30 分左右，赵志明来到现场查看，签署动火票后，将一式三联动火票交与四车间安全员徐淑坤后离开，之后，徐淑坤将动火票交给监护人孙希利。赵志明走后，王桂田为施工队办理临时用电接线取电，施工人员开始进行拆卸法兰、切割管道等作业。11 点 30 分左右，施工人员离开施工现场去吃饭。

13 点 20 分左右，施工人员返回施工现场。13 点 30 分左右，刘明鹏和车间工段长王界朋到现场再次口头交代施工方案，稍后分别离开。15 点左右，刘明鹏来到地下室了解改造施工情况，7 名施工人员在内室作业，四车间监护人孙希利在场，四车间维修班高星坤、王桂田 2 人在内室循环水箱南侧进行引风机风道维护作业，四车间操作工赵锡盛在内室门口附近清理地面积水。随后，姬国忠也来到作业现场。15 点 10 分左右，刘明鹏和姬国忠在转身离开地下室内室时，听见作业区域有异常声音，刘明鹏和赵锡盛看到堆放冷媒增效剂的位置上方冒出火光，随即产生爆燃，黄色烟雾迅速弥漫。刘明鹏、赵锡盛、姬国忠三人因现场烟雾大、气味呛，跑出地下室。

刘明鹏跑出地下室后，立即打电话向四车间副主任王云重报告，企业立即组织应急救援。

（3）事故应急处理情况：王云重接报后，立即报告四车间主持工作的副主任杲鑫，杲鑫立即报告公司 EHS 办公室副主任郑亮，并安排人员到其他车间调用正压式空气呼吸器和拨打120急救电话，开始实施救援。郑亮即刻报告公司安全总监陈明，陈明报告公司总经理李保勇，李保勇向历城区应急管理局报告事故情况。

王云重安排人员启动另两台地下室抽风机（施工作业时启动了一台）。郑亮和生产部副总监曲景静以及公司领导褚杰、赵旭东、陈明等陆续赶到现场，公司消防队也带着正压式空气呼吸器赶到现场。王云重、王界朋、郑亮等人佩戴正压式空气呼吸器、身绑绳索进入作业区域救援。进入作业区域只见浓烟未见明火，现场烟雾浓重，可见度差，救援人员边搜救人员边喷水降温、稀释烟气。15点40分左右救出第一个人，15点50分左右第一批120救护车赶到。救援后期，随着地下室烟雾变小，因部分正压式空气呼吸器现场使用后气压不足，部分救援接应人员佩戴普通防护面具进入地下室参与救援。16点30分左右，第十人被搜救出来。16点40分左右，事故现场基本处置完毕，现场存放的48袋LMZ冷媒增效剂及其底部塑料托盘全部烧毁，燃烧过程中引燃或烤焦了部分室内电缆、管道及设备保温层。

接到报告后，省委、省政府主要领导同志等立即作出批示指示，龚正省长和王书坚、刘强副省长立即赶赴事故现场指导救援工作。济南市委、市政府及历城区主要领导同志也立即赶到事故现场，启动应急预案，现场成立了由市委书记王忠林、市长孙述涛任组长的事故处置领导小组，下设医疗救护、环境监测、善后处置、舆情引导等七个专项工作组，有力有序做好事故处置各项工作。应急管理部危化司张兴林副司长一行连夜赶到事故现场，协调指导事故救援和调查工作。

此次事故应急救援，共投入公安干警、医护人员等340余人，调动车辆60余台，出动救护车10车次，消防车3辆。被陆续搜救出来的10人中，8人当场死亡，2人送医院经抢救无效死亡。12名搜救人员因烟雾熏呛受伤送医院治疗，截至4月22日全部康复出院。经环保部门连续7天监测，事故对周边环境未造成影响，4月22日后停止监测。

（4）事故原因：天和公司四车间地下室管道改造作业过程中，违规进行动火作业，电焊或切割产生的焊渣或火花引燃现场堆放的冷媒增效剂（主要成分为氧化剂亚硝酸钠，有机物苯并三氮唑、苯甲酸钠），瞬间产生爆燃，放出大量氮氧化物等有毒气体，造成现场施工和监护人员中毒窒息死亡。

经现场勘察、模拟验证和论证分析，事故发生前，地下室管道改造作业采取了焊接、切割等方式，电焊或切割产生的焊渣或火花是造成本次事故的点火源。当焊渣或火花跌落或喷溅到现场的堆放的冷媒增效剂上时，首先引发了冷媒增效剂中氧化剂亚硝酸钠和具有还原性的苯并三氮唑、苯甲酸钠之间的氧化还原反应，释放出大量热能和氮氧化物、一氧化碳等有毒有害气体；继而引发苯并三氮唑和苯甲酸钠在空气存在下的燃烧、亚硝酸钠的热分解等一系列反应，也释放出大量热能和氮氧化物、一氧化碳等有毒有害气体；剧烈反应产生的热量来不及释放，导致冷媒增效剂物料温度迅速升高并熔融、反应急剧加速产生爆燃。伴随氮氧化物、一氧化碳等有毒有害气体大量生成并在有限空间内快速聚集，有限空间内的氧气参与燃烧反应而迅速减少，造成现场作业人员中毒窒息死亡。

经检测检验，LMZ 冷媒增效剂成分为亚硝酸钠 89.1%、苯甲酸钠 2.5%、苯并三氮唑 6.3%、水分 1.7%，为危险化学品。经测算，事故现场存放 48 袋冷媒增效剂，25kg/袋，共计 1200kg，仅计算亚硝酸钠反应和分解，可放出氮氧化物 713kg（折合二氧化氮），地下室内二氧化氮平均浓度可达 $371mg/m^3$，远高于其直接致害浓度 $96mg/m^3$、燃烧地点周边浓度更高，短时间接触容许浓度 $10mg/m^3$，这是导致 10 名现场施工及监护人员死亡、12 名参与救援人员中毒呛伤的原因。

（5）主要教训：事故暴露出事发企业安全意识淡薄，没有认真吸取同类事故教训，动火和进入受限空间作业管理失控，承包商管理不到位，应急能力严重不足，对使用的化学品危险特性不了解等突出问题。该企业近年来多次发生安全事故，暴露出企业安全管理混乱、地方监管部门动火和受限空间作业安全专项整治不到位、安全监管失之于软等突出问题。

4. 河北衡水翡翠华庭 "4·25" 施工升降机轿厢坠落重大事故[1]

（1）事故概况：2019 年 4 月 25 日上午 7 时 20 分左右，河北衡水市翡翠华庭项目 1#楼建筑工地，发生一起施工升降机轿厢（吊笼）坠落的重大事

---

〔1〕参见"衡水市翡翠华庭'4·25'施工升降机轿厢坠落重大事故调查报告"，载河北省应急管理厅官网，http://yjgl.hebei.gov.cn/portal/index/getPortalNewsDetails? id=93a0c0cc-4ffd-4688-afeb-ced41ae43c86&categoryid=3a9d0375-6937-4730-bf52-febb997d8b48，最后访问时间：2021 年 1 月 21 日。

故，造成 11 人死亡、2 人受伤，直接经济损失约 1800 万元。

依据《安全生产法》《生产安全事故报告和调查处理条例》等有关法律法规，4 月 26 日，河北省人民政府成立了衡水市翡翠华庭 "4·25" 施工升降机轿厢（吊笼）坠落重大事故调查组（以下简称 "事故调查组"），由省应急管理厅牵头，省住建厅、省公安厅、省总工会和衡水市人民政府派员参加，聘请国内建筑行业 6 名专家组成专家组，对事故展开全面调查。同时，河北省纪委监委依规依纪依法对有关责任单位和责任人同步开展调查。

（2）事故经过：根据监控录像显示（已校准为北京时间），2019 年 4 月 25 日 6 时 36 分，广厦建筑公司施工人员陆续到达翡翠华庭项目工地，做上班前的准备工作。步建民等 11 人陆续进入施工升降机东侧轿厢（吊笼），准备到 1# 楼 16 层搭设脚手架。6 时 59 分，施工升降机操作人员解俊玉启动轿厢，升至 2 层时添载 1 名施工人员后继续上升。7 时 06 分，轿厢（吊笼）上升到 9 层卸料平台（高度 24 米）时，施工升降机导轨架第 16、17 标准节连接处断裂、第 3 道附墙架断裂，轿厢（吊笼）连同顶部第 17 节至第 22 节标准节坠落在施工升降机地面围栏东北侧地下室顶板（地面）码放的砌块上，造成 11 人死亡、2 人受伤。经查，事故发生时，施工升降机坠落的东侧轿厢（吊笼）操作人员为解俊玉。解俊玉未取得建筑施工特种作业资格证（施工升降机司机），为无证上岗作业。

（3）事故应急处理情况：事故发生后，现场人员先后拨打 120、119 和 110 电话，救援人员先后赶到事故现场开展应急处置。7 时 34 分，广厦建筑公司二分公司经理刘为向、总经理车振峰电话报告发生了事故。8 时 24 分，车振峰赶到衡水市住房和城乡建设局报告事故信息。衡水市住房和城乡建设局等单位相继接报后，立即按规定逐级上报。

衡水市委、市政府立即启动应急响应，成立了由吴晓华市长任指挥长的事故应急救援指挥部，下设现场处置、医疗救助、善后处理、补偿安抚、舆情引导、社会稳控六个工作组，迅速开展工作。组织医疗救护人员、救援队伍和警力赶赴现场救援处置，至 10 时 37 分左右，共搜救出 10 名遇难人员、3 名受伤人员（其中 1 人经抢救无效死亡），现场处置基本结束。全力以赴救治伤员，成立由省级专家任组长的联合专家组，组建两个 "一对一" 救治小组，2 名受伤人员得到有效救治，生命体征平稳。迅速开展善后处置工作，成立工作组"一对一"全程负责,至 5 月 2 日,11 名遇难人员全部得到妥善处置。事故应急救援处置过程指挥有力、组织严密、响应迅速、处置得当,救治及时、保障到位,未发生次生、衍生事故,社会秩序稳定。

(4) 事故原因:事故施工升降机在安装过程中,第 16、17 节标准节连接位置西侧的两条螺栓未安装,第 17 节以上的标准节不具有抵抗侧向倾翻的能力,形成重大事故隐患。事故施工升降机安装完毕后,未按规定进行自检、调试、试运转,未组织验收即违规投入使用,最终导致事故发生。

(5) 主要教训:一是施工单位项目主要负责人系挂靠人员,实际上不在现场执业,施工现场以包代管,安全管理混乱。二是专项施工方案内容不完整且与事故施工升降机机型不符,不能指导安装作业,安装前未按规定进行安全技术交底,安装过程中未安排专职安全员进行现场监督。三是施工单位未组织验收即违规投入使用,在收到停止违规使用的监理通知后,仍不整改、继续使用。四是政府及相关监管部门对施工现场存在的明显违法违规行为整治不力,安全监管流于形式。

5. 上海市长宁区"5·16"重大建筑施工事故〔1〕

(1) 事故概况:2019 年 5 月 16 日 11 时 10 分左右,上海市长宁区昭化路 148 号①幢厂房发生局部坍塌,造成 12 人死亡,10 人重伤,3 人轻伤,坍塌面积约 1000 平方米,直接经济损失约 3430 万元。

事故发生后,中共中央政治局委员、上海市委书记李强,国务委员王勇等领导同志相继作出批示,要求全力搜救被困人员,全力救治伤员,抓紧查明事故原因,举一反三,进一步全面开展安全隐患排查整治,切实落实安全生产责任,确保人民群众生命财产安全。中共中央政治局委员、上海市委书记李强,市委副书记、市长应勇,市委常委、常务副市长陈寅,市委常委、市委秘书长诸葛宇杰赶赴事故现场,指挥部署抢险救援和事故调查处理工作。应急管理部党组书记、副部长黄明多次致电关心、指导救援和事故调查工作。应急管理部、住房和城乡建设部分别派工作组现场指导救援及事故调查工作。2019 年 5 月 22 日,国务院安全生产委员会对该起事故挂牌督办。

〔1〕 参见"上海市长宁区昭化路 148 号①幢厂房'5·16'坍塌重大事故调查报告",载上海市应急管理局官网,http://yjglj. sh. gov. cn/info/iList. jsp? node_ id = GKxxgk&cat_ id = 10111,最后访问时间:2021 年 1 月 21 日。

根据《安全生产法》、《生产安全事故报告和调查处理条例》以及《上海市实施〈生产安全事故报告和调查处理条例〉的若干规定》（沪府规〔2018〕7号）等相关法律法规规定，经市政府批复同意，由市应急局牵头，市住房城乡建设管理委、市公安局、市总工会、长宁区人民政府组成"长宁区昭化路148号①幢厂房'5·16'坍塌重大事故调查组"（以下简称"事故调查组"），并邀请市纪委监委派员参与事故调查工作。事故调查组聘请结构、设计、土建等方面的专家参与对事故直接技术原因的认定。事故调查组坚持"科学严谨、依法依规、实事求是、注重实效"的原则，深入开展调查工作。

（2）事故经过：2019年5月16日11时10分左右，昭化路148号①幢厂房内，沙建平找来的15名人员在2层东南侧就餐，隆耀公司4名人员在2层东南侧临时办公室商谈工作，刘学军、沙建平分别找来的6名人员分别在2层（A-3轴）扎钢筋、1层柱子（A-4轴）底部周围挖掘、2层楼梯间楼板拆除时，厂房东南角1层（南北向A0-B轴，东西向3-7轴）突然局部坍塌，引发2层（南北向A0-D轴，东西向1-7轴）连锁坍塌，将以上25名人员埋压。

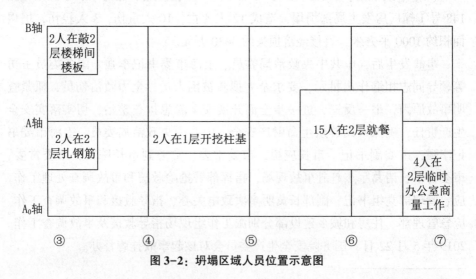

图3-2：坍塌区域人员位置示意图

（3）事故应急处置情况：2019年5月16日11时14分，市应急联动中心接到长宁区联动昭化路148号厂房坍塌、多人被埋的报警，按照《上海市突发公共事件应急处置暂行办法》，立即组织调度公安、消防、卫生、住建、应急、供电、供气等联动单位先期到场处置。

11 时 17 分，市应急联动中心（消防指挥区）接到报警，市应急救援总队立即调派 21 个中队的 41 辆消防车、10 台重型救援设备、300 余名指战员和搜救犬队，市医疗急救中心调派 14 辆救护车，紧急赶赴现场，并于 11 时 24 分到场进行救援处置。

市委、市政府相关领导赶赴现场，组织市应急、住建、卫生等相关部门及长宁区委、区政府，按照《生产安全事故应急条例》（国务院令第 708 号）有关规定，启动《上海市生产安全事故灾难专项应急预案》《上海市处置建设工程事故应急预案》，市长应勇在救援现场，宣布成立事故处置工作现场指挥部，指定市政府副秘书长赵奇担任总指挥，指挥部下设现场救援、医疗救治、新闻发布、事故调查、善后处置和综合保障等工作组。在市政府事故处置工作现场指挥部统一指挥下，调派 7 台大型工程车辆进场，消防救援、医疗急救、供电、供气等各部门通力配合，克服场地狭小、被埋人员数量不清、情况不明、仍有连续坍塌危险等困难，全力开展抢险。

至 5 月 17 日 1 时 45 分，现场共救出 25 名被埋人员，经反复确认无其他被埋人员后，搜救工作结束。

（4）事故原因：经调查认定，昭化路 148 号①幢厂房 1 层承重砖墙（柱）本身承载力不足，施工过程中未采取维持墙体稳定措施，南侧承重墙在改造施工过程中承载力和稳定性进一步降低，施工时承重砖墙（柱）瞬间失稳后部分厂房结构连锁坍塌，生活区设在施工区内，导致群死群伤。具体分析如下：

第一，①幢厂房 1 层承重砖墙（柱）本身承载力不足

其一，昭化路 148 号①幢厂房主楼建造于 1963 年，原建为单层（原设计考虑后期加层），基础混凝土强度 150 号（C13），主体结构混凝土强度 200 号（C18），承重砖墙 75 号粘土砖（MU7.5）、50 号混合砂浆（M5），钢筋屈服强度 $2100kg/cm^2$（210MPa）。1972 年后改扩建为 2 层（局部 3 层），南北侧加建了南区、北区等，且南区、北区均与主楼部分连接。改建后厂房为预制装配式单向内框架结构，南侧采用带扶壁柱的承重墙，楼面采用预制空心板。加建屋面采用钢屋架、槽型屋面板，2 层竖向采用混凝土柱、砖墙、砖柱混合

承重。

其二，厂房结构体系混乱。按照本次改造前的状态验算，材料强度按照砖 MU7.5、砂浆 M5（设计值），底层 A 轴砖柱及翼墙抗力与荷载效应之比约为 0.48，局部构件承载力不足，处于较危险状态。5 月 1 日后，南侧 A 轴进行过墙体窗洞扩大（拆墙）等施工，翼墙仅剩 200mm～300mm，整体稳固性不足，存在明显薄弱环节和安全隐患。根据事发前施工现场底层 6/A、7/A 翼墙凿除照片、A 轴其他承重柱及翼墙粉刷层凿除、翼墙穿孔等情况计算，其比值降为 0.42，局部构件承载力进一步下降，危险性加大。

底层 A 轴砖柱（含翼墙）受压承载力严重不足，处于危险状态，对施工扰动极为敏感，失稳后极易引起结构连续倒塌。

第二，现场未采取维持墙体稳定措施情况

其一，①幢厂房改造方案情况。

①幢厂房改造方案主要包括：普遍插建 1 夹层；A-D 轴原有钢屋架拆除，增加 2 层、3 层钢柱，A-D 轴加建 3 层。

从结构加固方案看（仅主楼区域），结构加固包括底层和 2 层部分混凝土柱和扶壁柱加固、增加 2 层钢柱等；设计要求结构加固自基础面开始，要求施工前，必须做好必要的施工支撑，确保施工期间安全。此外，结构加固方案要求承重砖墙不能拆除。

其二，经调查，琛含公司、隆耀公司在本次改造中未采取有效的维持墙体稳定和事前补强的针对性施工措施。

其三，地坪开挖进一步降低厂房结构安全性。

刘学军等人对①幢厂房东南侧的墙基、地坪开挖，开挖深度 1.0m～1.5m，削弱了地坪土对柱、墙的约束作用，降低厂房结构安全性。

（5）主要教训：该起重大事故暴露出部分生产经营单位安全意识淡薄，违法组织施工；场地出租单位以租代管现象突出，对出租场所安全检查流于形式；属地街道与行业管理部门对"六无工程"的隐患发现机制不健全，信息和管理衔接上存在盲区和薄弱环节。

6. 山东威海荣成市福建海运"金海翔"号货轮"5·25"重大中毒窒息事故〔1〕

（1）事故概况：2019年5月25日15时6分，福建省海运集团有限责任公司"金海翔"号货轮在威海荣成市山东西霞口修船有限责任公司船坞维修期间，因意外开启船用二氧化碳灭火系统，致使大量二氧化碳瞬间释放进货船机舱内，造成现场维修人员和船员10人中毒窒息死亡、19人受伤，直接经济损失1903万元。

事故发生后，国务院、应急管理部和山东省委、省政府高度重视，各级领导同志及时作出批示指示，要求全力做好事故处置和伤员救治工作，防止发生次生灾害，稳妥做好善后处理工作。国务院安委会下发《重大生产安全事故查处挂牌督办通知书》（安委督〔2019〕6号），对该起事故查处工作挂牌督办。省政府有关领导同志带领省应急厅、省卫生健康委、省工业和信息化厅等有关部门负责人和专家赶赴事故现场，指导和协助当地开展事故抢险、伤员救治和善后处理等工作。

依据《生产安全事故报告和调查处理条例》和《山东省生产安全事故报告和调查处理办法》等法律法规规定，山东省人民政府于5月26日批准成立事故调查组，由省应急厅主要负责同志担任组长，省公安厅、省总工会、省工业和信息化厅、省交通运输厅、省消防救援总队、山东海事局和威海市人民政府派员参加。同时邀请福建、江苏两省人民政府派员参与事故调查。事故调查组下设技术组、管理组、综合组，聘请船舶、消防等有关专家组成专家组，开展事故调查工作。省纪委、省监委成立"5·25"事故专门问责工作组，开展对相关责任人员调查并提出处置意见。

（2）事故经过：应福建省海运集团有限责任公司"金海翔"号货轮由国际航行船舶变更为国内航行船舶申请，为做好"金海翔"号货轮初次入级检验及初次法定检验准备工作，2019年5月25日上午，中国船级社青岛分社威海办事处验船师贺蓓蕾要求福建海运集团有限责任公司船技部机务主管潘其雄和"金海翔"号货轮三副李洪振及有关船员，提供船上消防栓和水龙带数

---

〔1〕参见"威海荣成市福建海运'金海翔'号货轮'5·25'重大中毒窒息事故调查报告"，载山东省应急管理厅官网，http://yjt.shandong.gov.cn/zwgk/zdly/sgxx/201910/t20191010_2401293.html，最后访问时间：2021年1月21日。

量、二氧化碳钢瓶水压试验压力值、二氧化碳钢瓶铭牌及二氧化碳钢瓶数量等信息情况。11 时 1 分至 11 时 30 分左右，潘其雄通过微信和电话联系"金海翔"号货轮船长郑寿云，让其落实贺蓓蕾有关要求。随后，郑寿云通过微信安排船上三副李洪振查看二氧化碳间钢瓶铭牌有关参数等情况。

14 时 42 分，李洪振到二氧化碳间查看钢瓶顶部铭牌，由于钢瓶顶部距离二氧化碳间甲板 187.5 厘米，李洪振看不清楚钢瓶铭牌（李洪振身高 170 厘米），于是李洪振脚踏钢瓶支架，手扳钢瓶顶部，攀附在钢瓶上进行查看，在此过程中，李洪振触碰到瓶头阀的开启压柄，意外开启瓶头阀，导致钢瓶中的二氧化碳气体进入集流管，并发出气体释放声响，李洪振见状后将瓶头阀关闭（因其不了解瓶头阀结构，实际并未关闭）。此时，李洪振走出二氧化碳间，向在甲板上工作的船员江海宁等人连续数次寻求帮助，让其寻找船长，但无人去找船长。

14 时 43 分至 15 时 6 分，李洪振两次与南通市海鸥救生防护用品有限公司陈宇峰微信通话联系，咨询处置措施。陈宇峰告诉李洪振，要用扳手将增压阀上两个驱动管（与集流管相通）拆掉，将进入集流管的二氧化碳排出。李洪振在操作过程中，因慌乱误抓了增压阀上的压柄，意外将增压阀打开，导致集流管内的二氧化碳进入驱动管路，瞬间将 84 个二氧化碳钢瓶的瓶头阀及通往机舱的总阀开启（另外 16 个二氧化碳钢瓶没有打开），大量二氧化碳气体排放至机舱内。

由于非正常启动二氧化碳灭火系统，没有事先预警和人员疏散时间（正常启动二氧化碳灭火系统有 30 秒声光报警），导致机舱内人员瞬间中毒窒息。因机舱内的甲板梯狭窄（60 厘米），现场没有人员进行统一指挥和协调，造成抢救现场混乱，甲板梯多次发生堵塞，延长了机舱维修人员和施救人员在机舱内的时间，多数救援人员未佩戴有效防护装备进入机舱，扩大了中毒窒息死亡和受伤人员数量。事故发生时，机舱中共有作业人员 38 人，其中 8 人当场死亡，2 人经医院抢救无效死亡，19 人受伤（其中 6 人是进入机舱施救人员）。船用固定式二氧化碳灭火系统是目前国际上广泛应用的船载消防设备。主要用于船上机舱、货舱等发生火灾后，便携式灭火设备无法灭火，火势威胁船舶安全情况下进行集中释放以扑灭火灾的系统。《国际消防安全系统规则》中要求船上固定式二氧化碳灭火系统需在 2 分钟内将 85% 的气体注入至保护处所。正常操作程序是在需要启动二氧化碳灭火系统释放二氧化碳时，必须得到船长明确指示，确认所释放处所人员已全部撤离。

（3）事故应急处理情况：15时06分，船长郑寿云听到警报后立即手提便携式灭火器到达二氧化碳间查看，听到机舱有人求救，同船上人员王量打开机舱舱门，组织人员施救，分别拨打了120急救电话和119报警电话。15时11分，船上人员进入机舱施救，因未佩戴任何有效防护装备未果。15时13分，第一名被困人员被救出（位于最上面锅炉层）。15时16分至22分，船上人员佩戴紧急逃生呼吸装置进入机舱，第二名伤员被救出，同时将第三名伤员转移至锅炉层一侧通风处。15时23分，大量救援人员涌入，救出6名受伤较重人员，另有4名救援人员未佩戴有效防护装备进入机舱，造成受伤人数扩大。

15时13分，120指挥中心接到急救电话。15时22分，荣成市消防119指挥中心接到报警电话。15时40分左右，荣成市消防救援队伍到达现场，接管事故船舶的应急救援工作。15时48分，消防队员佩戴呼吸器进入机舱，布设临时应急管道对机舱底部进行通风。15时48分至16时20分，消防队员共救出被困人员14名。救援过程中，发现8人当场死亡，2人经医院抢救无效死亡，19名受伤人员第一时间被送往医院救治。16时30分左右，经消防队伍确认，现场搜救工作基本结束。

接报后，副省长刘强带领省应急厅、省卫生健康委、省工业和信息化厅等省有关部门负责人连夜赶赴事故现场，指导救援工作。威海市、荣成市政府及有关部门立即启动应急预案，迅速赶赴事故现场，展开救援工作。威海市委、市政府成立了由王鲁明书记、张海波市长任组长的事故救援领导小组，下设医疗救护、先期处置、善后处置、环保监测、舆情、综合协调、安全保障7个专项工作组，全力做好伤员救治、现场管控、后勤保障、对外协调、善后处置、环境监测、舆情应对等工作。此次事故救援，共投入专家、公安干警、机关干部、消防队员、医护人员、职工等213余人，调动车辆20余台，出动救护车14辆，消防车6辆。经检测，该事故对周边生态环境未造成影响。

（4）事故原因：三副李洪振在攀附二氧化碳钢瓶查看相关参数时，意外碰触打开钢瓶瓶头阀，导致钢瓶内二氧化碳气体进入管道系统。为防止管道内二氧化碳气体进入机舱，李洪振在不熟悉意外释放应急处置措施的情况下，按照陈宇锋电话指导，试图将二氧化碳气体泄放掉。李洪振拆卸过程中，因慌乱误抓打开了增压阀，由于南通市海鸥救生设备有限公司检修人员在船用二氧化碳灭火系统检修过程未结束的情况下，将二氧化碳气瓶接入到机舱总管路，致使84个钢瓶二氧化碳气体释放入机舱，造成人员中毒窒息。

（5）主要教训：一是福建省海运集团有限责任公司落实安全生产主体责任不到位。二是福建省海运集团有限责任公司安全教育培训缺位、安全质量管理体系落实不到位、应急管理不到位、风险分级管控和隐患排查治理机制不健全。三是南通市海鸥救生防护用品有限公司落实安全生产主体责任不到位。四是福建省有关职能部门、单位履行对福建省海运集团有限责任公司的安全生产监管职责不到位。五是江苏省有关职能部门、单位履行对南通市海鸥救生防护用品有限公司的安全生产监管职责不到位。六是中国船级社青岛分社威海检验处履行船舶检验职责不到位。

7. 河南三门峡河南省煤气（集团）有限责任公司义马气化厂"7·19"重大爆炸事故[1]

（1）事故概况：2019年7月19日，河南省三门峡市河南省煤气（集团）有限责任公司义马气化厂C套空分装置发生重大爆炸事故，共造成15人死亡，16人重伤，爆炸产生冲击波导致周围群众175人轻伤，直接经济损失8170.008万元。

（2）事故原因：事故企业C套空分装置冷箱发生泄漏没有及时处置，富氧液体泄漏至珠光砂中，使碳钢冷箱构件发生低温脆裂，导致冷箱失稳坍塌，冷箱及铝质设备倒向东偏北方向，砸裂东侧500立方米液氧贮槽，大量液氧迅速外泄到周边正在装车的液氧运输车辆发生第一次爆炸，随后铝质填料、筛板等在富氧环境下发生第二次爆炸。

（3）主要教训：一是事故企业重生产轻安全，安全红线意识不强。不遵守企业技术操作规程，装置出现隐患没有及时处置；设备专业管理存在重大缺陷，备用空分设备管理不善，需要启用时无法启动；安全管理制度不落实，未按要求履行隐患排查责任。二是河南省煤气（集团）有限责任公司安全生

---

[1]　参见"2019年全国十大生产安全事故"，载中华人民共和国应急管理部官网-统计数据，https://www.mem.gov.cn/xw/bndt/202001/t20200111_343398.shtml，最后访问时间：2021年1月21日。

产主体责任落实不到位。停车检修制度不落实，未按规定督促义马气化厂及时停车检修，治理安全隐患。三是河南能源化工集团有限公司安全意识不强，制度建设存在重大缺陷，安全管理存在重大漏洞。四是三门峡市及义马市党委政府和有关部门属地安全监管责任落实不到位，督促事故企业开展防风险除隐患工作不力。

8. 浙江省宁海县"9·29"重大火灾事故〔1〕

（1）事故概况：2019 年 9 月 29 日 13 时 10 分许，位于浙江省宁波市宁海县梅林街道梅林南路 195 号的宁波锐奇日用品有限公司（以下简称"锐奇公司"）发生一起重大火灾事故，造成 19 人死亡、3 人受伤（其中 2 人重伤、1 人轻伤），过火总面积约 1100 平方米，直接经济损失约 2380.4 万元。

事故发生后，党中央、国务院有关领导和省委、省政府主要领导高度重视，分别作出重要批示、指示，要求抓紧抢救伤员，认真查明事故原因，依法依规严肃处理。根据《安全生产法》、《生产安全事故报告和调查处理条例》和《浙江省生产安全事故报告和调查处理规定》（省政府令第 310 号）等规定，经省政府批准，2019 年 10 月 1 日成立了由省应急管理厅牵头，省公安厅、省自然资源厅、省建设厅、省总工会、省消防救援总队和宁波市人民政府派员参加的宁波锐奇日用品有限公司"9·29"重大火灾事故调查组（以下简称"事故调查组"）。事故调查组聘请火灾调查专家全程参与调查。

（2）事故经过：2019 年 9 月 29 日 13 时 10 分许，锐奇公司员工孙常松在厂房西侧一层灌装车间用电磁炉加热制作香水原料异构烷烃混合物，在将加热后的混合物倒入塑料桶时，因静电放电引起可燃蒸气起火燃烧。孙常松未就近取用灭火器灭火，而采用纸板扑打、覆盖塑料桶等方法灭火，持续 4 分多钟，灭火未成功。火势渐大并烧熔塑料桶，引燃周边易燃可燃物，一层车间迅速进入全面燃烧状态并发生了数次爆炸。13 时 16 分许，燃烧产生的大量一氧化碳等有毒物质和高温烟气，向周边区域蔓延扩大，迅速通过楼梯向上蔓延，引燃二层、三层成品包装车间可燃物。13 时 27 分许，整个厂房处于立体燃烧状态。

---

〔1〕 参见"宁波锐奇日用品有限公司'9·29'重大火灾事故调查报告"，载浙江省人民政府信息门户网站，http://www.zj.gov.cn/art/2020/3/6/art_1229001977_42238815.html，最后访问时间：2021 年 1 月 21 日。

（3）事故应急处理情况：13 时 14 分，宁海县消防救援大队（原宁海县公安消防大队，下同）接到报警后，第一时间调集力量赶赴现场处置。宁波市、宁海县人民政府接到报告后，迅速启动应急预案，主要负责同志立即赶赴现场，调动消防、公安、应急管理等有关单位参加应急救援，共出动消防车 25 辆、消防救援人员 115 人。现场明火于 15 时许被扑灭。因西侧建筑随时可能发生爆炸，且建筑物燃烧导致楼板坍塌或变形，随时可能形成二次坍塌，经建筑结构专家安全评估不宜立即采取内攻搜救。风险排除后，9 月 30 日凌晨 3 时 20 分许，搜救人员进入西侧建筑三层包装车间，在西南角发现 18 名遇难人员；4 时 10 分许，在西侧建筑一层灌装车间南侧又发现 1 名遇难人员，事故遇难的 19 人均被发现。截至 9 月 30 日傍晚，事故现场残存化学品储存罐体已全部处置完毕，由宁波市北仑环保固废有限公司运往北仑区进行专业处置。

（4）事故原因：该起事故的直接原因是锐奇公司员工孙常松将加热后的异构烷烃混合物倒入塑料桶时，因静电放电引起可燃蒸气起火并蔓延成灾。

（5）主要教训：宁波锐奇厂房建筑消防安全基础条件差，耐火等级低，疏散楼梯数量不足；违章搭建厂棚，占用间距，在厂房建筑窗口设置影响人员逃生的铁栅栏；公司安全生产和消防安全主体责任不落实，未确定专门安全管理人员，超量、混合存放易燃可燃物品，安全管理混乱；员工未经安全培训，不了解岗位火灾危险性，安全知识和逃生自救能力匮乏。

9. 广西壮族自治区河池市南丹县庆达惜缘矿业投资有限公司"10·28"重大坍塌事故[1]

（1）事故概况：2019 年 10 月 28 日，广西壮族自治区河池市南丹庆达惜缘矿业投资公司（以下简称"庆达矿业公司"）大坪村矿区锌银铅锑锡铜矿 2 号窿口内发生坍塌事故，造成 13 人死亡。

（2）事故原因：庆达矿业公司在 315 米中段利用已封闭的废旧巷道，以及新开挖掘进的巷道到达 445 米水平，超出庆达公司采矿权范围 1.3 公里以上（平时设有密闭，以躲避监管部门检查）进入相邻矿山广西华锡集团铜坑矿已充填的采空区下方盗采边缘矿体。事故巷道靠近铜坑矿采空区冒落带。

---

〔1〕 参见"2019 年全国十大生产安全事故"，载中华人民共和国应急管理部官网-统计数据，https：//www. mem. gov. cn/xw/bndt/202001/t20200111_ 343398. shtml，最后访问时间：2021 年 1 月 21 日。

该区域上下都是铜坑矿的采空区和充填体，由于下部采空区发生垮塌，带动上部充填体和围岩发生垮落，产生冲击地压，导致人员受到冲击波伤害以及掩埋造成死亡。

（3）主要教训：一是事故企业法治意识、安全意识淡薄，无视国家安全生产法律法规，无视矿工生命安全，对各级监管部门关于矿山安全生产要求置若罔闻，违法违规甚至非法生产。二是地方有关部门监管执法不到位，对企业长期盗采资源等非法违法行为打击不力、执法不严。三是地方政府安全发展理念不牢、安全生产红线意识不强，没有处理好安全与生产、安全与效益、安全与发展的关系，地方矿业秩序混乱。

10. 云南省临沧市凤庆县云凤高速安石隧道"11·26"重大事故[1]

（1）事故概况：2019年11月26日17时21分许，由贵州省公路工程集团有限公司承建的云凤高速公路安石隧道出口端右洞掌子面退回5至10米区域突发突泥涌水，距掌子面42米正在进行仰拱施工的6名作业工人被困，工友当即自发组织现场救援。18时10分许，发生二次突泥涌水，造成前去救援的7名工人被困，两次灾害共造成13人遇险失联，9人遇险受伤，合计受灾22人。12月4日中午15时，现场救援工作结束，共搜救出13名遇险人员，其中12人遇难。

（2）事故原因：涉事企业存在瞒报情况，事故发生后没及时上报，导致专业救援未能及时开展。

11. 浙江省海宁市龙洲印染有限责任公司"12·3"重大污水罐体坍塌事故[2]

（1）事故概况：2019年12月3日，浙江省嘉兴海宁市许村镇荡湾工业园区内海宁市龙洲印染有限责任公司（以下简称"龙洲公司"）发生污水罐体倒塌，砸中邻近海宁市都彩纺织有限公司、海宁市亿隆纺织有限公司部分车间，罐体内大量污水向厂房内倾泄，造成10人死亡、3人重伤。

---

〔1〕 参见"临沧市凤庆县云凤高速安石隧道'11·26'重大涌水突泥事故调查报告"，载云南省应急管理厅官网，http://www.yjglt. yn. gov. cn/nsjg/aqscyzhxtc/202005/po20200529335359939803. pdf，最后访问时间：2021年1月21日。

〔2〕 参见"浙江省海宁市龙洲印染有限责任公司'12·3'污水罐体坍塌事故的通报"，安委办函〔2019〕68号，载国务院安全生产委员会官网，https://www.mem. gov. cn/awhsy_ 3512/awhbgswj/201912/t20191217_ 342382. shtml，最后访问时间：2021年1月21日。

（2）事故原因：企业事故污水罐的设计存在缺陷、罐壁钢板材料不符合标准要求、罐体施工过程中焊接质量存在严重问题，污水渗入焊缝未焊透区域，发生氧化腐蚀，使其强度持续减弱，导致焊缝处在水的静压力下发生破裂，进而罐体发生坍塌。

（3）主要教训：一是事故企业安全主体责任不落实，将技改项目发包给无设计资质的设计单位、无施工资质的施工单位，工程建设过程中未按规定聘请监理公司对施工过程进行监理。二是事故企业安全意识薄弱，未识别技改项目带来新的安全风险，对污水存储设施存在的安全隐患视而不见，设施一直带病运转。三是地方政府及有关职能部门在对企业环保建设项目"三同时"审查过程中，未依照相关法律法规和有关要求，认真组织开展备案、验收、监督、检查等工作。

12. 湖南省浏阳市碧溪烟花制造有限公司"12·4"重大事故〔1〕

（1）事故概况：2019 年 12 月 4 日，湖南省浏阳市碧溪烟花制造有限公司石下工区发生爆炸事故，造成 13 人死亡、13 人受伤。

（2）事故原因：据初步调查，爆炸发生在石下工区包装作业区域，事发时大量工人正在 11、12、13 号包装工房（危险等级为 1.3 级）进行包装作业。据视频和技术分析，引发事故的直接原因是，工人搬运半成品时，半成品与盛装工具摩擦着火，继而引发包装工房内堆放的成品、半成品燃烧、爆炸。由于产品超大规格、超大药量（超 GB10631 规定的爆竹最大允许药量 20 倍以上），成品、半成品整体爆炸，且作业现场严重超人员、超药量，导致群死群伤。

（3）主要教训：一是企业存在多股东各自组织生产、分包转包生产工位、超许可范围生产违禁产品和作业现场超核定药量和人员等严重违法违规问题。二是企业长期以出口为名生产不符合我国强制性国家标准的超标违禁产品，出口环节安全监管存在漏洞，超标违禁产品出口"一路绿灯"。三是事故发生后，当地隐瞒死亡人数，性质恶劣，影响极坏。四是属地安全监管责任不落实，未能及时发现并制止企业违法违规行为。

---

〔1〕 参见"2019 年全国十大生产安全事故"，载中华人民共和国应急管理部官网-统计数据，https://www.mem.gov.cn/xw/bndt/202001/t20200111_ 343398.shtml，最后访问时间：2021 年 1 月 21 日。

二、2020 年全国重特大生产安全事故

2020 年度未发生特别重大生产安全事故，发生重大生产安全事故 7 起：

1. 福建泉州欣佳酒店"3·7"重大坍塌事故〔1〕

（1）事故概况：2020 年 3 月 7 日 19 时 14 分，位于福建省泉州市鲤城区的欣佳酒店所在建筑物发生坍塌事故，造成 29 人死亡、42 人受伤，直接经济损失 5794 万元。事发时，该酒店为泉州市鲤城区新冠肺炎疫情防控外来人员集中隔离健康观察点。

事故发生后，党中央、国务院高度重视。习近平总书记第一时间作出重要指示，要求全力抢救失联者，积极救治伤员，强调当前全国正在复工复产，务必确保安全生产，确保不发生次生灾害。李克强总理立即作出重要批示，要求全力搜救被困人员，及时救治伤员，并做好救援人员自身防护，尽快查明事故原因并依法问责。丁薛祥、孙春兰、刘鹤、王勇、赵克志等领导同志也作出批示，提出明确要求。应急管理部、住房和城乡建设部等有关部门及时派出工作组连夜赶赴现场，指导抢险救援、事故调查和善后处置等工作。国家卫生健康委调派医疗卫生应急专家组，支援当地开展伤员救治等卫生应急处置工作。

这起事故死亡人数虽然未达到特别重大事故等级，但性质严重、影响恶劣，依据有关法律法规，经国务院批准，成立了由应急管理部牵头，公安部、自然资源部、住房和城乡建设部、国家卫生健康委、全国总工会和福建省人民政府有关负责同志参加的国务院福建省泉州市欣佳酒店"3·7"坍塌事故调查组（以下简称"事故调查组"），并分设技术组、管理组、综合组。同时，设立专家组，聘请工程勘察设计、工程建设管理、建设工程质量安全管理、公共安全等方面的专家参与事故调查工作。按照中央纪委国家监委的要求，福建省纪委监委成立责任追究审查调查组，对有关地方党委政府、相关部门和公职人员涉嫌违法违纪及失职渎职问题开展审查调查。

事故调查组认定，福建省泉州市欣佳酒店"3·7"坍塌事故是一起主要因违法违规建设、改建和加固施工导致建筑物坍塌的重大生产安全责任事故。

---

〔1〕 参见"福建省泉州市欣佳酒店'3·7'坍塌事故调查报告"，载中华人民共和国应急管理部官网−事故查处，https://www.mem.gov.cn/gk/sgcc/tbzdsgdcbg/，最后访问时间：2021 年 1 月 21 日。

（2）事故经过：事故调查组查明，2020 年 3 月 7 日 17 时 40 分许，欣佳酒店一层大堂门口靠近餐饮店一侧顶部一块玻璃发生炸裂。18 时 40 分许，酒店一层大堂靠近餐饮店一侧的隔墙墙面扣板出现 2 毫米至 3 毫米宽的裂缝。19 时 06 分许，酒店大堂与餐饮店之间钢柱外包木板发生开裂。19 时 09 分许，隔墙鼓起 5 毫米；两三分钟后，餐饮店传出爆裂声响。19 时 11 分许，建筑物一层东侧车行展厅隔墙发出声响，墙板和吊顶开裂，玻璃脱胶。19 时 14 分许，目击者听到幕墙玻璃爆裂巨响。19 时 14 分 17 秒，欣佳酒店建筑物瞬间坍塌，历时 3 秒。事发时楼内共有 71 人被困，其中外来集中隔离人员 58 人、工作人员 3 人（1 人为鲤城区干部、2 人为医务人员）、其他入住人员 10 人（2 人为欣佳酒店服务员、5 人为散客、3 人为欣佳酒店员工朋友）。

（3）事故原因：事故单位将欣佳酒店建筑物由原四层违法增加夹层改建成七层，使建筑物达到极限承载能力并处于坍塌临界状态，加之事发前对底层支承钢柱违规加固焊接作业引发钢柱失稳破坏，导致建筑物整体坍塌。事故调查组通过对事故现场进行勘查、取样、实测，并委托国家建筑工程质量监督检验中心、国家钢结构质量监督检验中心、清华大学等单位进行了检测试验、结构计算分析和破坏形态模拟，逐一排除了人为破坏、地震、气象、地基沉降、火灾等可能导致坍塌的因素，查明了事故发生的直接原因。

（4）事故应急处理情况：事故发生后，应急管理部和福建省委、省政府立即启动应急响应。应急管理部、住房和城乡建设部负责同志率领工作组连夜赶赴现场指导救援，福建省和泉州市、鲤城区党委政府主要负责同志及时赶赴现场，应急管理部主要负责同志与现场全程连线，各级政府以及公安、住建等有关部门和单位积极参与，迅速组织综合性消防救援队伍、国家安全生产专业救援队伍、地方专业队伍、社会救援力量、志愿者等共计 118 支队伍、5176 人开展抢险救援。2020 年 3 月 7 日 19 时 35 分，泉州市消防救援支队所属力量首先赶到事故现场，立即开展前期搜救。随后，福建省消防救援总队从福州、厦门、漳州等 9 个城市及训练战勤保障等 10 个支队调集重轻型救援队、通信和战勤保障力量共 1086 名指战员，携带生命探测仪器、搜救犬以及特种救援装备，进行救援处置。国家卫生健康委、福建省卫生健康委调派 56 名专家赶赴泉州支援伤员救治，并在事故现场设立医疗救治点，调配 125 名医务人员、20 部救护车驻守现场，及时开展现场医疗处置、救治和疫情防控工作。经过 112 小时全力救援，至 3 月 12 日 11 时 04 分，人员搜救工作结束，搜救出 71 名被困人员，其中 42 人生还，29 人遇难。整个救援过程行动迅速、指挥有力、科学专业，效果明显。救援人员、医务人员无一人伤亡，未发生新冠肺炎感染，未发生次生事故。

（5）主要教训：

第一，"生命至上、安全第一"的理念没有牢固树立。福建省有关部门和泉州市对违法建筑长期大量存在的重大安全风险认识不足，没有树牢底线思维和红线意识，安全隐患排查治理流于形式。鲤城区片面追求经济发展，通过"特殊情况建房"政策为违法建设开了绿灯后，实际执行过程中背离了"解决辖区内部分群众住房困难"的初衷，口子越开越大，将大量没有审批手续、未经安全审查的建筑由非法转为合法，5 年违规批准 9 批 208 宗，虽要求加强后续监管，但实际上不管不问，放任违法建设、违规改造等行为长期存在，埋下重大安全隐患。鲤城区、常泰街道在新冠肺炎疫情防控中风险意识严重不足，在未进行任何安全隐患排查的情况下，仓促将欣佳酒店确定为外来人员集中隔离观察点，并安排大量人员入住，导致事故伤亡扩大。一些地区特别是基层党委政府只顾发展不顾安全、只顾防疫不顾安全的问题仍然突出，没有把"生命至上、安全第一"理念真正落实到行动上，没有守住安全底线，最终酿成惨烈事故。

第二，依法行政意识淡薄。鲤城区在明知违反国家建设和土地有关法律法规规定的情况下，以不印发文件、不公开发布的形式，违规出台并实施"特殊情况建房"政策，以特殊情况建房领导小组会议意见代替行政审批，越权批准欣佳酒店建筑物等违法建设项目，致使大量未经安全审查、不符合安全条件的建筑披上了"符合政策"的外衣并长期存在。常泰街道明知欣佳酒店建筑物违规，却同意上报为"特殊情况建房"。泉州市对鲤城区存在的"特殊情况建房"问题失察，类似情况在该市的丰泽区、晋江市也同样存在。全面依法治国是治国理政的基本方略，"法无授权不可为"是政府行政的基本准则，任何人办任何事都不能超越法律权限，但仍有一些地区党委政府依法办事、依法行政意识不强，违规设置、违规行使超越法律的权限，这本身就是违法行为，也必须承担法律责任。

第三，监管执法严重不负责任。欣佳酒店建筑物在没有取得建设用地规划许可、建设工程规划许可、没有履行基本建设程序的情况下，却"平地起高楼"，泉州市、鲤城区的规划、住建、城管、公安等部门对此长期视而不见，在国家和省市组织开展的多次违法建设专项整治行动、"两违"（违法用地、违法建设）综合治理中，明知该建筑为违法建筑，却未按专项行动要求和违法建设认定标准进行整治和拆除；对欣佳酒店开展日常检查数十次，发现第四、五层未取得特种行业许可证对外营业，但未依法处理。常泰街道明知欣佳酒店新建、改建、装修、加固长期存在违法行为，未采取任何制止和纠正措施。欣佳酒店建筑物在长达8年的时间里，新建、改建、加固一路都是严重违法违规行为，有关部门多次现场查处，但未一盯到底、执行到位，失之于宽、失之于软，实际上纵容了企业的违法行为。

第四，安全隐患排查治理形式主义问题突出。党中央、国务院多次部署防范化解重大安全风险工作，国家有关部门和福建省开展过多次房屋安全隐患排查整治专项行动。泉州市、鲤城区、常泰街道虽层层部署，但安全风险隐患排查不认真、不扎实，甚至走形式、走过场，使欣佳酒店建筑物这种存在严重安全隐患的建筑均能顺利过关。2019年2月至3月的房屋安全隐患专项排查中，常泰街道基层检查人员对欣佳酒店建筑物仅抄写门牌号、层数，以及在报表中填写"建成后未改造""暂无风险"等就完成了现场排查，最终在《福建省房屋安全信息管理系统》中录入"暂无安全隐患，不属于重大安全隐患或一般安全隐患情形"的不实结论并层层上报，存在严重的形式主义问题。

第五，相关部门审批把关层层失守。行政审批是确保企业合法合规的重要程序，但有关部门材料形式审查辨不出真假、现场审查发现不了问题，甚至与不法业主沆瀣一气，使不符合要求的项目蒙混过关、长期存在。泉州市、鲤城区消防机构未发现欣佳酒店申报材料中相关证件伪造、缺失、失效等问题，消防设计备案、竣工验收消防备案把关不严。鲤城区公安部门有关审批人员与欣佳酒店不法业主内外勾结，授意用房屋产权证明代替产权证，在明知没有房产证的情况下出具虚假现场检查验收意见，在没有受理材料、没有现场检查验收、没有任何审批的情况下，违规为欣佳酒店变更特种行业许可证，事故发生后又补写相关档案。常泰街道违规为欣佳酒店出具虚假的房屋产权证明材料，为其办理旅馆特种行业许可开了"绿灯"。

　　第六，企业违法违规肆意妄为。欣佳酒店的不法业主在未取得建设用地规划许可、建设工程规划许可、未履行基本建设程序、未办理施工许可和加固工程质量监督手续，且未组织勘察、设计的情况下，多次违法将工程发包给无资质施工人员，自 2012 年以来多次通过刻假章、办假证、提交假材料等方式申办行政许可，新建、改建、装修、加固和获取资质等各个环节"步步违法"，在明知楼上有大量人员住宿的情况下违规冒险蛮干，最终导致建筑物坍塌，对法律毫无敬畏之心。一些建筑设计、装修设计、工程质量检测、消防检测等中介服务机构，为了自身利益甘当不法企业的"帮凶"，违规承接业务甚至出具虚假报告。能否保证安全生产，企业是最直接最关键的因素，有关部门必须综合运用各种手段、采取有力有效措施，倒逼企业切实承担起安全生产主体责任，才能掌握安全生产工作的主动权。

　　2. 沈海高速浙江温岭段"6·13"液化石油气运输槽罐车重大爆炸事故〔1〕

　　（1）事故概况：2020 年 6 月 13 日 16 时 41 分许，位于台州温岭市的沈海高速公路温岭段温州方向温岭西出口下匝道发生一起液化石油气运输槽罐车重大爆炸事故，造成 20 人死亡，175 人入院治疗（其中 24 人重伤），直接经济损失 9477.815 万元。

　　事故发生后，党中央、国务院高度重视，李克强总理、孙春兰副总理、刘鹤副总理、王勇国务委员、赵克志国务委员等领导同志先后作出重要批示，要求科学有效地做好搜救工作，最大程度减少伤亡。公安部、应急管理部、交通运输部等部门派员赶赴事故现场，指导抢险救援和善后处理工作。依据《安全生产法》、《生产安全事故报告和调查处理条例》和《浙江省生产安全事故报告和调查处理规定》等有关法律法规，6 月 14 日，经省政府同意，成立了由省应急管理厅牵头，省公安厅、省交通运输厅、省市场监管局、省经信厅、省建设厅、省总工会等部门及温州市、台州市政府有关负责同志参加的沈海高速温岭段"6·13"液化石油气运输槽罐车重大爆炸事故调查组（以下简称"事故调查组"），开展事故调查工作。同时聘请国内交通、车辆、爆炸、特种设备等方面的权威机构和专家参加事故调查工作。

---

〔1〕 参见"沈海高速温岭段'6·13'液化石油气运输槽罐车重大爆炸事故调查报告"，载浙江省应急管理厅官网，http://yjt.zj.gov.cn/col/col1228978454/index.html，最后访问时间：2021 年 1 月 21 日。

事故调查组认真贯彻落实党中央、国务院领导同志重要指示批示精神，坚持"四不放过"和"科学严谨、依法依规、实事求是、注重实效"的原则，通过现场勘验、调查取证、检测鉴定和专家论证等方法，查明了事故经过、发生原因、人员伤亡和直接经济损失等情况，认定了事故性质和责任，提出了对有关责任人员和责任单位的处理建议，并针对事故原因及暴露出的突出问题，提出了关于事故防范措施的建议。

事故调查组认定，沈海高速温岭段"6·13"液化石油气运输槽罐车爆炸事故是一起液化石油气运输槽罐车超速行经高速匝道引起侧翻、碰撞、泄出，进而引发爆炸的重大生产安全责任事故。

（2）事故经过：2020年6月13日5时51分，浙CM9535/浙CF138挂槽罐车从温州昌泰电力燃气有限公司梅屿储备站出发驶往宁波，11时45分到达宁波百地年液化石油气有限公司，充装25.36吨液化石油气后于13时02分出发返回温州。16时40分54秒该车驶入沈海高速公路温州方向温岭西出口匝道，16时41分16秒半挂车后部开始向右倾斜，16时41分18秒车体完全向右侧翻，碰擦匝道外侧旋转式防撞护栏并向前滑行，16时41分19秒罐体与匝道跨线桥混凝土护栏端头发生碰撞，罐体破裂、解体，牵引车和半挂车分离，其中罐体残片及半挂车呈不同方向飞出，罐体中的液化石油气迅速泄出、汽化、扩散并蔓延。16时42分58秒，扩散至沈海高速公路温州往宁波方向跨线立交桥下的石油气首先发生爆燃，火势向西蔓延，16时43分6秒发生大面积剧烈爆炸。事故造成重大人员伤亡，附近车辆、道路、周边良山村部分民房、厂房不同程度损坏。

（3）事故原因：事故调查组通过深入调查和综合分析，认定事故的直接原因是谢志高驾驶车辆从限速60公里/小时路段行驶至限速30公里/小时的弯道路段时，未及时采取减速措施导致车辆发生侧翻，罐体前封头与跨线桥混凝土护栏端头猛烈撞击，形成破口，在冲击力和罐内压力的作用下快速撕裂、解体，罐体内液化石油气迅速泄出、汽化、扩散，遇过往机动车产生的火花爆燃，最后发生蒸汽云爆炸。

（4）事故应急处理情况：2020年6月13日16时42分许，温岭市110指挥中心接到群众报警后立即电话告知温岭市应急管理局应急值班中心。温岭市应急管理局立即启动应急联动预案，组织公安、建设、交通运输、卫生健康、行政执法、生态环境、供电、消防、供水等相关应急联动部门及抢险救援专家、队伍迅速赶赴现场，全力做好现场灭火、伤员救治、现场勘查、交通疏导和秩序维护等工作。

应急管理部党委书记黄明持续调度指导事故处置工作，副部长孙华山赶赴现场指导。时任省委书记车俊立即作出批示，统筹指挥，并赴当地指导工作，主持召开省委常委会对做好事故处置和安全生产工作作出部署。时任省长袁家军连夜赶赴事故现场指导抢险救援和伤员救治，对事故善后处理提出具体要求。时任省委常委、常务副省长冯飞与朱国贤、王昌荣、王双全、高兴夫、成岳冲、刘小涛等省领导就做好事故处置和善后工作或赶赴现场或作出指示批示。

按照国务院领导同志批示指示要求，省委、省政府迅速行动，有力有序组织事故处置。紧急调集 14 支专业救援队驰援温岭，组织危化、建筑等领域专家赶赴现场指导救援。现场救援共投入大型抢险救援设备 30 多台（套），出动各类救援车辆 151 辆、医疗救护车 38 辆，参与救援人员 2660 多人次。自事故发生起至 14 日 8 时，14 小时内完成现场搜救。立即成立医疗救治工作专班，组织 630 多名医疗专家和医护人员参与伤员救治。在做好"分类检伤，集中救治"的同时，根据伤势评估，分两批将 22 名危重症伤员及时送到浙医二院救治。同时，台州、温岭两级政府迅速成立家属接待工作专班，对遇难、重伤人员家属落实专人对接，对房屋受损群众做好临时安置，全力保障群众基本生活。遇难人员家属已全部签订赔偿协议并及时得到赔付。该事故善后处理平稳有序，未引起次生性社会治理问题。

（5）主要教训：一是企业安全生产主体责任严重不落实。瑞安市瑞阳危险品运输有限公司无视国家有关危化品运输的法律法规，未严格开展 GPS 动态监控、安全教育管理、如实上传电子路单等工作，存在车辆挂靠经营等违规行为，GPS 监管平台运营服务商违规协助企业逃避监管。二是有关行业协会未如实开展安全生产标准化建设等级评定工作。未发现企业自评报告弄虚作假、监控人员配备不符合规定等问题，违规发放安全生产标准化建设等级证明，违规将不合格的年度核查评定为合格。三是事故路段匝道业主、施工、监理等单位在防撞护栏施工过程中未严格履行各自职责，防撞护栏搭接施工不符合标准规范和设计文件要求。四是有关地方党委政府安全发展理念树立不牢固，安全生产领导责任落实不到位。地方政府交通运输、公安、公路管理等部门，对危化品运输、公路建设养护、工程质量监督等方面安全风险管控和监管执法存在漏洞。

3. 山西临汾聚仙饭店"8·29"重大坍塌事故〔1〕

（1）事故概况：2020年8月29日9时40分许，山西省临汾市襄汾县陶寺乡陈庄村聚仙饭店（以下简称"聚仙饭店"）发生坍塌事故，造成29人死亡、28人受伤，直接经济损失1164.35万元。

（2）事故原因：聚仙饭店建筑结构整体性差，经多次加建后，宴会厅东北角承重砖柱长期处于高应力状态。北楼二层部分屋面预制板长期处于超荷载状态，在其上部高炉水渣保温层的持续压力下，发生脆性断裂，形成对宴会厅顶板的猛烈冲击，导致东北角承重砖柱崩塌，最终造成北楼二层南半部分和宴会厅整体坍塌。

（3）事故应急处理情况：事故发生后，应急管理部、住房和城乡建设部等部门立即派出联合工作组赶赴现场指导处置工作。山西省临汾市迅速组织应急、消防、公安、卫健、人武及相关救援人员900余人，出动大型救援装备车辆20余辆、救护车15辆，全力搜救被困人员。经过18个小时持续救援，先后从废墟中搜救出57名被困人员，其中28人生还。

（4）主要教训：一是聚仙饭店经营者长期违法占地，多次通过不正当手段取得未经审批的集体土地建设用地使用证，拒不执行原襄汾县国土资源等部门的行政处罚和人民法院的裁定。二是聚仙饭店经营者先后8次违规扩建，从未经过专业设计、无资质且不按规范施工，也从未经过竣工验收，仅依靠包工头和个人想法，建设全程无人管无人查，房屋质量安全无保障。三是聚仙饭店经营者擅自将自建农房从事经营活动，未对建筑安全隐患排查整治，安全生产主体责任不落实。四是襄汾县陶寺乡政府和陈庄村"两委"未认真履行属地管理职责，对农村自建房改为经营活动场所的管控缺失，未按要求对擅自改建扩建加层、野蛮装修和违法违规建房等进行重点排查整治。五是临汾市襄汾县政府及有关部门行政审批和监管执法不严，违规将加盖政府公

---

〔1〕 参见应急管理部公布"2020年全国应急救援和生产安全事故十大典型案例"，载中华人民共和国应急管理部官网－应急要闻，https://www.mem.gov.cn/xw/bndt/202101/t20210104_376384.shtml，最后访问时间：2021年1月21日。

章的空白集体土地建设用地使用证提前发给各乡镇，违规对过期证照办理延期。在政府开展的多轮打击违法占地、非农建设整治等行动中，监管执法人员均未对该饭店长期的违法违规行为予以有效制止查处。

4. 重庆能投渝新能源有限公司松藻煤矿"9·27"重大火灾事故[1]

（1）事故概况：2020年9月27日0时20分，重庆能投渝新能源有限公司松藻煤矿（以下简称"松藻煤矿"）发生重大火灾事故，造成16人死亡、42人受伤，直接经济损失2501万元。

（2）事故原因：松藻煤矿二号大倾角运煤上山胶带下方煤矸堆积，起火点63.3米标高处回程托辊被卡死、磨穿形成破口，内部沉积粉煤；磨损严重的胶带与起火点回程托辊滑动摩擦产生高温和火星，点燃回程托辊破口内积存粉煤。胶带输送机运转监护工发现胶带异常情况，电话通知地面集控中心停止胶带运行，紧急停机后静止的胶带被引燃，胶带阻燃性能不合格、巷道倾角大、上行通风，火势增强，引起胶带和煤混合燃烧。火灾烧毁设备，破坏通风设施，产生的有毒有害高温烟气快速蔓延至2324-1采煤工作面，造成重大人员伤亡。

（3）主要教训：一是松藻煤矿重效益轻安全。该矿职工已经检查出二号大倾角胶带巷浮煤多，下托辊、上托架损坏变形严重等问题和隐患，并向煤矿矿长等管理人员进行了报告，但该矿矿长毫无"红线"意识，为不影响矿井正常生产未立即停产，而是计划在国庆节停产检修期间更换，并要求整治工作不能影响胶带运煤，让胶带运输机"带病运行"。二是矿井安全管理混乱。二号大倾角运煤上山胶带防止煤矸洒落的挡矸棚维护不及时，变形损坏，皮带运行中洒煤严重，皮带下部煤矸堆积多、掩埋甚至卡死下托辊，少数下托辊被磨平、磨穿，已磨损严重的皮带与卡死的下托辊滑动摩擦起火；煤矿没有按规定统一管理、发放自救器，有的自救器压力不够。三是重庆能源集团督促煤矿安全生产管理责任落实不到位，对所属煤矿安全实行四级管理，职能交叉、职责不清，责任落实层层弱化。

---

[1] 参见应急管理部公布"2020年全国应急救援和生产安全事故十大典型案例"，载中华人民共和国应急管理部官网-应急要闻，https://www.mem.gov.cn/xw/bndt/202101/t20210104_376384.shtml，最后访问时间：2021年1月21日。

5. 山西太原台骀山滑世界农林生态游乐园有限公司"10·1"重大火灾事故〔1〕

（1）事故概况：2020年10月1日13时许，山西省太原市迎泽区小山沟村台骀山景区冰雕馆发生一起重大火灾事故，造成13人死亡、15人受伤。

（2）事故原因：当日景区10kV供电系统故障维修结束恢复供电后，景区电工在将自备发电机供电切换至市电供电时，进行了违章带负荷快速拉、合隔离开关操作，在照明线路上形成的冲击过电压击穿装饰灯具的电子元件造成短路；火车通道内照明电气线路设计、安装不规范，采用的无漏电保护功能大容量空气开关无法在短路发生后及时跳闸切除故障，持续的短路电流造成电子元件装置起火，引燃线路绝缘层及聚氨酯保温材料，进而引燃聚苯乙烯泡沫夹芯板隔墙及冰雕馆内的聚氨酯保温材料。

（3）主要教训：一是企业无视国家法律法规和政策规定，在未取得有关部门行政审批手续的情况下，长期进行违法占地、违法建设等活动。二是企业在游乐场馆建设中没有使用正规的设计、施工、监理、验收单位进行建设，致使电气线路敷设、接地短路保护和逃生通道、安全出口的设置等不符合安全要求，甚至人为封堵冰雕馆安全出口。三是企业违规在人员密集场所使用聚氨酯、聚苯乙烯等易燃可燃保温材料。四是企业负责人安全意识淡薄，未建立安全生产管理机构、配备专兼职安全管理人员、健全全员安全生产责任制，安全隐患排查、整治、整改走过场，安全管理流于形式。五是地方政府没有正确处理安全与发展的关系，有关部门安全监管责任不落实。

6. 湖南衡阳源江山煤矿"11·29"重大透水事故〔2〕

（1）事故概况：2020年11月29日11时30分，湖南省衡阳市耒阳市导子煤业有限公司源江山煤矿（以下简称"源江山煤矿"）发生重大透水事故，造成5人死亡、8人失联，直接经济损失3484.03万元。

（2）事故原因：源江山煤矿超深越界在-500m水平61煤一上山巷道式开

---

〔1〕 参见应急管理部公布"2020年全国应急救援和生产安全事故十大典型案例"，载中华人民共和国应急管理部官网-应急要闻，https://www.mem.gov.cn/xw/bndt/202101/t20210104_376384.shtml，最后访问时间：2021年1月21日。
〔2〕 参见应急管理部公布"2020年全国应急救援和生产安全事故十大典型案例"，载中华人民共和国应急管理部官网-应急要闻，https://www.mem.gov.cn/xw/bndt/202101/t20210104_376384.shtml，最后访问时间：2021年1月21日。

采急倾斜煤层，在矿压和上部水压共同作用下发生抽冒，导通上部导子二矿-350m 至-410m 采空区积水，大量老空积水迅速溃入源江山煤矿-500m 水平，并迅速上升稳定至-465m，导致井巷被淹，造成重大人员伤亡。

（3）主要教训：一是源江山煤矿长期超深越界，盗采国家资源。该矿 2011 年以前就已经越界开采，2019 年年底就超深越界至-500m 水平；通过篡改巷道真实标高、不在图纸上标注、井下设置活动铁门密闭、不安装监控系统和人员定位系统等方式逃避安全监管，长期盗采国家资源。二是源江山煤矿违法组织生产。该矿在安全生产许可证注销、地方政府下达停产指令、等待技改期间，擅自拆除提升绞车和入井钢轨封条、切断主井井口视频监控电源，昼停夜开，仅 2020 年就生产出煤 5.56 万吨。三是源江山煤矿使用国家明令禁止的工艺，以包代管，生产组织混乱。该矿采用巷道式采煤，坑木支护，采掘布局混乱，多头作业，通风系统不健全，未设立 2 个安全出口，有的采煤工作面使用压风管路通风；将井下采掘作业承包给多个私人包工队，以包代管，仅事故区域就有 3 个包工队。四是源江山煤矿在老空水淹区域下违规开采急倾斜煤层。该矿在-500m 水平 61 煤采掘期间，明知工作面上方采空区存在积水，仍然心怀侥幸，冒险蛮干，在老空水淹没区域下违规开采急倾斜煤层。五是源江山煤矿违规申领火工品且管理混乱。该矿明知其属于停工停产待建矿井，多次借整改之名违规向耒阳市公安局民爆大队申领火工品；在公安机关清缴火工品期间，擅自拆除民爆物品仓库封条，使用火工品组织生产，并采取多领少用的方式，违规处置剩余火工品。

7. 重庆永川吊水洞煤业有限公司"12·4"重大火灾事故[1]

（1）事故概况：2020 年 12 月 4 日 17 时 17 分，重庆市胜杰再生资源回收有限公司（以下简称"胜杰回收公司"）在重庆市永川区吊水洞煤业有限公司（以下简称"吊水洞煤矿"）回收设备时发生重大火灾事故，造成 23 人死亡、1 人重伤，直接经济损失 2632 万元。

（2）事故原因：胜杰回收公司在吊水洞煤矿井下回撤作业时，回撤人员在-85m 水泵硐室内违规使用氧气/液化石油气切割 2#、3#水泵吸水管，掉落

---

〔1〕　参见应急管理部公布"2020 年全国应急救援和生产安全事故十大典型案例"，载中华人民共和国应急管理部官网-应急要闻，https://www.mem.gov.cn/xw/bndt/202101/t20210104_376384.shtml，最后访问时间：2021 年 1 月 21 日。

的高温熔渣引燃了水仓吸水井内沉积的油垢，油垢和岩层渗出油燃烧产生大量有毒有害烟气，在火风压作用下蔓延至进风巷，造成人员伤亡。

（3）主要教训：一是吊水洞煤矿未按上报的回撤方案组织回撤作业。上报给地方政府和有关部门的撤出井下设备报告及回撤方案中，隐瞒了已将井下回撤工作交由胜杰回收公司组织实施的事实，且上报的回撤方案中未将井下水泵列入回撤设备清单，但实际对水泵进行了回撤。二是胜杰回收公司不具备煤矿井下作业资质，井下设备回撤作业现场管理混乱，安排未取得焊接与热切割作业证的人员在井下进行切割作业，在−85m水泵硐室气割水管前，未采取措施清理或者隔离焊碴、防止飞溅掉落到存有岩层渗出油的吸水井的措施。三是吊水洞煤矿和胜杰回收公司安全管理混乱。未落实煤矿入井检身制度，入井人员未随身携带自救器，隐患排查治理不到位。

第三节　全国重特大生产安全事故反映出来的问题及对策

重特大安全生产事故给经济社会发展和人民生命财产带来严重损失，笔者通过梳理以上20起重特大安全生产事故，结合我国安全生产管理现状，进行原因分析，并提出改进思路建议。

一、存在的问题

通过对以上重特大生产安全事故进行分析，我国生产安全事故反映出了以下几点问题：

1. 安全生产的法律法规有待健全

健全的法制是安全生产工作的前提。安全生产法规体系建设水平反映了一个国家安全生产的整体水平，是确保监管体系有效履行监督与指导的前提、重要依据与准绳，也是企业落实安全生产主体责任的最低要求与衡量标准。我国安全生产法制工作经过努力虽有了一定的改善，但与国外以及国内安全生产需求相比，在系统性、规划性、衔接性、全面性和可操作性方面仍有差距。就法律体系本身来说，安全生产法律之间存在互相矛盾和重复之处，影响了《安全生产法》的权威性和主导性。这主要是因为，各类安全生产立法是在不同时期、不同体制下制定的，相关法律规定存在着互不衔接、前后不一的矛盾，由于没有及时修订而造成法律适用的冲突。而不同时期的立法的社会和科技条件以及面临的具体问题都不同，因此，也出现了法律规范同社会需要脱节的问题。对于一些重要的问题，许多法律的规定偏原则性，缺乏可操作性，一些重要的制度尚无配套法规作出具体法律规定。这也凸显了安全生产法律体系的缺陷。有学者指出了《安全生产法》本身存在一定的理论和实践问题，需要更新和完善。

从以上特重大生产安全事故及全国发生的生产安全事故数据分析上来看，现行的有关法律法规界定较为模糊，权责不明确，导致部分企业利用法律的空子打起了擦边球，极大程度地威胁了安全生产从业者的生命财产安全，破坏了安全生产环境，这是我国安全生产事故发生的重要原因。梳理我国安全生产相关法律，总结出以下主要问题：

（1）法律衔接不畅，相关规定不一致

下位法与上位法不衔接。一是关于谎报或者瞒报事故行为的处罚。《安全生产法》规定仅对生产经营单位的主要负责人给予处罚，《生产安全事故报告和调查处理条例》（以下简称《条例》）则规定对事故发生单位处100万元以上500万元以下的罚款。二是关于未按规定提取和使用安全生产费用的行为处罚。例如，《安全生产法》《山东省安全生产条例》[1]《安全生产违法行为行政处罚办法》[2]各自表述不一、罚款数额不一，让执法人员无所适从。三是关于安全设备安装使用和维护保养等违法行为的处罚。《安全生产法》规定，"对安全设备的安装、使用、检测、改造和报废不符合国家标准或者行业标准，以及未对安全设备进行经常性维护等情况可以处5万元以下罚款"；

---

〔1〕《山东省安全生产条例》第42条：违反本条例规定，生产经营单位有下列行为之一的，责令限期改正，可以处一万元以上五万元以下罚款；逾期未改正的，责令停产停业整顿，并处五万元以上十万元以下罚款，对其主要负责人、直接负责的主管人员和其他直接责任人员处一万元以上二万元以下罚款：（一）未按照规定设置安全生产管理机构或者配备安全生产管理人员的；……（四）未按照规定提取和使用安全生产费用的；……

〔2〕《安全生产违法行为行政处罚办法》第42条：生产经营单位的决策机构、主要负责人、个人经营的投资人（包括实际控制人，下同）未依法保证下列安全生产所必需的资金投入，致使生产经营单位不具备安全生产条件的，责令限期改正，提供必需的资金，并可以对生产经营单位处1万元以上3万元以下罚款，对生产经营单位的主要负责人、个人经营的投资人处5千元以上1万元以下罚款；逾期未改正的，责令生产经营单位停产停业整顿：（一）未按规定缴存和使用安全生产风险抵押金的；（二）未按规定足额提取和使用安全生产费用的；……

《危险化学品安全管理条例》规定，"未根据其生产、储存的危险化学品的种类和危险特性，在作业场所设置相关安全设施、设备，或者未按照国家标准、行业标准或者国家有关规定对安全设施、设备进行经常性维护、保养的处5万元以上10万元以下的罚款"，两个规定不一致，使得在执法过程中存在法律适用的难题。

（2）部分法律概念不清晰

首先是生产经营项目和场所的概念不明确。《安全生产法》规定，"生产经营单位不得将生产经营项目、场所、设备发包或者出租给不具备安全生产条件或者相应资质的单位或者个人"。但对于生产经营项目、场所均没有给出明确的定义，实践中关于经营项目和场所的理解存在较大分歧。关于经营项目，有的人作狭义理解，认为发包经营项目是指将自身经营范围的生产、储存、销售等项目发包给有关单位和个人的行为；有的人作广义理解，认为除自身经营范围的项目外，建筑施工、防腐保温、检维修等项目均应认定为发包经营项目，原国家安全监管总局复函（安监总厅政法函［2017］53号）支持了这一观点，认为发包包括对建设项目的发包。但从法律适用角度来看，该答复明显违背了"特别法优于普通法"的原则，建设项目的发包、承包应当优先适用《建筑法》。对于经营场所，一般特指生产经营单位用于生产经营的厂房、办公用房、车间、仓库、营业房等，与生产经营无关的土地、房屋等则不应作为生产经营场所。但另一种观点认为，生产经营单位出租其拥有的房屋、场地等，包括单纯出租场地或土地，无论是否与生产经营有关，均应视为生产经营行为，认定属于出租生产经营场所。

其次是生产经营单位的概念不具体。《安全生产法》提出了生产经营单位的概念，我国领域内从事生产经营活动的单位统称为生产经营单位，但关于生产经营单位是否包括自然人的问题争议较大。按照《安全生产法释义》的解释，生产经营单位指一切合法或者非法从事生产经营活动的企业、事业单位和个体经济组织以及其他组织，并未包括自然人，山东省高院判例也认可了这一解释。然而，按照《安全生产违法行为行政处罚办法》的定义，生产经营单位包括自然人。两种解释相互矛盾，令执法人员无所适从。

最后是预案演练次数的概念不清晰。按照《安全生产法》确立的"定期演练"原则，《生产安全事故应急预案管理办法》规定，生产经营单位应当每年至少组织一次综合应急预案演练或者专项应急预案演练，每半年至少组织一次现场处置方案演练。对于上述规定，在具体执行中普遍存在争议，以现场处置方案演练为例，一种理解是"现场处置类预案每半年有一次演练即可"，另一种理解是"每个现场处置方案都要每半年至少演练一次"，两种理解有各自的道理，但也都存在弊端。一个单位往往有许多处置方案，如果每半年只对其中的一个开展演练，显然无法达到演练的效果；如果每个处置方案每半年演练一次，虽然有利于安全生产，但不符合"字面理解"和"有利于当事人"的法律适用原则。鉴于此问题影响面大，网上咨询较多，应急管理部和个别省应急厅对此也有网上回复，但正面回答的较少，答复为"最低要求"的居多，明确答复"每个处置方案每半年演练一次"的极少。由于网上答复不能作为执法依据，实际执法过程中难以把握。[1]

（3）一般事故等级划分标准不合理

《生产安全事故报告和调查处理条例》规定，一般事故是指造成3人以下死亡，或者10人以下重伤，或者1000万元以下直接经济损失的事故。将1000万元以下直接经济损失作为一般事故标准，没有设定损失下限。然而在实践中，对于轻伤且经济损失100万元以下的事故是否需要报告以及如何认定事故等级缺乏可操作性的规定。由于轻伤和经济损失100万元以下的事故发生频率大，按照一般事故进行报告，必将牵扯应急部门大量精力，影响行政效率。

《国家安监总局办公厅关于一般安全生产事故行政处罚有关问题的复函》（安监总厅政法函〔2014〕136号）提到，没有人员死亡、重伤1~2人、经济损失300万元以下的事故一般不予处罚；应急管理部《生产安全事故统计调查制度》（应急〔2020〕93号）规定，没有造成人员伤亡且直接经济损失小于100万元（不含）的生产安全事故，暂不纳入统计。上述规定虽有确定一般事故损失下限的意图，但由于文件效力较低，不能直接作为审判的依据，因此一般事故经济损失没有下限的问题迟迟未得到解决。

（4）《安全生产法》规定的处罚幅度过低

《安全生产法》规定的处罚幅度过低，不利于事故查处、责任追究，弱化

---

〔1〕 何斌："加快安全生产法律法规的'立改废'"，载《中国应急管理》2021年第2期。

了行政处罚的效力。例如，《安全生产法》规定的最高罚款数额仅万元，低于《职业病防治法》《安全生产许可证条例》《国务院关于预防煤矿生产安全事故的特别规定》《生产安全事故报告和调查处理条例》等法律、行政法规的规定。

2. 安全生产监管力度不到位

部分政府相关职能部门及领导的监管力度有待提高，安全生产工作往往流于形式、为政绩让步。安全生产首先应当确定施工的主体是谁以及政府在安全生产中的具体职能和作用的问题。安全生产工作是企业主导的生产工作，但政府在安全生产事故中具有不可推卸的责任，它的监管作用到位与否，直接关系着安全生产事故的发生率。近年来，虽然应急管理部对安全生产问题一直高度重视，反复强调安全监管工作重心下移、关口前移，但目前安全监管机构，特别是乡镇一级基层安全监管机构，在人员配置、设施配备和体制机制建设中都存在着一定的不足，部分政府有关领导往往重政绩而轻安全，把注意力和关注度放在容易出政绩的工作上。政府、企业安全生产相关单位及个人的安全意识的缺失，部分政府职能部门及主要领导安全生产走过场，监管缺失是导致安全生产事故频发的主要原因。

如在江苏响水天嘉宜化工有限公司"3·21"特别重大爆炸事故中，地方党政领导干部安全生产责任制落实不到位是事故发生的重要原因，江苏省委省政府2018年度对各市党委政府和部门工作的业绩综合考核中，安全生产工作权重为零。盐城市委常委会未按规定每半年听取一次安全生产工作情况汇报，在市委市政府2018年度综合考核中，只是将重特大事故作为一票否决项，市委领导班子述职报告中没有提及安全生产，除分管安全生产工作的市领导外，市委书记、市长和其他领导班子成员对安全生产工作只字未提。江苏省、市、县政府已在有关部门安全生产职责中明确了危险废物监督管理职责，但应急管理、生态环境等部门仍按自己的理解各管一段，没有主动向前延伸一步，不积极主动、不认真负责，存在监管漏洞。广西壮族自治区河池市南丹县庆达惜缘矿业投资有限公司"10·28"重大坍塌事故中地方有关部门监管执法不到位，对企业长期盗采资源等非法违法行为打击不力、执法不严也是事故发生的重大原因。

3. 安全生产责任制不落实

从多起重特大事故来看，企业安全生产责任制不落实主要表现在未按要求设置安全生产管理机构或配备专（兼）职安全管理人员，安全生产责任制体系不健全，责任制体系未有效运行等方面。一是个别大中型企业未按要求逐级设置安全生产管理机构；二是责任制体系不完善，企业管理责任、业务责任、操作责任未全部对应到相应部门和岗位，部门职责、岗位职责划分不清，缺乏责任制考核；三是企业主要负责人长期不在岗，例如大中型企业由上级单位（母公司）领导兼任下级单位（子公司）主要领导，导致主要负责人长期不在岗，法人代表挂名且与实际控制人不一致等；四是上级单位对下级单位安全生产缺乏监督检查和指导。

如沈海高速浙江温岭段"6·13"液化石油气运输槽罐车重大爆炸事故中企业安全生产主体责任严重不落实。瑞安市瑞阳危险品运输有限公司无视国家有关危化品运输的法律法规，未严格开展 GPS 动态监控、安全教育管理、如实上传电子路单等工作，存在车辆挂靠经营等违规行为，GPS 监管平台运营服务商违规协助企业逃避监管。

4. 安全生产意识淡薄

部分企业领导及员工的安全生产意识淡薄，安全生产往往为企业利益让步。改革开放以来，我国从上至下都在大力发展经济，然而，在举国上下全力搞发展、搞建设之时，部分企业走入了重发展、轻安全的思想困局，其往往以利益为重，以牺牲安全环境，减少安全设施、安全培训等的金钱投入为代价。部分企业缺少相应的安全生产知识培训，看似很小的内容缺失，却使得员工在安全生产的过程中，极易因为相关安全知识的欠缺在发生安全生产事故时，难以自救或他救。

如河南三门峡河南省煤气（集团）有限责任公司义马气化厂"7·19"重大爆炸事故，企业重生产轻安全，安全红线意识不强；不遵守企业技术操作规程，装置出现隐患没有及时处置；设备专业管理存在重大缺陷，备用空分设备管理不善，需要启用时无法启动；安全管理制度不落实，未按要求履行隐患排查责任，造成重大损失。

5. 安全检查及风险管控隐患治理不到位

隐患排查不到位、安全检查弄虚作假是事故责任追究的主要问题之一，包括各类管理人员未履行"一岗双责"要求，未对单位、分管领域、业务组织开展安全检查、隐患排查，检查排查不全面，资料弄虚作假等。企业法律意识淡薄，隐患治理不及时也是常见问题，特别是设备设施类隐患，有的企业未及时治理，使设备带病运行，直接导致重特大事故发生。此外，企业未按国家构建双重预防体系要求，科学、系统地开展风险识别管控，也是发生事故的重要因素。特别是危化品领域，多起事故均由于企业未能准确识别、科学管控安全生产风险及重大危险源而发生。

6. 技术标准规范执行不全面

统计显示，目前我国已经发布安全生产标准603项，涵盖矿山、危险化学品、烟花爆竹、工贸、综合等11类专业和通用领域，其中国标委批准发布187项，应急管理部（原安监总局）发布（AQ）416项。[1] 同时，除安全生产行业标准外，不同行业部门或协会在各自领域也制定了城镇建设（CJ）、石油天然气（SY）、能源（NB）、公安消防（GA）等67大类行业标准。在这些标准中，很多也对本行业安全生产技术进行了强制性规定，但在实际管理中，许多企业均存在设计、施工、生产经营不执行相关标准或执行不全面的问题。

7. 安全生产设施等资金投入不足

在安全隐患的排查中，存在安全危险、有害因素概括为6大类，37小类，包括物理性危险、化学性危险、生物性危险、生理心理性危险、行为性危险和其他危险等，而控制危险和危害因素的至关重要的措施之一就是对设备安全的提升，如改进防护装置、信号装置等。而在生产环节中，安全生产设施等资金投入不足的现象也时有存在，不能够有效为生产从业者搭建起保护生命的屏障，这是我国安全生产事故发生的直接原因。

二、对策建议

针对以上问题，总结出以下几点关于安全生产工作的建议：

1. 健全和完善安全生产危机管理的法律法规建设

由于我国应急管理体系建设起步较晚，虽然近年来一系列安全生产法规的出台和施行使得生产安全事故的治理有了一定的改善，但是与应急管理相对起步较早的西方国家相比还有一定的差距，而法律制度的缺陷，不仅对现

---

〔1〕 苏宏杰等："中国安全生产标准现状统计分析"，载《中国安全生产科学技术》2019年第10期。

时的生产过程有一定的影响，对于整个应急管理的进程也会有很深远的消极影响。所以，我们首要的任务是在法律上给出合法的依据和行为准则，不仅要对政府的危机管理给出正确的规范，而且要对生产单位的应急管理给出正确的依据规范，公正地应对危机管理问题，提高整个社会危机应对的管理能力。当前我国首要的任务就是完善和健全安全生产危机应对的法律法规，建立健全安全生产应急管理法律体系。主要有以下几方面：

首先是通过完善法律法规进一步提高企业安全管理机构效能，分析《安全生产法》中规定的企业必须履行的 18 项法定义务、企业主要负责人和安全管理组织机构的 7 项职责可以发现，企业安全生产管理机构是企业落实主体责任的主要通道，企业安全生产管理机构对其他部门安全生产工作承担监督和指导责任。但承担责任的同时，我国安全生产法律法规对企业内部安全管理机构的权利并没有予以明确规定和保障，企业内部安全管理机构既不能像企业党内纪律检查和组织部门一样，有完善的党内法规和坚强的政治后盾作为监督执纪的支撑，又不能像公共管理领域的交警执法一样，只需要单纯履行监督执法职能。因此，可以通过立法使企业内部安全管理机构的权利与其承担的责任实现真正对等；可以制定企业安全管理机构权利和责任清单，真正做到尽职照单免责，提高企业安全管理人员的积极性；同时可以探索"监、管分离"模式，在目前的管理现状下，参照交警执法、纪委执纪等模式，单独组建企业内部安全生产监督机构，增强安全生产执法执纪的威慑力。

其次是加强立法立标的系统化建设，目前我国安全生产法律法规、标准规范很多，各行业部门、地方政府针对某一时期的安全生产形势以及重特大事故暴露出的问题，还颁发了许多通知、意见、导则、规范等文件。同时，对于安全生产管理的很多要素，许多法律法规中又常有雷同的规定。单以危化品领域安全培训为例，据不完全统计，至少 10 部以上法律法规和标准都对此进行了规定。此外，目前我国法律法规、标准的编制内容并未严格分级分类，比如同一部法律法规，既有原则性要求，又有具体的执行条款；有的标准规范既有技术指标，又有管理类要求。以上种种情况，使得企业在执行过程中模棱两可的地方很多。因此，立法者可组织对已有法律法规、标准规范进行梳理，使之系统化，形成不同行业、不同类型企业的安全生产法律法规标准执行名录，同时根据梳理情况，做好立法立标整体规划，使企业能清晰明确地掌握需要遵守的法律法规。同时进一步规范法律、规章、标准的内容：法律做原则性要求；规章条例根据法律要求，细化执行条款；标准针对规章条例，进一步细化技术指标和方法。

最后是加大事前和主要责任主体的追责力度，剖析重特大安全生产事故，经常能发现某些特定违法行为与事故之间存在紧密联系，这些违法行为与随后发生的事故之间密不可分，自违法行为实施，日后发生事故就不再单纯是偶然后果。特别是从违法动机上来看，还存在为追求非法利益，心存侥幸，主观故意违法的问题。但是《刑法》以及2015年颁发的两高司法解释中，有关生产安全事故犯罪条款均是以事故实际发生作为定罪的必要条件，司法机关在事故尚未发生时无权介入。虽然现行法律法规对此类生产安全违法行为都有相应的行政处罚规定，但与随后发生的重特大生产安全事故相比，违法成本过低，威慑力不足。此外，从动机上来说，现有法律体系对于安全生产领域失职、滥用职权、玩忽职守等渎职行为未做明显区分处理，犯罪主体认定还没有足够明确，不利于对安全生产违法犯罪行为的追责和警示。因此国家可以突出重点高危行业，梳理与各类重特大事故有根本性必然联系的违法违规行为和直接责任主体，通过《刑法》修订、司法解释等，对此类极易导致重特大事故违法违规行为以及直接责任主体进行明确，同时将直接责任主体与其他次要的各类渎职行为区分，将过失违法与主观犯罪进行区分处理，起到既教育处罚过失者，又从重责罚严重渎职导致事故发生人员的作用。

2. 加强政府对企业的监督管理工作

要想做好安全生产工作，政府对企业的监督管理至关重要，它是实现企业安全生产的外因。只有抓好外因，使外因和内因共同发力，才能对企业安全生产起到良好的促进作用。一是政府要制定一套安全生产的管理制度，对企业的行为给予有效控制和约束。例如，对无故缺席培训的企业不予发证，对无故不参加安全生产会议的企业也要有一定的惩处措施；二是要加强对安监站队伍的建设，尤其是乡镇一级的基层安监站队伍的建设。要落实安监站编制，招聘、配备专业的安全员，并在此期间给予其充分的安全知识、安全技能的培训，以提高安全员的安全意识和安全素养；三是细化完善监管体制机制避免叠加和多头执法，安全检查是监管的重要环节，但在当前形势下，政府部门对企业安全生产检查频率呈逐年上涨趋势，在督促企业履行主体责任的同时，也给企业带来很大的迎检负担，使企业管理人员将大量精力投入到迎检工作中。因此，可考虑由各级政府安委办牵头，梳理本级行业主管、专业监管部门和下级政府部门的安全监管责任。针对不同类型、规模、风险的企业，明确本级政府部门和下级政府部门职责范围，实行分类、分层级监管执法，解决重复执法、叠加执法等问题。针对涉及行业监管部门多，监管部门职责关联性大的企业，可建立联合执法机制，提高监管效率质量，减少企业负担。

3. 加强安全生产应急管理体系的建设

一个健全完善的应急系统或者体系是指导人们解决事故的依据。良好的应急管理体制在帮助国家应对重大突发事故时，能起到至关重要的作用。当前安全生产任务繁重，安全生产事故时有发生，加强安全生产的应急管理体系的建设，有效防范、主动应对各类事故灾难和安全生产突发情况，是安全生产工作的重要内容。

一是完善重大安全生产事故的预防与准备机制。需要普及宣传应急知识并提高应急意识、加大生产教育培训力度和法制力度、保障人力物力资源及技术准备水平、提高应急预案演练水平和实战能力。

二是完善重大安全生产事故的信息报送与公开机制。重大安全生产事故信息公开与报送是信息时代民主与法治建设的重要内容。安全事故带来的巨大社会影响，要求政府及时、全面公开事故相关信息。首先要明确信息报送的责任主体，我国相关政府机构呈现责任划分不明确、职能重叠的现象。事故发生后，容易产生责任推诿或无具体问责主体现象。应明确合理划分权责，各项责任事故做到问责对象明确。其次，政府官员问责实现制度化、法制化。问责程序应有规范的流程和确切的法律依据，这是为了确保问责程序有效运转，也是防止问责陷入人治误区；其次，重视新闻发布机制的构建，重视新闻发布内容的时效性和客观性。安全事故发生后，公众最为关注的是事故的发展状况和政府的处理措施。政府机构在组织召开新闻发布会应做到及时，所发布的信息应保持客观，不能代入自己的主观臆断。建立政府与媒体间互相独立又互相监督的良性互动机制，与媒体保持良好沟通，通过媒体渠道树立政府新形象。这就要求政府保证信息发布渠道通畅、透明，同时也要与新闻媒体界保持互信。

三是完善重大安全生产事故的应急响应与处理机制。应急响应与应急处理机制是处理重大安全生产事故最关键的环节。事故发生的突然性和扩散的急速性，要求政府机构和相关人员及时采取有效的措施，抓住事故救援黄金期。我国当前的应急响应有 7 个方面内容，具体包括：应急响应级别、应急响应活动、信息报送和处理、指挥和协调、应急处置、信息发布和应急结束。应急处置主要包括启动以及机制、组建应急工作结构、展开应急救援和适时公布事件进展等。政府机构对其双管齐下，则会达到事半功倍的效果。

　　四是完善重大安全生产事故的事后重建与社会参与机制。安全生产事故应急管理最后一环则是事后恢复重建，它事关民生。恢复重建的内容包括维修和重建灾毁的公共设施、废墟清理、提供临时住所、心理咨询等。更重要的是后续工作中如何增强对同类事故的防御能力。这就要着重完善事后重建机制。首先需要完善受灾群众保障机制，我国《安全生产法》第 48 条是关于从业人员因生产安全事故受到损害时有权要求赔偿的规定，一方面，从业人员在生产安全事故中受到损害依法享有工伤保险；另一方面，如果生产经营单位对事故的发生负有责任，在事故中受到损害的从业人员有权依照有关民事法律要求民事赔偿。其次是规范事故调查处理流程，严格按照《生产安全事故报告和调查处理条例》规定进行事故查处。最后是整合非政府组织的资源。非政府组织与志愿者是政府应急力量的有益而必要的补充，独立于政府和营利性企业。我国非政府组织在参与事故处理中发挥着独特的作用。一方面，非政府组织更贴近公众，能提供更符合公众需求的资源信息；另一方面，由于我国非政府组织近年来发展迅速，但缺乏行为规范，在维护社会稳定和平稳公众情绪方面产生了一定的消极影响。如何更好地整合非政府组织资源，使其更好地发挥组织优势，成为我国应急机制建设中面临的新问题。

　　4. 加强从业者安全文化建设工作

　　据统计，90% 的生产事故都是由于人的不安全行为造成的。这就突显了加强从业人员安全教育培训的重要性。如山东威海荣成市福建海运"金海翔"号货轮"5·25"重大中毒窒息事故是由于技术人员操作不当，导致 10 人中毒窒息死亡、19 人受伤，直接经济损失 1903 万元。安全生产的灵魂是安全文化，而安全文化的核心是从业者的安全素养。目前，安全生产领域存在着诸多问题。例如，很多企业定期设备检查没进行，该换的零部件没有及时更换，该执行的规章制度没有执行，这些看似无伤大雅的"小疏忽"，其实归根到底是各职能中心、单位领导和企业员工安全生产意识的缺失。因此，提高从业者的安全生产意识，是预防安全生产事故发生的有效手段。企业负责人和党委政府要充分重视安全文化的建设工作，加大安全生产知识的宣传力度，通过宣传、培训等手段，通过安全生产标语的展示、安全生产月等活动的开展，做到安全知识多传达、安全设备常检查，最大限度降低安全事故的发生率。

5. 加大安全生产的资金投入力度

对安全生产环境的监测能够避免危险，提升安全生产质量，而对安全生产环境的监测恰恰需要高科技的研发和创新。通过加大高科技的资金投入，积极推进物联网的科技创新和建设。据调查数据显示，生产环境的变化是多起安全生产事故发生的主要因素之一。因此，充分发挥物联网技术对生产环境的监测作用，通过对各种传感器、云计算等高科技技术的应用，能够大大降低安全生产事故的发生率。

第四章

应急管理执法典型案例汇总分析

一、安全防护措施类违法

（一）概述

生产经营单位负有采取安全保障防护措施的义务。《安全生产法》第 32 条规定"生产经营单位应当在有较大危险因素的生产经营场所和有关设施、设备上，设置明显的安全警示标志"；第 33 条规定"安全设备的设计、制造、安装、使用、检测、维修、改造和报废，应当符合国家标准或者行业标准。生产经营单位必须对安全设备进行经常性维护、保养，并定期检测，保证正常运转。维护、保养、检测应当作好记录，并由有关人员签字"；第 36 条规定"生产、经营、运输、储存、使用危险物品或者处置废弃危险物品的，由有关主管部门依照有关法律、法规的规定和国家标准或者行业标准审批并实施监督管理。生产经营单位生产、经营、运输、储存、使用危险物品或者处置废弃危险物品，必须执行有关法律、法规和国家标准或者行业标准，建立专门的安全管理制度，采取可靠的安全措施，接受有关主管部门依法实施的监督管理"；第 37 条规定"生产经营单位对重大危险源应当登记建档，进行定期检测、评估、监控，并制定应急预案，告知从业人员和相关人员在紧急情况下应当采取的应急措施。生产经营单位应当按照国家有关规定将本单位重大危险源及有关安全措施、应急措施报有关地方人民政府安全生产监督管理部门和有关部门备案"；第 42 条规定"生产经营单位必须为从业人员提供符合国家标准或者行业标准的劳动防护用品，并监督、教育从业人员按照使用规则佩戴、使用"。

（二）典型案例分析

1. 深圳市建恒管理服务有限公司未设置安全生产警示标志案

案情： 2020 年 7 月 20 日，深圳市宝安区应急管理局行政执法人员对深圳市建恒管理服务有限公司进行执法检查，发现该生产经营单位未在有限空间作业场所设置明显的安全警示标志，其行为违反了《工贸企业有限空间作业安全管理与监督暂行规定》第 19 条第 2 项的规定，依据《工贸企业有限空间作业安全管理与监督暂行规定》第 28 条第 1 项的规定，宝安区应急管理局于 2020 年 8 月 13 日，对该公司处罚款人民币 20 000 元的行政处罚。

法律分析： 该案中，深圳市建恒管理服务有限公司主要违法行为是未在有限空间作业场所设置明显的安全警示标志，其行为违反了《工贸企业有限空间作业安全管理与监督暂行规定》第 19 条的规定，"工贸企业有限空间作业还应当符合下列要求：（一）保持有限空间出入口畅通；（二）设置明显的安全警示标志和警示说明；（三）作业前清点作业人员和工器具；（四）作业人员与外部有可靠的通讯联络；（五）监护人员不得离开作业现场，并与作业人员保持联系；（六）存在交叉作业时，采取避免互相伤害的措施。"其第（二）项明确规定应当设置明显的安全警示标志和警示说明。《安全生产法》第 32 条也有类似的规定，"生产经营单位应当在有较大危险因素的生产经营场所和有关设施、设备上，设置明显的安全警示标志。"

执法主体对该种行为进行处罚，由于涉及对冶金、有色、建材、机械、轻工、纺织、烟草、商贸企业（以下统称工贸企业）有限空间作业的安全管理与监督，《工贸企业有限空间作业安全管理与监督暂行规定》中有特别的规定。其第 28 条规定："工贸企业有下列行为之一的，由县级以上安全生产监督管理部门责令限期改正，可以处 5 万元以下的罚款；逾期未改正的，处 5 万元以上 20 万元以下的罚款，其直接负责的主管人员和其他直接责任人员处 1 万元以上 2 万元以下的罚款；情节严重的，责令停产停业整顿：（一）未在有限空间作业场所设置明显的安全警示标志的；（二）未按照本规定为作业人员提供符合国家标准或者行业标准的劳动防护用品的。"其中明确未在有限空间作业场所设置明显的安全警示标志的行为应当进行处罚。

2. 西安翰邦工程机械租赁有限公司未采取安全防护措施案

案情： 2020 年 3 月 30 日，位于西安高新区西太路羊元村西，西安翰邦工程机械租赁有限公司一辆叉车在退场时侧翻，造成 1 名叉车驾驶员死亡，直接经济损失 105.92 万元。经调查，西安翰邦工程机械租赁有限公司未对驾驶员方某某开展安全教育培训；未监督方某某佩戴安全帽、系安全带，技术交底不到位；未按规定对事故叉车进行检验。以上行为违反了《安全生产法》第 42 条的规定。中铁一局施工现场安全管理不到位，项目级安全教育培训记录未签字；疏于施工现场管理，使用未经检验的叉车，叉车作业现场盯控人员邓某某盯控不到位，未监督叉车离场，致使叉车开至非平坦硬实路面，未监督方某某佩戴安全帽、系安全带，技术交底不到位，对此次事故的发生负有重要责任。以上行为违反了《安全生产法》第 41 条、第 42 条的规定，市应急管理局依据《安全生产法》第 109 条第 1 项的规定，给予其相应的行政处罚。

法律分析：该案中，西安翰邦工程机械租赁有限公司未监督方某某佩戴安全帽、系安全带，技术交底不到位。该种行为主要违反《安全生产法》第 41 条和第 42 条的规定。《安全生产法》第 41 条规定："生产经营单位应当教育和督促从业人员严格执行本单位的安全生产规章制度和安全操作规程；并向从业人员如实告知作业场所和工作岗位存在的危险因素、防范措施以及事故应急措施。"在《安全生产法》第 42 条中，"提供符合国家标准或者行业标准的劳动防护用品"与"监督、教育从业人员按照使用规则佩戴、使用"是并列的，即生产经营单位的义务不仅仅只有提供，还有监督从业人员规范佩戴和使用，只提供而不监督、教育，同样是违法行为。

从《安全生产法》第 42 条的规定来看，只提供而不监督、教育同样是违法行为，也应当受到处罚。执法主体对该行为进行处罚，主要依据《安全生产法》第 96 条的规定，其第 4 项明确未为从业人员提供符合国家标准或者行业标准的劳动防护用品的应当受到处罚，以及《安全生产法》第 109 条的规定，发生生产安全事故，对负有责任的生产经营单位除要求其依法承担相应的赔偿等责任外，由安全生产监督管理部门依照下列规定处以罚款：发生一般事故的，处 20 万元以上 50 万元以下的罚款。

（三）类似案例

1. 2020 年 5 月 7 日，执法人员发现顺峰饮食酒店管理股份有限公司北京顺峰分公司未在有较大危险因素的生产经营场所和有关设施、设备上设置明显的安全警示标志；未按照《工贸企业有限空间作业安全管理与监督暂行规定》对有限空间作业制定作业方案或者方案未经审批擅自作业；未按照《工贸企业有限空间作业安全管理与监督暂行规定》对有限空间作业进行辨识、提出防范措施、建立有限空间管理台账，违反了《工贸企业有限空间作业安全管理与监督暂行规定》第 8 条的规定，违反了《安全生产法》第 32 条的规定，违反了《工贸企业有限空间作业安全管理与监督暂行规定》第 7 条的规定，北京市应急管理局依法对其处人民币 6 万元的罚款。

2. 2020 年 6 月 22 日，深圳市宝安区应急管理局执法人员到深圳市正海虹涂料有限公司进行执法检查，发现存在以下行为：未将危险化学品（悦亮剂，储存量 50 桶，净重 8kg/桶，共 400kg）储存在专用仓库内。其行为违反了《危险化学品安全管理条例》第 24 条第 1 款的规定。宝安区应急管理局于 2020 年 8 月 6 日，依据《危险化学品安全管理条例》第 80 条第 1 款第 4 项和《深圳市应急管理行政处罚自由裁量权实施标准（2019 年版）》违法行为编号第 3031 项，对该公司处罚款人民币 55 000 元。

3. 2020 年 11 月 27 日，执法人员发现北京世纪鸿兴食府有限公司未在有较大危险因素的生产经营场所和有关设施、设备上设置明显的安全警示标志，未定期通报事故隐患排查治理情况，或者未公示重大事故隐患的危害程度、影响范围和应急措施，未与承包单位、承租单位签订专门的安全生产管理协议或者未在承包合同、租赁合同中明确各自的安全生产管理职责，或者未对承包单位、承租单位的安全生产统一协调、管理，在应急预案编制前未按照规定开展风险评估和应急资源调查，违反了《安全生产法》第 32 条、第 46 条第 2 款，《生产安全事故应急预案管理办法》第 10 条第 1 款，《北京市生产安全事故隐患排查治理办法》第 11 条的规定，北京市应急管理局依法对其处人民币 55 000 元的罚款。

4. 2020 年 12 月 15 日，执法人员发现北京利宏达建筑工程有限公司对安全设备的安装、使用、检测、改造和报废不符合国家标准或者行业标准，违反了《安全生产法》第 33 条第 1 款的规定，北京市应急管理局依法对其处人民币 1 万元的罚款。

5. 2020 年 11 月 19 日，执法人员发现上海倍达彩印包装有限公司危险化学品储存场所未安装可燃气体检测报警装置、排风扇、防雷设施等安全设施、设备，违反了《危险化学品安全管理条例》第20条第1款和第32条，依据《危险化学品安全管理条例》第80条第1款第2项，上海市应急管理局依法对其处以人民币8万元罚款。

6. 2020年6月10日，执法人员到深圳市蓝宝实业有限公司进行执法检查，发现存在以下行为：（1）未将危险化学品储存在专用仓库内；（2）未根据其生产、储存的危险化学品的种类和危险性，在作业场所设置相关安全设施；（3）生产经营场所应当设有保持畅通的出口。第1项行为违反了《危险化学品安全管理条例》第24条第1款，第2项行为违反了《危险化学品安全管理条例》第20条第1款，第3项行为违反了《安全生产法》第39条第2款。宝安区应急管理局于2020年8月10日，依据《危险化学品安全管理条例》第80条第1款第4项和第80条第1款第2项、《安全生产法》第102条第2项，参照《深圳市应急管理行政处罚自由裁量权实施标准（2019年版）》编号第3031号、第3028号、第1022号的规定，对该公司处以人民币13万元罚款。

7. 2020年10月29日，执法人员到深圳市泰兴德科技有限公司进行执法检查，发现存在以下行为：安全设备安装不符合国家标准（铝粉抛光车间3台抛光机未安装防爆马达），其行为违反了《安全生产法》第33条第1款的规定。宝安区应急管理局于2020年11月24日，依据《安全生产法》第96条第2项，并参照《深圳市应急管理行政处罚自由裁量权实施标准（2020年版）》第1012项，对该公司处以人民币3万元罚款。

8. 2020年10月21日，执法人员到深圳市星中原投资有限公司进行执法检查，发现存在以下行为：未与承租单位签订专门的安全生产管理协议且未对承租单位的安全生产统一协调、管理，其行为违反了《安全生产法》第46条第2款的规定。宝安区应急管理局于2020年11月25日，依据《安全生产法》第100条第2款，并参照《深圳市应急管理行政处罚自由裁量权实施标准（2020年版）》第1025项，对该公司处以人民币2万元罚款。

9. 2020年10月21日，执法人员到星株电子科技（深圳）有限公司进行执法检查，发现存在以下行为：安全设备的安装不符合国家标准（1台滚筒式除油机未安装防护罩）。其行为违反《安全生产法》第33条第1款的规定。宝安区应急管理局于2020年11月20日，依据《安全生产法》第96条第2项的规定，对该公司处人民币 2 万元罚款。

10. 2020 年 10 月 19 日，执法人员对深圳市智德家居饰品有限公司进行执法检查，发现该生产经营单位安全设备的安装不符合国家标准（一楼生产车间分纸压线机转轴未安装安全防护装置）共一处，其行为违反了《安全生产法》第 33 条第 1 款的规定，依据《安全生产法》第 96 条第 2 项的规定，宝安区应急管理局于 2020 年 11 月 17 日，对该公司处罚款人民币 2 万元的行政处罚。

11. 2020 年 5 月 26 日，执法人员到镒胜电子（深圳）有限公司进行执法检查，发现存在以下行为：安全设备的安装不符合国家标准（1 台注塑机高温区域未安装防护装置）。其行为违反了《安全生产法》第 33 条第 1 款的规定。宝安区应急管理局于 2020 年 7 月 3 日，依据《安全生产法》第 96 条第 2 项及《深圳市应急管理行政处罚自由裁量权实施标准（2019 年版）》违法行为编号第 1013 项，对该公司处罚款人民币 2 万元。

12. 2020 年 5 月 11 日，执法人员到多华塑胶色料（深圳）有限公司进行执法检查，发现存在以下行为：安全设备的安装不符合国家标准（1 台注塑机加热圈区域未安装防护装置）。其行为违反了《安全生产法》第 33 条第 1 款的规定。宝安区应急管理局于 2020 年 7 月 3 日，依据《安全生产法》第 96 条第 2 项及《深圳市应急管理行政处罚自由裁量权实施标准（2019 年版）》违法行为编号第 1013 项，对该公司处罚款人民币 2 万元。

13. 2020 年 6 月 9 日，执法人员对深圳市宏达威化工有限公司沙井分厂进行执法检查，发现该生产经营单位未根据其生产、储存的危险化学品的种类和危险特性，在作业场所设置相关设施、设备：氢氧化钾（共 39 包，每包 25 公斤，共计 975 公斤）的储存仓库的墙体和地面无防腐蚀措施，其行为违反了《危险化学品安全管理条例》第 20 条第 1 款的规定，依据《危险化学品安全管理条例》第 80 条第 1 款第 2 项的规定，宝安区应急管理局于 2020 年 7 月 8 日，对该公司处罚款人民币 5 万元的行政处罚。

14. 2020 年 4 月 24 日，执法人员对建达高科电路（深圳）有限公司进行检查时，发现该公司三楼烤箱房可燃气体浓度报警装置主机未安装在 24 小时有人值守的场所，不符合《火灾自动报警系统设计规范》（GB50116-2013）第 8.3.1 条的要求。其行为违反了《安全生产法》第 33 条第 1 款的规定。坪山区应急管理局于 2020 年 5 月 22 日，依据《安全生产法》第 96 条第 2 项的规定，对该公司处以人民币 2 万元罚款。

15. 2020 年 12 月 3 日，执法人员发现北京中材人工晶体研究院有限公司未在有较大危险因素的生产经营场所和有关设施、设备上设置明显的安全警示标志，违反了《安全生产法》第 32 条的规定，北京市应急管理局依法对其处人民币 1 万元的罚款。

16. 2020 年 2 月 27 日，执法人员发现深圳市深长实业股份有限公司高尔夫加油站未按规定对安全设备进行经常性维护、保养（5 号加油机油气回收系统过滤器密封圈损坏，设备运转不正常，出现渗漏），该行为违反了《安全生产法》第 33 条第 2 款的规定，复查当日，该单位已经整改，依据《安全生产法》第 96 条第 3 项的规定，参照《深圳市应急管理行政处罚自由裁量权实施标准（2019 年版）》中"责令限期改正，发现三台以下安全设备未进行经常性维护、保养，并可处 2 万元罚款"的裁量标准，对该单位处人民币 2 万元罚款的行政处罚。

二、安全管理制度类违法

（一）概述

生产经营单位负有建立健全本单位各类安全管理制度的义务，主要负责人应依法履行职责。《安全生产法》第 18 条规定："生产经营单位的主要负责人对本单位安全生产工作负有下列职责：（一）建立、健全本单位安全生产责任制；（二）组织制定本单位安全生产规章制度和操作规程；（三）组织制定并实施本单位安全生产教育和培训计划；（四）保证本单位安全生产投入的有效实施；（五）督促、检查本单位的安全生产工作，及时消除生产安全事故隐患；（六）组织制定并实施本单位的生产安全事故应急救援预案；（七）及时、如实报告生产安全事故"；第 19 条规定："生产经营单位的安全生产责任制应当明确各岗位的责任人员、责任范围和考核标准等内容。生产经营单位应当建立相应的机制，加强对安全生产责任制落实情况的监督考核，保证安全生产责任制的落实。"

（二）类似案例

1. 2020 年 9 月 28 日，执法人员发现河北欧克新型材料股份有限公司：（1）出具的安全现状评价报告日期为 2017 年 3 月 13 日，未按照《危险化学品安全管理条例》规定对其安全生产条件每 3 年进行一次安全评价。（2）水解车间一层抽滤泵联轴器防护罩安装密封不严，不符合《生产设备安全卫生设计总则》（GB5083-1999）第 6.1.6 的规定。（3）云母片煅烧车间转窑岗位过滤泵联轴器未设置防护罩，不符合《生产设备安全卫生设计总则》（GB5083-1999）第 6.1.6 的规定。（4）法定代表人刘彦利、总经理马国毅均未取得主要负责人安全生产知识和管理能力考核合格证书。（5）企业安全员王福华（2015 年任命）未取得安全生产知识和管理能力考核合格证书。第 1 项事实违反了《危险化学品安全管理条例》第 22 条第 1 款的规定，依据《危险化学品安全管理条例》第 80 条第 1 款第 3 项的规定，对该单位作出处人民币 55 000 元罚款的行政处罚。以上第 2、3 项事实违反了《安全生产法》第 33 条第 1 款的规定，依据《安全生产法》第 96 条第 2 项的规定，对该单位作出处人民币 15 000 元罚款的行政处罚。以上第 4、5 项事实违反了《安全生产法》第 24 条第 2 款的规定，依据《安全生产法》第 94 条第 2 项的规定，对该单位作出处人民币 45 000 元罚款的行政处罚。综上所述，河北省应急管理厅依法对其处以 115 000 元的罚款。

2. 2020 年 10 月 21 日，执法人员到深圳市星中原投资有限公司进行执法检查，发现存在以下行为：未与承租单位签订专门的安全生产管理协议且未对承租单位的安全生产统一协调、管理（未与承租方黄耀剑签订专门的安全生产管理协议且未对承租方的安全生产统一协调、管理，共涉及 1 个承租单位），其行为违反了《安全生产法》第 46 条第 2 款的规定。宝安区应急管理局于 2020 年 11 月 25 日，依据《安全生产法》第 100 条第 2 款，参照《深圳市应急管理行政处罚自由裁量权实施标准（2020 年版）》第 1025 项，对该公司处人民币 2 万元罚款。

3. 2020 年 8 月 3 日，执法人员发现北京燕山集联石油化工有限公司违反操作规程或者安全管理规定作业，未建立专门安全管理制度、未采取可靠的安全措施，未根据其生产、储存的危险化学品的种类和危险特性，在作业场所设置相关安全设施、设备或者未按照国家标准、行业标准或者国家有关规定对安全设施、设备进行经常性维护、保养，未按照要求使用生产安全事故隐患排查治理信息系统，如实记录隐患排查治理情况，安全设备的安装、使用、检测、改造和报废不符合国家标准或者行业标准，违反了《北京市生产安全事故隐患排查治理办法》第16条的规定，违反了《安全生产法》第33条第1款的规定，违反了《危险化学品安全管理条例》第20条第1款的规定，违反了《安全生产法》第36条第2款的规定，违反了《安全生产违法行为行政处罚办法》第45条第1款第1项的规定，北京市应急管理局依法对其处以警告，并处人民币214 000元的罚款。

4. 2020年3月23日，执法人员对深圳市联盛通物流有限公司进行检查时，发现该公司存储危险物品（75%乙醇36桶，20kg/桶；二硫化碳70箱，21kg/箱；氢氟酸200桶，25kg/桶），未按规定建立专门安全管理制度，未采取可靠的安全措施。其行为违反了《安全生产法》第36条第2款的规定。罗湖区应急管理局于2020年4月30日，依据《安全生产法》第98条第1项的规定，对该公司处以人民币5万元罚款。

5. 2020年6月，执法人员对中国石油运输有限公司宁夏分公司石嘴山分配中心进行检查，发现该公司未按照规定在运输前检查运输车辆，未按规定配备专职监控人员，未按规定建立车辆技术档案。该行为违反了《危险货物道路运输安全管理办法》第25条、《道路运输车辆动态监督管理办法》第22条以及《道路运输车辆技术管理规定》第14条之规定，依据《危险货物道路运输安全管理办法》第60条第3项、《道路运输车辆动态监督管理办法》第36条第3项以及《道路运输车辆技术管理规定》第31条第4项之规定，给予罚款人民币18 000元的行政处罚。

三、应急预案类违法

（一）概述

生产经营单位有制定应急预案并落实的义务。《安全生产法》第78条规定："生产经营单位应当制定本单位生产安全事故应急救援预案，与所在地县级以上地方人民政府组织制定的生产安全事故应急救援预案相衔接，并定期组织演练。"

（二）典型案例分析

江西九江市瑞昌中顺物流有限公司未制定应急预案案

案情： 2020 年 5 月 7 日 12 时 42 分，浔阳区金鸡坡滨江大道发生一起货车与三轮摩托车相撞事故，造成 1 人死亡，直接经济损失约 48 万元。执法人员发现该单位瑞昌中顺物流有限公司对车辆违章行为管控不到位，应急预案不完善，依据《安全生产法》第 2 条，建议由九江市交通运输管理部门对该公司培训不到位及应急预案不完善等问题实施经济处罚，处罚结果报市安委会办公室备案。

法律分析： 该类行为主要违反《安全生产法》第 78 条规定。行为主体上，瑞昌中顺物流有限公司是经营单位，依据该条规定负有制定落实应急救援预案的义务。执法主体对该行为的处罚，依据的是《安全生产法》第 94 条规定，"生产经营单位有下列行为之一的，责令限期改正，可以处五万元以下的罚款；逾期未改正的，责令停产停业整顿，并处五万元以上十万元以下的罚款，对其直接负责的主管人员和其他直接责任人员处一万元以上二万元以下的罚款：（一）未按照规定设置安全生产管理机构或者配备安全生产管理人员的；（二）危险物品的生产、经营、储存单位以及矿山、金属冶炼、建筑施工、道路运输单位的主要负责人和安全生产管理人员未按照规定经考核合格的；（三）未按照规定对从业人员、被派遣劳动者、实习学生进行安全生产教育和培训，或者未按照规定如实告知有关的安全生产事项的；（四）未如实记录安全生产教育和培训情况的；（五）未将事故隐患排查治理情况如实记录或者未向从业人员通报的；（六）未按照规定制定生产安全事故应急救援预案或者未定期组织演练的；（七）特种作业人员未按照规定经专门的安全作业培训并取得相应资格，上岗作业的"，其中第 6 项明确未制定或未定期组织演练的，可以处责令限期改正、责令停产停业整顿和罚款的处罚方式，以及对直接负责的主管人员和其他直接责任人员的罚款处罚方式。其中，单位是直接的违法主体，对其当然应当进行处罚。其直接负责的主管人员和其他直接责任人员，对于单位的行为具有领导和决策权，对该违法行为的发生也具有直接的责任，需要对违法行为承担责任。在刑法上，对单位犯罪也有双罚制的规定，也是为了对相关责任人员起到惩戒的作用，加大对违法犯罪行为的制裁力度。

此外,《安全生产法》第78条与第94条也规定了应急预案未定期演练属于违法行为。安全应急预案制定之后,还需要定期进行演练,以确保相关应急措施的熟练和有效,在面对安全事故时能切实发挥效果。从法条来看,应急预案未制定与未定期演练是处于同等地位的,其采用的是"或"的并列式用语,制定预案与定期演练,制度设计与实际运行,缺一不可。

（三）类似案例

1. 2020年12月10日,执法人员发现德瓦斯（北京）能源技术开发有限公司未按照规定进行应急预案修订,违反了《生产安全事故应急预案管理办法》第36条第1款第1项的规定,北京市应急管理局依法对其处人民币25 000元的罚款。

2. 2020年10月12日,执法人员到深圳市跃派科技有限公司进行执法检查,发现存在以下行为:（1）从业人员安全培训的时间少于《生产经营单位安全培训规定》或者有关标准规定（9人以上培训时间不符合规定）;（2）未按照规定进行应急预案修订;（3）生产经营单位在应急预案编制前未按照规定开展风险评估和应急资源调查。其行为违反了《安全生产培训管理办法》第11条、《生产安全事故应急预案管理办法》（2019年中华人民共和国应急管理部令第2号）第36条和第10条的规定。宝安区应急管理局于2020年11月26日,依据《安全生产培训管理办法》第11条、《生产安全事故应急预案管理办法》第36条和第10条的规定,依据《安全生产培训管理办法》第36条第1项和《深圳市应急管理行政处罚自由裁量权实施标准（2020年版）》违法行为编号第1040项;《生产安全事故应急预案管理办法》第45条第5项和《深圳市应急管理行政处罚自由裁量权实施标准（2020年版）》违法行为编号第1051项、《生产安全事故应急预案管理办法》第45条第1款第1项和《深圳市应急管理行政处罚自由裁量权实施标准（2020年版）》违法行为编号第1046项,对该公司处罚款人民币49 000元。

3. 2020年7月17日,执法人员发现龙岩市闽顺机械制造有限公司未制定生产安全事故应急救援预案,其行为违反了《安全生产法》第78条、第94条,处人民币49 000元的罚款。

4. 2020年4月14日,执法人员发现上海新纺联汽车内饰有限公司企业未制定有限空间作业应急预案、未定期开展演练、未配备应急装备和器材,违反了《工贸企业有限空间作业安全管理与监督暂行规定》第 21 条，依据《工贸企业有限空间作业安全管理与监督暂行规定》第 29 条第 2 项，上海市应急管理局依法对其处以人民币 3 万元的罚款。

5. 2020 年 9 月 10 日，执法人员发现大庆油田有限责任公司呼伦贝尔分公司备案版《大庆油田海拉尔石油勘探开发指挥部生产安全事故应急预案》为 2017 年 9 月 1 日发布，2017 年 11 月 1 日在呼伦贝尔市安全生产监督管理局备案。至执法检查时，该单位名称、负责人均已发生变化，未及时对预案进行重新备案，违反了《生产安全事故应急预案管理办法》第 36 条第 1 项，依据《生产安全事故应急预案管理办法》第 44 条第 1 项，内蒙古自治区应急管理厅依法对其处以人民币 3 万元的罚款。

6. 2020 年 11 月 3 日，执法人员发现麦格纳汽车镜像（天津）有限公司喷漆车间、调漆间部分紧急疏散出口未设置符合疏散要求的安全疏散指示标识；企业未及时修订应急预案，违反了《安全生产法》第 39 条第 2 款、《生产安全事故应急预案管理办法》第 36 条第 1 款第 6 项的规定，依据《安全生产法》第 102 条第 2 项、《生产安全事故应急预案管理办法》第 45 条第 1 款第 5 项的规定，决定给予责令限期改正、处人民币 4 万元罚款的行政处罚。

四、安全生产培训类违法

（一）概述

生产经营单位应当建立安全培训计划，定期按规定进行培训，并如实记录和上报。《安全生产法》第 18 条规定"生产经营单位的主要负责人对本单位安全生产工作负有下列职责：（一）建立、健全本单位安全生产责任制；（二）组织制定本单位安全生产规章制度和操作规程；（三）组织制定并实施本单位安全生产教育和培训计划；（四）保证本单位安全生产投入的有效实施；（五）督促、检查本单位的安全生产工作，及时消除生产安全事故隐患；（六）组织制定并实施本单位的生产安全事故应急救援预案；（七）及时、如实报告生产安全事故"；第 22 条规定"生产经营单位的安全生产管理机构以及安全生产管理人员履行下列职责：（一）组织或者参与拟订本单位安全生产规章制度、操作规程和生产安全事故应急救援预案；（二）组织或者参与本单位安全生产教育和培训，如实记录安全生产教育和培训情况；（三）督促落实本单位重大危险源的安全管理措施；（四）组织或者参与本单位应急救援演练；（五）检查本单位的安全生产状况，及时排查生产安全事故隐患，提出改进安全生产管理的建议；（六）制止和纠正违章指挥、强令冒险作业、违反操作规程的行为；（七）督促落实本单位安全生产整改措施"；第25条规定"生产经营单位应当对从业人员进行安全生产教育和培训，保证从业人员具备必要的安全生产知识，熟悉有关的安全生产规章制度和安全操作规程，掌握本岗位的安全操作技能，了解事故应急处理措施，知悉自身在安全生产方面的权利和义务。未经安全生产教育和培训合格的从业人员，不得上岗作业。生产经营单位使用被派遣劳动者的，应当将被派遣劳动者纳入本单位从业人员统一管理，对被派遣劳动者进行岗位安全操作规程和安全操作技能的教育和培训。劳务派遣单位应当对被派遣劳动者进行必要的安全生产教育和培训。生产经营单位接收中等职业学校、高等学校学生实习的，应当对实习学生进行相应的安全生产教育和培训，提供必要的劳动防护用品。学校应当协助生产经营单位对实习学生进行安全生产教育和培训。生产经营单位应当建立安全生产教育和培训档案，如实记录安全生产教育和培训的时间、内容、参加人员以及考核结果等情况"。

（二）典型案例分析

深圳市跃派科技有限公司安全生产培训类违法行为案

2020年10月12日，宝安区应急管理局执法人员到深圳市跃派科技有限公司进行执法检查，发现该公司存在以下行为：（1）从业人员安全培训的时间少于《生产经营单位安全培训规定》或者有关标准规定（9人以上培训时间不符合规定）；（2）未按照规定进行应急预案修订；（3）生产经营单位在应急预案编制前未按照规定开展风险评估和应急资源调查。其行为违反了《安全生产培训管理办法》（2015年国家安全生产监督管理总局第80号令）第11条；《生产安全事故应急预案管理办法》第36条和第10条的规定。宝安区应急管理局于2020年11月26日，对该公司处罚款人民币49 000元。

法律分析：该案中，深圳市跃派科技有限公司存在以下违法行为：（1）从业人员安全培训的时间少于《生产经营单位安全培训规定》或者有关标准规定（9人以上培训时间不符合规定）；（2）未按照规定进行应急预案修订；

（3）生产经营单位在应急预案编制前未按照规定开展风险评估和应急资源调查。第一种行为违反了《安全生产培训管理办法》第12条"中央企业的分公司、子公司及其所属单位和其他生产经营单位，发生造成人员死亡的生产安全事故的，其主要负责人和安全生产管理人员应当重新参加安全培训。特种作业人员对造成人员死亡的生产安全事故负有直接责任的，应当按照《特种作业人员安全技术培训考核管理规定》重新参加安全培训"。第二种行为违反了《生产安全事故应急预案管理办法》第36条"有下列情形之一的，应急预案应当及时修订并归档：（一）依据的法律、法规、规章、标准及上位预案中的有关规定发生重大变化的；（二）应急指挥机构及其职责发生调整的；（三）安全生产面临的风险发生重大变化的；（四）重要应急资源发生重大变化的；（五）在应急演练和事故应急救援中发现需要修订预案的重大问题的；（六）编制单位认为应当修订的其他情况"。第三种行为违反了《生产安全事故应急预案管理办法》第10条的规定，"编制应急预案前，编制单位应当进行事故风险辨识、评估和应急资源调查。事故风险辨识、评估，是指针对不同事故种类及特点，识别存在的危险危害因素，分析事故可能产生的直接后果以及次生、衍生后果，评估各种后果的危害程度和影响范围，提出防范和控制事故风险措施的过程。应急资源调查，是指全面调查本地区、本单位第一时间可以调用的应急资源状况和合作区域内可以请求援助的应急资源状况，并结合事故风险辨识评估结论制定应急措施的过程"，该条明确规定编制应急预案前应当进行风险评估和应急资源调查。

执法人员对第一种违法行为的处罚，依据《安全生产培训管理办法》第11条以及《安全生产培训管理办法》第36条第1项和《深圳市应急管理行政处罚自由裁量权实施标准（2019年版）》违法行为编号第1040项。《安全生产培训管理办法》第36条第1项明确了从业人员安全培训的时间少于《生产经营单位安全培训规定》或者有关标准规定的，执法机关可以责令生产经营单位改正，处3万元以下的罚款。《深圳市应急管理行政处罚自由裁量权实施标准（2019年版）》违法行为编号第1040项则是对其的细化规定：未将安全培训工作纳入本单位工作计划并保证安全培训工作所需资金的生产经营单位，由安全生产监管监察部门责令其限期改正，可以处1万元以上3万元以下的罚款，并明确了罚款的标准。对第二种违法行为的处罚，依据有《生产安全事故应急预案管理办法》第 36 条、第 45 条第 5 项和《深圳市应急管理行政处罚自由裁量权实施标准（2019 年版）》违法行为编号第 1051 项。《生产安全事故应急预案管理办法》第 45 条第 5 项规定生产经营单位未按照规定进行应急预案修订的由县级以上人民政府应急管理部门责令限期改正，可以处 1 万元以上 3 万元以下的罚款。对第三种违法行为的处罚，依据有《生产安全事故应急预案管理办法》第 10 条、第 45 条第 1 款第 1 项和《深圳市应急管理行政处罚自由裁量权实施标准（2020 年版）》违法行为编号为第 1046 项。《生产安全事故应急预案管理办法》第 45 条第 1 款第 1 项规定生产经营单位在应急预案编制前未按照规定开展风险辨识、评估和应急资源调查的，由县级以上人民政府应急管理部门责令限期改正，可以处 1 万元以上 3 万元以下的罚款。《深圳市应急管理行政处罚自由裁量权实施标准（2020 年版）》违法行为编号第 1046 项则是对该处罚罚款标准的细化。

综上所述，《安全生产法》是处罚的一般法，如果出现了特别法详细规定而一般法只进行了概括规定的情形，则适用《生产经营单位安全培训规定》以及《安全生产培训管理办法》等特别法律规范。而各地方可能有相应的处罚标准具体细化规定，如《深圳市应急管理行政处罚自由裁量权实施标准》。

（三）类似案例

1. 2020 年 4 月 27 日 11 时左右，湖南经世新材料有限责任公司合成三车间设备安装项目建设工地叉车在转运新设备时发生物体打击事故，造成 1 人死亡。经调查组认定这是一起生产安全责任事故，该公司对事故发生负有责任。执法人员发现江汉油田泓盛油化工程潜江有限责任公司违反了《安全生产法》第 4 条、第 24 条第 2 款的规定，"危险物品的生产、经营、储存单位以及矿山、金属冶炼、建筑施工、道路运输单位的主要负责人和安全生产管理人员，应当由主管的负有安全生产监督管理职责的部门对其安全生产知识和管理能力考核合格"。依据《安全生产法》第 109 条第 1 款第 1 项的规定，决定给予罚款人民币 20 万元的行政处罚。

2. 2020 年 12 月 14 日，执法人员发现北京天罡星机械设备租赁有限公司未如实记录安全生产教育和培训情况，违反了《安全生产法》第 25 条第 4 款的规定，北京市应急管理局依法对其处人民币 15 000 元的罚款。

3. 2020 年 4 月 23 日，湖南省湘澧盐化有限责任公司在生产过程中发生一起车辆伤害事故，造成 1 人死亡。执法人员发现湖南省湘澧盐化有限责任公司未对从业人员进行安全生产教育和培训，保证从业人员具备必要的安全生产知识，熟悉有关的安全生产规章制度和安全操作规程，掌握本岗位的安全操作技能，对事故发生负有责任。该公司违反了《安全生产法》第 25 条第 1 款、第 33 条第 2 款的规定。依据《安全生产法》第 109 条第 1 项的规定，处罚款人民币 20 万元的行政处罚。

4. 2020 年 9 月 3 日，执法人员发现北京建宏印刷有限公司对生产经营单位从业人员安全培训的时间少于《生产经营单位安全培训规定》或者有关标准规定，违反了《安全生产培训管理办法》第 11 条的规定，北京市应急管理局依法对其处人民币 1 万元的罚款。

五、安全事故报告类违法

（一）概述

事故发生后，生产经营单位负有及时准确完整进行事故上报的义务。《安全生产法》第 80 条规定："生产经营单位发生生产安全事故后，事故现场有关人员应当立即报告本单位负责人。单位负责人接到事故报告后，应当迅速采取有效措施，组织抢救，防止事故扩大，减少人员伤亡和财产损失，并按照国家有关规定立即如实报告当地负有安全生产监督管理职责的部门，不得隐瞒不报、谎报或者迟报，不得故意破坏事故现场、毁灭有关证据。"

（二）典型案例分析

1. 辽宁嘉阳建筑工程集团安全事故瞒报案

2020 年 7 月 16 日，执法人员发现辽宁嘉阳建筑工程集团有限公司发生一起高处坠落事故，造成 1 人死亡，且辽宁嘉阳建筑工程集团有限公司涉嫌瞒报这起一般生产安全事故。依据《生产安全事故报告和调查处理条例》第 36 条第 1 项的规定，辽宁省应急管理厅依法对其处以人民币 100 万元的罚款。

法律分析：该类型违法行为主要违反《安全生产法》第 80 条的概括规定以及《生产安全事故报告和调查处理条例》的相关规定。这一行政法规对安全生产事故的报告作了非常详细的规定，相关生产经营单位违反的，也主要是其第4条的规定，"事故报告应当及时、准确、完整，任何单位和个人对事故不得迟报、漏报、谎报或者瞒报。事故调查处理应当坚持实事求是、尊重科学的原则，及时、准确地查清事故经过、事故原因和事故损失，查明事故性质，认定事故责任，总结事故教训，提出整改措施，并对事故责任者依法追究责任"，其第9条至第16条也详细规定了关于安全生产事故报告的相关内容，体现了"及时、准确、完整"报告安全生产事故的义务，比如第9条规定，"事故发生后，事故现场有关人员应当立即向本单位负责人报告；单位负责人接到报告后，应当于1小时内向事故发生地县级以上人民政府安全生产监督管理部门和负有安全生产监督管理职责的有关部门报告。情况紧急时，事故现场有关人员可以直接向事故发生地县级以上人民政府安全生产监督管理部门和负有安全生产监督管理职责的有关部门报告"，规定了生产经营单位的及时报告义务。

此外，该案中生产经营单位的违法行为主要是迟报和谎报，但依据《生产安全事故报告和调查处理条例》第4条的规定，迟报、漏报、谎报、瞒报四种类型都属于安全事故报告的违法行为，处于同一位阶。迟报，主要是时间上不符合要求；漏报，主要是内容上不完整；谎报，主要是上报虚假情况；瞒报，主要是不予上报，对应的是该条前半句中所述事故报告应当"及时、准确、完整"的要求。

执法主体对相应行为进行处罚，依据有《安全生产违法行为行政处罚办法》（2015年国家安全生产监督管理总局令第77号）和《生产安全事故报告和调查处理条例》。《安全生产违法行为行政处罚办法》是对安全生产违法行为行政处罚相关问题进行专门规定的部门规章，其第45条规定，"生产经营单位及其主要负责人或者其他人员有下列行为之一的，给予警告，并可以对生产经营单位处1万元以上3万元以下罚款，对其主要负责人、其他有关人员处1000元以上1万元以下的罚款：（一）违反操作规程或者安全管理规定作业的；（二）违章指挥从业人员或者强令从业人员违章、冒险作业的；（三）发现从业人员违章作业不加制止的；（四）超过核定的生产能力、强度或者定员进行生产的；（五）对被查封或者扣押的设施、设备、器材、危险物品和作业场所，擅自启封或者使用的；（六）故意提供虚假情况或者隐瞒存在的事故隐患以及其他安全问题的；（七）拒不执行安全监管监察部门依法下达的安全监管监察指令的",其第 6 项明确对"故意提供虚假情况或者隐瞒存在的事故隐患以及其他安全问题的"行为应给予处罚,可对生产经营单位及其主要负责人或者其他人员给予警告,并可以对生产经营单位处罚款,对其主要负责人、其他有关人员处罚款。《生产安全事故报告和调查处理条例》第 36 条规定,"事故发生单位及其有关人员有下列行为之一的,对事故发生单位处 100 万元以上 500 万元以下的罚款;对主要负责人、直接负责的主管人员和其他直接责任人员处上一年年收入 60% 至 100% 的罚款;属于国家工作人员的,并依法给予处分;构成违反治安管理行为的,由公安机关依法给予治安管理处罚;构成犯罪的,依法追究刑事责任:(一)谎报或者瞒报事故的;(二)伪造或者故意破坏事故现场的;(三)转移、隐匿资金、财产,或者销毁有关证据、资料的;(四)拒绝接受调查或者拒绝提供有关情况和资料的;(五)在事故调查中作伪证或者指使他人作伪证的;(六)事故发生后逃匿的",其第 1 项明确对谎报或者瞒报事故的单位及其有关人员应处以罚款,对主要负责人、直接负责的主管人员和其他直接责任人员处以罚款。

2. 北京国石安康科技有限公司未如实报告案

2020 年 11 月 6 日,执法人员发现北京国石安康科技有限公司给天津市金祺工贸有限公司出具的《安全现状评价报告》(合同编号:TJAP2020-001,以下简称《报告》)中,未对天津市金祺工贸有限公司氨分解工艺及其危险因素进行如实描述;未对退火车间火灾类别、拉丝车间的现场实际情况进行如实描述;未将不符合储存标准要求存放的液氮钢瓶如实描述并写入报告,上述关键危险有害因素漏项,尚未造成重大损失;此违法情形于 2019 年受过处罚,王亚强对危险有害因素辨识和分析存在漏项,项目组组长郝捷没有严格履行项目组组长责任,对报告质量把关不严,对评价过程控制不严格,2 人对《报告》中出现的问题负直接责任。评价项目组组长郝捷不到现场实际地点开展勘验;按照过程控制文件人员任务通知安排,王亚强、甘平燕负责危险有害因素辨识与分析,实际进行此工作的人员只有王亚强一人,该行为违反了《安全评价检测检验机构管理办法》的规定,依据《安全评价检测检验机构管理办法》第 30 条第 2、8、10 项的规定,决定给予警告,责令改正,处人民币 2 万元罚款的行政处罚。

法律分析:本案中北京国石安康科技有限公司给天津市金祺工贸有限公

司出具的《安全现状评价报告》未对天津市金祺工贸有限公司氨分解工艺及其危险因素进行如实描述，属于未如实报告案。《安全评价检测检验机构管理办法》第22条规定，"安全评价检测检验机构及其从业人员不得有下列行为：（一）违反法规标准的规定开展安全评价、检测检验的；（二）不再具备资质条件或者资质过期从事安全评价、检测检验的；（三）超出资质认可业务范围，从事法定的安全评价、检测检验的；（四）出租、出借安全评价检测检验资质证书的；（五）出具虚假或者重大疏漏的安全评价、检测检验报告的；（六）违反有关法规标准规定，更改或者简化安全评价、检测检验程序和相关内容的；（七）专职安全评价师、专业技术人员同时在两个以上安全评价检测检验机构从业的；（八）安全评价项目组组长及负责勘验人员不到现场实际地点开展勘验等有关工作的；（九）承担现场检测检验的人员不到现场实际地点开展设备检测检验等有关工作的；（十）冒用他人名义或者允许他人冒用本人名义在安全评价、检测检验报告和原始记录中签名的；（十一）不接受资质认可机关及其下级部门监督抽查的。本办法所称虚假报告，是指安全评价报告、安全生产检测检验报告内容与当时实际情况严重不符，报告结论定性严重偏离客观实际"。

本案违反第5项"出具虚假或者重大疏漏的安全评价、检测检验报告的"，第6项"违反有关法规标准规定，更改或者简化安全评价、检测检验程序和相关内容的"以及第8项"安全评价项目组组长及负责勘验人员不到现场实际地点开展勘验等有关工作的"，应根据相关规定对违法行为进行行政处罚。

根据《安全评价检测检验机构管理办法》第30条的规定，"安全评价检测检验机构有下列情形之一的，责令改正或者责令限期改正，给予警告，可以并处一万元以下的罚款；逾期未改正的，处一万元以上三万元以下的罚款，对相关责任人处一千元以上五千元以下的罚款；情节严重的，处一万元以上三万元以下的罚款，对相关责任人处五千元以上一万元以下的罚款：（一）未依法与委托方签订技术服务合同的；（二）违反法规标准规定更改或者简化安全评价、检测检验程序和相关内容的；（三）未按规定公开安全评价报告、安全生产检测检验报告相关信息及现场勘验图像影像资料的；（四）未在开展现场技术服务前七个工作日内，书面告知项目实施地资质认可机关的；（五）机构名称、注册地址、实验室条件、法定代表人、专职技术负责人、授权签字人发生变化之日起三十日内未向原资质认可机关提出变更申请的；（六）未按照有关法规标准的强制性规定从事安全评价、检测检验活动的；（七）出租、出借安全评价检测检验资质证书的；（八）安全评价项目组组长及负责勘验人员不到现场实际地点开展勘验等有关工作的；（九）承担现场检测检验的人员不到现场实际地点开展设备检测检验等有关工作的；（十）安全评价报告存在法规标准引用错误、关键危险有害因素漏项、重大危险源辨识错误、对策措施建议与存在问题严重不符等重大疏漏，但尚未造成重大损失的；（十一）安全生产检测检验报告存在法规标准引用错误、关键项目漏检、结论不明确等重大疏漏，但尚未造成重大损失的。"以此为依据进行行政处罚。

（三）类似案例

1. 2020 年 7 月 14 日，龙岩市应急管理局执法检查发现福建省潘洛铁矿有限责任公司未将 2019 年重大事故隐患整改治理情况向从业人员通报，并依据《安全生产法》第 38 条第 1 款、第 94 条处人民币 9000 元罚款。

2. 2020 年 8 月 26 日，天津市安全生产执法监察总队执法人员对欧利生涂料（天津）有限公司进行执法检查时发现，中智国际工程技术（北京）有限公司为该企业出具重大疏漏的安全评价报告，违反了《安全评价检测检验机构管理办法》第 22 条第 1 款第 5 项的规定，依据《安全评价检测检验机构管理办法》第 30 条第 10 项的规定，决定给予处人民币 3 万元罚款的行政处罚。

3. 2020 年 6 月 30 日，执法人员发现江西赣安安全生产科学技术咨询服务中心为中国石化销售股份有限公司天津石油分公司静海鑫盛加油站、中国石化销售股份有限公司天津石油分公司静海静新加油站和中石化津海（天津）石油制品销售有限公司静海津文路第一加油站三家加油站出具的安全验收评价报告存在未按规定在网上公开安全评价报告、未在开展现场服务前七个工作日书面告知、安全评价法律法规标准引用错误等问题，违反了《安全评价检测检验机构管理办法》第 4 条的规定，依据《安全评价检测检验机构管理办法》第 30 条第 1 款第 10 项规定，对该公司作出责令改正、处人民币 5000元罚款的行政处罚。

六、事故隐患排查治理类违法

（一）概述

生产经营单位负有及时排查并治理事故隐患的义务。《安全生产法》第38条第1款规定，"生产经营单位应当建立健全生产安全事故隐患排查治理制度，采取技术、管理措施，及时发现并消除事故隐患。事故隐患排查治理情况应当如实记录，并向从业人员通报。"

（二）典型案例分析

深圳市鑫宏丰投资有限公司未将事故隐患排查治理情况如实记录案

案情：2020年3月9日，深圳市光明区应急管理局对深圳市鑫宏丰投资有限公司（鑫宏丰工业园物业管理机构）进行执法检查时，发现该公司未与鑫宏丰工业园区内承租单位签订专门的安全生产管理协议或者未在租赁合同中明确各自的安全生产管理职责（园区现有承租单位17家，其中涉及未签订安全管理协议且租赁合同中也未明确各自的安全生产管理职责的有9家），同时该公司还存在未依法如实记录事故隐患排查治理情况的违法事实。其行为分别违反了《安全生产法》第46条第2款、第38条第1款的规定。光明区应急管理局于2020年5月12日，依据《安全生产法》第100条第2款、第94条第5项的规定，对该公司合并处以人民币8.5万元罚款。

法律分析：该类型违法行为主要违反《安全生产法》。依据《安全生产法》第38条的规定，建立隐患排查制度与如实记录并通报隐患排查治理情况，是生产经营单位在事故隐患排查方面两个主要的义务。该案中，生产经营单位的违法行为为未依法如实记录事故隐患排查治理情况，主要依据是《安全生产法》第38条的规定，"生产经营单位应当建立健全生产安全事故隐患排查治理制度，采取技术、管理措施，及时发现并消除事故隐患。事故隐患排查治理情况应当如实记录，并向从业人员通报。县级以上地方各级人民政府负有安全生产监督管理职责的部门应当建立健全重大事故隐患治理督办制度，督促生产经营单位消除重大事故隐患"。

执法主体对相应行为进行处罚，依据为《安全生产法》第94条第5项，明确对事故隐患排查治理情况未如实记录和通报的，应当进行"责令限期改正，可以处五万元以下的罚款；逾期未改正的，责令停产停业整顿，并处五万元以上十万元以下的罚款，对其直接负责的主管人员和其他直接责任人员处一万元以上二万元以下的罚款”的处罚。

（三）类似案例

1.2020年汉寿县应急管理局执法中发现汉寿县御宴酒店家具厂未建立生产安全事故隐患排查治理制度。该单位违反了《安全生产法》第38条第1款的规定，依据《安全生产法》第98条第4项的规定，决定给予责令限期改正、处罚款人民币5万元的行政处罚。

2.2020年临澧县应急管理局执法中发现澧县嘉峰锌业有限公司储存使用危险物品（硫酸）的仓库与员工宿舍为零距离，不符合《建筑设计防火规范》（GB-50016-2018）安全要求。该公司违反了《安全生产法》第39条第1款的规定，依据《安全生产法》第102条第1项的规定，决定给予该公司罚款人民币13 000元，对该公司法定代表人处罚款人民币2000元的行政处罚。

3.2020年10月15日，清远市清新区应急管理局执法人员开展安全生产执法检查，执法人员现场检查了清远市宏图助剂有限公司安全生产的落实情况，发现该公司存在未将危险化学品（甲酸、氨水）储存在专用仓库的问题。清远市宏图助剂有限公司未将危险化学品（甲酸、氨水）储存在专用仓库，违反了《危险化学品安全管理条例》第24条第1款的规定，依据《危险化学品安全管理条例》第80条第1款第4项，按照《安全生产行政处罚自由裁量适用规则（试行）》第14条第1款第2项的规定，对该公司作出责令改正，处人民币55 000元罚款的行政处罚。

4.2020年7月17日，龙岩市应急管理局执法人员发现长汀县濯田镇大丰黄伯田石料场未按照规定对从业人员进行安全生产教育培训，及未将事故隐患排查治理情况向从业人员通报，根据《安全生产法》第25条第1款，第38条第1款，第94条第3项、第5项处人民币18 000元罚款。

5.2020年12月1日，执法人员发现天津滨海联合石化物流有限公司未对事故隐患进行排查治理并擅自生产经营，违反了《安全生产事故隐患排查治理暂行规定》第15条第1款的规定，依据《安全生产事故隐患排查治理暂行规定》第26条第1款第5项的规定，决定处以人民币3万元罚款。

七、生产经营许可类违法

（一）概述

国家对矿山企业、建筑施工企业和危险化学品、烟花爆竹、民用爆炸物品生产企业（以下统称企业）实行安全生产许可制度。《安全生产许可证条例》（2014 年中华人民共和国国务院令第 653 号）第 2 条规定"国家对矿山企业、建筑施工企业和危险化学品、烟花爆竹、民用爆炸物品生产企业（以下统称企业）实行安全生产许可制度。企业未取得安全生产许可证的，不得从事生产活动。"

在建筑、危险化学品、金属冶炼、交通、采矿等特殊领域，我国对许可证进行严格监管。《安全生产法》第 60 条规定，"负有安全生产监督管理职责的部门依照有关法律、法规的规定，对涉及安全生产的事项需要审查批准（包括批准、核准、许可、注册、认证、颁发证照等，下同）或者验收的，必须严格依照有关法律、法规和国家标准或者行业标准规定的安全生产条件和程序进行审查；不符合有关法律、法规和国家标准或者行业标准规定的安全生产条件的，不得批准或者验收通过。对未依法取得批准或者验收合格的单位擅自从事有关活动的，负责行政审批的部门发现或者接到举报后应当立即予以取缔，并依法予以处理。对已经依法取得批准的单位，负责行政审批的部门发现其不再具备安全生产条件的，应当撤销原批准"。

《安全生产法》第 61 条规定，"负有安全生产监督管理职责的部门对涉及安全生产的事项进行审查、验收，不得收取费用；不得要求接受审查、验收的单位购买其指定品牌或者指定生产、销售单位的安全设备、器材或者其他产品。"如在烟花爆竹领域，《烟花爆竹经营许可实施办法》第 20 条规定，"零售许可证上载明的储存限量由发证机关根据国家标准或者行业标准的规定，结合零售点及其周围安全条件确定。"

（二）典型案例分析

山西盈德气体有限公司延期未取得安全生产许可证案

2020 年 2 月 24 日，执法人员发现山西盈德气体有限公司《安全生产许可证》2019 年 11 月 6 日到期，至 2019 年 12 月 30 日未取得延期批准手续，继续生产。依据《安全生产许可证条例》第 20 条、《安全生产违法行为行政处罚办法》第 56 条第 2 项的规定，决定给予山西盈德气体有限公司没收违法所得 321 802.34 元，并处 10 万元人民币罚款的行政处罚。

法律分析：《安全生产许可证条例》第 2 条规定，"国家对矿山企业、建筑施工企业和危险化学品、烟花爆竹、民用爆炸物品生产企业（以下统称企业）实行安全生产许可制度。企业未取得安全生产许可证的，不得从事生产活动"。根据《安全生产许可证条例》第 9 条规定，"安全生产许可证的有效期为 3 年。安全生产许可证有效期满需要延期的，企业应当于期满前 3 个月向原安全生产许可证颁发管理机关办理延期手续。企业在安全生产许可证有效期内，严格遵守有关安全生产的法律法规，未发生死亡事故的，安全生产许可证有效期届满时，经原安全生产许可证颁发管理机关同意，不再审查，安全生产许可证有效期延期 3 年"。

本案中，山西盈德气体有限公司的违法行为属于安全生产许可证未及时变更，据《安全生产许可证条例》第 20 条规定，"违反本条例规定，安全生产许可证有效期满未办理延期手续，继续进行生产的，责令停止生产，限期补办延期手续，没收违法所得，并处 5 万元以上 10 万元以下的罚款；逾期仍不办理延期手续，继续进行生产的，依照本条例第十九条的规定处罚"。

（三）类似案例

1. 2020 年 6 月 30 日，执法人员发现德之馨（上海）有限公司未将危险化学品储存在专用仓库，危险化学品生产企业主要负责人变更后未在规定时限内提出安全生产许可证变更申请，依据《危险化学品安全管理条例》第 80 条第 1 款第 4 项和《危险化学品生产企业安全生产许可证实施办法》第 47 条，上海市应急管理局对其责令改正，并对其处以人民币 6 万元罚款。

2. 2020 年 6 月 5 日，清远市清新区应急管理局执法人员对清远市华凯化工原料有限公司进行整改复查时发现该公司未按整改指令要求申请变更注册地址。清远市华凯化工原料有限公司逾期未向发证机关提出注册地址变更申请，违反了《危险化学品经营许可证管理办法》第 14 条第 1 项、第 2 项和第 4 项以及第 17 条第 1 项的规定，依据《危险化学品经营许可证管理办法》第 33 条，按照《安全生产行政处罚自由裁量适用规则（试行）》第 14 条第 1 款第 2 项的规定，对该公司作出处人民币 10 500 元罚款的行政处罚。

3. 2020 年 8 月，执法人员对宁夏开元房地产开发有限公司进行检查，发现该公司宁夏开元汉唐九街 C8、C9 商业楼项目未取得施工许可证并擅自施工建设。该行为违反了《宁夏回族自治区建筑管理条例》第 12 条之规定，依据《宁夏回族自治区建筑管理条例》第 57 条之规定，给予罚款人民币 60 700 元的行政处罚。

4. 2020 年 9 月 14 日，执法人员发现中国煤炭地质总局第四水文地质队未在营业执照法定代表人变更之日起 30 个工作日内向原安全生产许可证颁发管理机关申请变更安全生产许可证。违反了《非煤矿矿山企业安全生产许可证实施办法》第 21 条的规定。依据《非煤矿矿山企业安全生产许可证实施办法》第 44 条第 1 款的规定，河北省应急管理厅依法对其处以人民币 2 万元的罚款。

5. 2020 年 7 月 8 日，新疆维吾尔自治区应急管理厅执法监察总队执法人员对新疆同赢生物科技有限公司进行检查时，发现该公司未取得安全生产许可证并擅自生产销售浓度为 95% 的乙醇（酒精），该行为违反了《安全生产许可证条例》第 2 条的规定，依据《安全生产许可证条例》第 19 条的规定，自治区应急管理厅于 2020 年 11 月 12 日依法责令其停止生产、没收违法所得 87 725 元并处罚款人民币 10 万元。

6. 2020 年 9 月 17 日，执法人员发现承德巨鑫矿业有限公司未按规定配备专职安全生产管理人员（安全科王永平、田振国不在岗），不符合非煤矿山企业取得安全生产许可证应当设置安全生产管理机构或者配备专职安全生产管理人员的规定。违反了《非煤矿矿山企业安全生产许可证实施办法》第 6 条第 3 项的规定，依据《非煤矿矿山企业安全生产许可证实施办法》第 40 条的规定，河北省应急管理厅依法决定对该单位作出暂扣安全生产许可证的行政处罚。

7. 2020 年 3 月 17 日，执法人员在对山西华元医药生物技术有限公司执法检查时发现：（1）加油员郭某某未进行岗前培训上岗作业；（2）主要负责人由罗某某变更为陈某某后，未对危险化学品经营许可证进行变更。以上事实违反了《安全生产法》第 25 条第 1 款、《危险化学品经营许可证管理办法》第 14 条的规定。依据《安全生产法》第 94 条第 3 项、《危险化学品经营许可证管理办法》第 33 条的规定，决定给予该单位责令限期改正、处人民币 3 万元罚款的行政处罚。

八、主要负责人违法

(一) 概述

主要负责人要承担安全责任，《安全生产法》第 5 条规定，"生产经营单位的主要负责人对本单位的安全生产工作全面负责"。第 24 条第 1 款规定，"生产经营单位的主要负责人和安全生产管理人员必须具备与本单位所从事的生产经营活动相应的安全生产知识和管理能力"。

生产企业需要设置专门安全管理人员，《安全生产法》第 22 条规定："生产经营单位的安全生产管理机构以及安全生产管理人员履行下列职责：(一) 组织或者参与拟订本单位安全生产规章制度、操作规程和生产安全事故应急救援预案；(二) 组织或者参与本单位安全生产教育和培训，如实记录安全生产教育和培训情况；(三) 督促落实本单位重大危险源的安全管理措施；(四) 组织或者参与本单位应急救援演练；(五) 检查本单位的安全生产状况，及时排查生产安全事故隐患，提出改进安全生产管理的建议；(六) 制止和纠正违章指挥、强令冒险作业、违反操作规程的行为；(七) 督促落实本单位安全生产整改措施。"

对于危险物品、矿山、金属冶炼、建筑施工、道路运输单位等领域进行特别规定，《安全生产法》第 24 条第 2 款、第 3 款规定："危险物品的生产、经营、储存单位以及矿山、金属冶炼、建筑施工、道路运输单位的主要负责人和安全生产管理人员，应当由主管的负有安全生产监督管理职责的部门对其安全生产知识和管理能力考核合格。考核不得收费。危险物品的生产、储存单位以及矿山、金属冶炼单位应当有注册安全工程师从事安全生产管理工作。鼓励其他生产经营单位聘用注册安全工程师从事安全生产管理工作。注册安全工程师按专业分类管理，具体办法由国务院人力资源和社会保障部门、国务院安全生产监督管理部门会同国务院有关部门制定。"

(二) 典型案例分析

燕罗街道深圳市德雅高尼门业有限公司主要负责人未安全生产管理案

案情： 2020 年 4 月 16 日，燕罗街道深圳市德雅高尼门业有限公司发生一起机械伤害事故，造成 1 人受伤。经事故调查组调查查明并经区政府批复，该起事故是一起由机器设备存在安全隐患、公司主要负责人安全生产管理不到位、工人违章冒险作业而引发的生产安全责任事故。德雅高尼公司主要负责人张家铀履行安全生产管理职责不到位，未认真督促、检查本单位安全生产工作，未及时发现并消除本单位圆锯机安全防护装置缺失和工人违章冒险作业的生产安全事故隐患。其行为违反了《安全生产法》第18条第5项的规定。宝安区应急管理局于2020年8月19日根据《安全生产法》第92条第1项和《深圳市应急管理行政处罚自由裁量权实施标准（2019年版）》违法行为编号第2001项，对德雅高尼公司主要负责人张家铀罚款人民币3.6万元。

法律分析： 该案中，德雅高尼公司主要负责人张家铀履行安全生产管理职责不到位，未认真督促、检查本单位安全生产工作，未及时发现并消除本单位圆锯机安全防护装置缺失和工人违章冒险作业的生产安全事故隐患。主要违反了《安全生产法》第18条的规定，"生产经营单位的主要负责人对本单位安全生产工作负有下列职责：（一）建立、健全本单位安全生产责任制；（二）组织制定本单位安全生产规章制度和操作规程；（三）组织制定并实施本单位安全生产教育和培训计划；（四）保证本单位安全生产投入的有效实施；（五）督促、检查本单位的安全生产工作，及时消除生产安全事故隐患；（六）组织制定并实施本单位的生产安全事故应急救援预案；（七）及时、如实报告生产安全事故"，其中第5项明确了生产经营单位的主要负责人应当督促、检查本单位的安全生产工作，及时消除生产安全事故隐患。

执法人员对相关违法行为进行处罚，依据的主要是《安全生产法》《生产安全事故报告和调查处理条例》。《安全生产法》第92条第1项规定，"生产经营单位的主要负责人未履行本法规定的安全生产管理职责，导致发生生产安全事故的，由安全生产监督管理部门依照下列规定处以罚款：（一）发生一般事故的，处上一年年收入百分之三十的罚款"。至于具体的行政处罚自由裁量权的实施标准主要参考《生产安全事故罚款处罚规定（试行）》，其第4条第2款规定，"生产经营单位提供虚假资料或者由于财务、税务部门无法核定等原因致使有关人员的上一年年收入难以确定的，按照下列办法确定：（一）主要负责人的上一年年收入，按照本省、自治区、直辖市上一年度职工平均工资的5倍以上10倍以下计算；（二）直接负责的主管人员和其他直接责任人员的上一年年收入，按照本省、自治区、直辖市上一年度职工平均工资的1倍以上5倍以下计算。"

《深圳市应急管理行政处罚自由裁量权实施标准（2019 年版）》则是对《生产安全事故罚款处罚规定（试行）》在地方层面上的具体细化。其违法行为编号第 2001 项规定："因生产经营单位的主要负责人未履行《安全生产法》规定的安全生产管理职责而导致事故发生的"，符合《安全生产法》第18 条的违法行为，可以按照《安全生产法》第 91 条、第 92 条以及《生产安全事故罚款处罚规定（试行）》第 4 条第 2 款进行处罚，对生产经营单位的主要负责人依照以下规定处以罚款：发生一般事故的，处上一年年收入 30%的罚款；发生较大事故的，处上一年年收入 40%的罚款；发生重大事故的，处上一年年收入 60%的罚款；发生特别重大事故的，处上一年年收入 80%的罚款。"因生产经营单位提供虚假资料或者财务、税务部门无法核定等原因难以确定的，生产经营单位主要负责人的上一年年收入，按照广东省上一年度职工平均工资的 5 倍至 10 倍计算，具体为：发生一般事故的，按照 6 倍计算；发生较大事故的，按照 7 倍计算；发生重大事故的，按照 8 倍计算；发生特别重大事故的，按照 9 倍计算。"

（三）类似案例

1. 2020 年 4 月 3 日，航城街道深圳市石头电气有限公司发生一起火灾事故，经事故调查组调查查明并经区政府批复，该起事故是一起由设备电气线路存在安全隐患、公司主要负责人履行安全生产管理职责不到位而引发的生产安全责任事故。该起事故中，深圳市石头电气有限公司主要负责人谢世华履行安全生产管理职责不到位，未认真督促、检查本单位的安全生产工作，未及时发现并消除排风设备电气线路不达标和车间、仓库未进行有效防火分隔的生产安全事故隐患。其行为违反了《安全生产法》第 18 条第 5 项的规定。宝安区应急管理局于 2020 年 7 月 1 日，依据《安全生产法》第 92 条第 1项、《深圳市安全生产行政处罚自由裁量权实施标准（2020 年版）》违法行为编号 2001 项，对主要负责人谢世华处罚款人民币 60 723.67 元。

2. 2020 年 8 月 11 日，执法人员前往深圳市宝安区松岗街道某工业园区进行专项执法检查发现该工业园区管理机构未对承租单位的安全生产工作统一协调、管理并定期进行安全检查（涉及 4 个以上承租单位）。通过对工业园区负责人及承租企业负责人的口头询问，确认了该工业园区负责人未落实工业园区内安全生产统一协调、管理的职责。本案经执法人员查明并认定该工业园区未落实对承租单位的安全生产统一协调、管理的安全生产主体责任（涉及4个以上承租单位）。该工业园区未对承租单位的安全生产统一协调、管理（涉及4个以上承租单位）的行为违反了《安全生产法》第46条第2款，宝安区应急管理局依据《安全生产法》第100条第2款的规定，立即责令该工业园区限期30日内改正，并对上述违法行为处以罚款人民币45 000元。

3. 2020年9月17日，执法人员发现大同市平城区宏达石化有限责任公司云州街加油站未建立并落实从主要负责人到每个从业人员的隐患排查治理和监控责任制。以上事实违反了《安全生产事故隐患排查治理暂行规定》第8条第2款的规定。依据《安全生产事故隐患排查治理暂行规定》第26条第1项的规定，决定给予大同市平城区宏达石化有限责任公司云州街加油站责令限期改正、处人民币2万元罚款的行政处罚。

4. 2020年3月3日，执法人员发现天津圆硕供应链管理有限公司未制定法人吴益林、总经理杨民鑫的安全生产责任制，违反了《天津市安全生产条例》第14条第1款的规定，依据《天津市安全生产条例》第61条的规定，决定给予责令限期改正、处人民币2万元罚款的行政处罚。

九、特种作业人员资格证违法

（一）概述

特种作业人员必须按照国家有关规定经专门的安全作业培训，取得相应资格，方可上岗作业。

（二）典型案例分析

电焊工范某使用伪造的特种作业操作证上岗作业案

案情： 2020年4月28日，市监察支队对泰安市某公司进行了执法检查，发现该企业正在安装环保设备，安装单位某环保设备有限公司的电焊工范某持伪造的特种作业操作证上岗作业。电焊工范某使用伪造的特种作业操作证上岗作业，违反了《特种作业人员安全技术培训考核管理规定》（原国家安全监管令第30号，根据2013年8月29日原国家安全监管总局令第63号第一次修正，根据2015年5月29日原国家安全监管总局令第80号第二次修正）第36条第2款之规定。2020年5月13日，执法人员对范某下达警告，并处人民币2000元罚款的《行政处罚决定书》。

特种作业，是指容易发生人员伤亡事故，对操作者本人、他人及周围设施的安全有重大危害的作业。根据现行的有关规定，特种作业大致包括：（1）电工作业；（2）焊接与热切割作业；（3）高处作业；（4）制冷与空调作业；（5）煤矿安全作业；（6）金属非金属矿山安全作业；（7）石油天然气安全作业；（8）冶金（有色）生产安全作业；（9）危险化学品安全作业；（10）烟花爆竹安全作业；（11）有限空间安全作业；（12）应急救援作业；（13）应急管理部会同有关部门认定的其他。直接从事以上特种作业的人员，就是特种作业人员。特种作业人员所从事的工作，在安全程度上与单位内的其他工作有较大差别。他们在工作中接触的危险因素较多，危险性较大，很容易发生生产安全事故，而一旦发生事故，不仅对作业人员本人，还会对他人和周围设施造成很大危害。因此，对特种作业人员进行专门的培训教育，实行严格的管理，对减少和防止生产安全事故具有重要意义。因此，生产经营单位的特种作业人员必须按照国家有关规定经专门的安全作业培训，取得相应资格，方可上岗作业。没有取得特种作业相应资格的，不得上岗从事特种作业。特种作业人员的资格是安全准入类，属于行政许可范畴，由主管的负有安全生产监督管理职责的部门实施特种作业人员的考核发证工作。

（三）类似案例

1. 2020 年 7 月 21 日，韶关市应急管理局、翁源县应急管理局执法人员对翁源县凯通纤维板有限公司进行执法检查时发现该公司未建立特种作业人员管理台账、档案。翁源县凯通纤维板有限公司未建立特种作业人员管理台账、档案，违反了《特种作业人员安全技术培训考核管理规定》第 34 条的规定，依据《特种作业人员安全技术培训考核管理规定》第 38 条的规定，作出责令限期改正，给予罚款人民币 6000 元的行政处罚。

2. 2020 年 12 月 16 日，执法人员发现北京亿都伟业商贸有限公司未建立健全特种作业人员档案，违反了《特种作业人员安全技术培训考核管理规定》第 34 条的规定，北京市应急管理局依法对其处以警告，并处人民币 5000 元的罚款。

3. 2020 年 8 月 3 日，执法人员发现北京市龙冠硕春商贸有限公司特种作业人员未取得特种作业操作资格证书上岗作业，对重大危险源未登记建档，或者未进行评估、监控，或者未制定应急预案，违反了《危险化学品重大危险源监督管理暂行规定》第 13 条第 3 项的规定，北京市应急管理局依法对其处人民币 75 000 元的罚款。

4. 2020 年 5 月 7 日，执法人员发现北京二商大红门肉类食品有限公司未建立健全特种作业人员档案；未按照要求使用生产安全事故隐患排查治理信息系统，如实记录隐患排查治理情况；未按照规定对从业人员、被派遣劳动者、实习学生进行安全生产教育和培训，或者未按照规定如实告知有关的安全生产事项；未按照危险化学品重大危险源监督管理暂行规定要求开展重大危险源事故应急预案演练，违反了《北京市生产安全事故隐患排查治理办法》第 16 条、《安全生产法》第 25 条第 1 款、《特种作业人员安全技术培训考核管理规定》第 34 条、《危险化学品重大危险源监督管理暂行规定》第 21 条第 1 款第 1 项的规定，北京市应急管理局依法对其处以警告，并处人民币 45 000 元的罚款。

5. 2020 年 11 月 5 日，执法人员发现光洋（北京）国际广告有限公司特种作业人员未持证上岗作业，违反了《安全生产法》第 27 条，依据《安全生产法》第 94 条第 7 项，上海市应急管理局依法对其处以人民币 2 万元的罚款。

6. 2020 年 9 月 7 日，执法人员发现上海云曦网络科技有限公司使用未取得相应资格的人员从事特种作业，违反了《安全生产法》第 27 条第 1 款，依据《安全生产法》第 94 条第 7 项，上海市应急管理局依法对其处以人民币 3 万元的罚款。

7. 2020 年 11 月 18 日，执法人员发现沈阳万森木业有限公司未如实记录事故隐患排查治理情况；应急预案编制前未按照规定开展风险辨识评估和应急资源调查；未建立特种作业人员档案。依据《安全生产法》第 94 条第 5 项、《生产安全事故应急预案管理办法》第 45 条第 1 项、《特种作业人员安全技术培训考核管理规定》第 38 条，辽宁省应急管理厅依法对其处以人民币 25 000 元的罚款。

8. 2020 年 5 月 14 日，执法人员发现辽宁郁林木业有限公司未建立特种作业人员档案；未如实记录安全教育培训；事故隐患排查治理情况未如实记录、未向从业人员通报；调漆房门前未设置电释放仪；加工车间与砂光机连接的风管未设火花探测报警装置；整个车间无粉尘浓度报警仪；空压机房安全阀、压力表未检测；现场电工无特种作业人员资格证件。依据《特种作业人员安全技术培训考核管理规定》第38条，《安全生产法》第94条第4项、第5项、第7项和第96条第2项、第3项，辽宁省应急管理厅依法对其处以人民币45 000元的罚款。

9. 2020年8月12日，执法人员发现宁夏宁鲁石化有限公司安全管理人员未按照规定经考核合格，且特种作业人员未取得特种作业操作证上岗作业，依据《安全生产法》第94条第2项、第7项，宁夏回族自治区应急管理厅依法对其处以人民币6万元的罚款。

10. 2020年12月2日，天津市安全生产执法监察总队执法人员对天津忠旺铝业有限公司进行执法检查时发现，负责天津忠旺铝业有限公司220KV变电站运维的辽宁天能电力服务有限公司安排未取得特种作业证的人员上岗作业，违反了《安全生产法》第27条第1款的规定，依据《安全生产法》第94条第1款第7项的规定，决定给予处人民币2万元罚款的行政处罚。

11. 2020年10月1日，天津市安全生产执法监察总队执法人员对大成永康营养技术（天津）有限公司进行执法检查时发现，该企业在进行大料车间混合机大轴更换施工，现场实施热切割作业。经检查，该动火作业场所属于粉尘涉爆区，企业未按规定程序对该动火作业进行审批，且签发的《动火证》不是该企业正式的《动火证》，现场负责动火作业的工人无特种作业操作证。综上所述，大成永康营养技术（天津）有限公司存在办理动火作业未按规定进行审批行为，违反了《天津市安全生产条例》第27条第1款第1项的规定，依据《天津市安全生产条例》第63条的规定，决定给予责令限期改正、处人民币3万元罚款的行政处罚。

12. 2020年6月3日，天津市安全生产执法监察总队执法人员对天津滨海新区塘沽红光化工设备有限公司进行执法检查时，发现该单位卢小斌、王金月焊工特种作业证未复审便继续从事焊接作业；丙烷气瓶储存在一车间南侧一间铁质板房内，未安装可燃气体检测报警器，违反了《安全生产法》第27条第1款、第33条第1款的规定，依据《安全生产法》第94条第7项、第96条第2项的规定，决定给予分别给予人民币2万元罚款；合计两项，给予人民币4万元罚款的行政处罚。

13. 2020年9月17日，执法人员在对东方希望晋中铝业有限公司执法检查时发现：该公司对外来施工方作业人员资质审验把关不严，有1人使用伪造的焊接与热切割作业证作业。以上事实违反了《特种作业人员安全技术培训考核管理规定》第36条的规定。依据《特种作业人员安全技术培训考核管理规定》第40条的规定，决定给予东方希望晋中铝业有限公司警告，并处人民币1万元罚款的行政处罚。

十、安全生产规章制度和安全操作规程类违法

（一）概述

《安全生产法》第25条规定，"生产经营单位应当对从业人员进行安全生产教育和培训，保证从业人员具备必要的安全生产知识，熟悉有关的安全生产规章制度和安全操作规程，掌握本岗位的安全操作技能，了解事故应急处理措施，知悉自身在安全生产方面的权利和义务。未经安全生产教育和培训合格的从业人员，不得上岗作业。生产经营单位使用被派遣劳动者的，应当将被派遣劳动者纳入本单位从业人员统一管理，对被派遣劳动者进行岗位安全操作规程和安全操作技能的教育和培训。劳务派遣单位应当对被派遣劳动者进行必要的安全生产教育和培训。生产经营单位接收中等职业学校、高等学校学生实习的，应当对实习学生进行相应的安全生产教育和培训，提供必要的劳动防护用品。学校应当协助生产经营单位对实习学生进行安全生产教育和培训。生产经营单位应当建立安全生产教育和培训档案，如实记录安全生产教育和培训的时间、内容、参加人员以及考核结果等情况"。

生产经营单位应当教育和督促从业人员严格执行本单位的安全生产规章制度和安全操作规程。《安全生产法》第41条规定，"生产经营单位应当教育和督促从业人员严格执行本单位的安全生产规章制度和安全操作规程；并向从业人员如实告知作业场所和工作岗位存在的危险因素、防范措施以及事故应急措施"。

禁止生产经营单位及其有关负责人违反操作规程或者安全管理规定从事作业。在地方规定中，如《上海市安全生产条例》第37条规定，"禁止生产经营单位及其有关负责人从事下列行为：（一）指令或者放任从业人员违反操作规程或者安全管理规定从事作业；（二）超过核定的生产能力、强度进行生产；（三）隐瞒事故隐患，或者不及时处理已发现的事故隐患；（四）违反操作规程或者安全管理规定从事作业；（五）法律、法规规定的其他禁止行为。"

（二）典型案例分析

深圳市宝安区康达尔山海上园三期项目违规操作坍塌事故案

案情： 2019 年 12 月 29 日，深圳宝安区西乡街道固兴社区康达尔山海上园三期发生一起坍塌事故，造成 1 人死亡。经调查，深圳市协鹏工程勘察有限公司没有针对废桩拆除制定安全操作规程或专项施工方案，未采取技术、管理措施，及时消除施工作业存在的无安全操作规程或专项施工方案、工人无序作业等事故隐患，未及时发现和制止刘某某等人在危险区域进行作业，应对本起事故承担主要管理责任。其行为违反了《安全生产法》第 38 条第 1 款的规定。宝安区应急管理局于 2020 年 4 月 16 日，依据《安全生产法》第 109 条第 1 项规定，对该公司处以人民币 25 万元罚款。深圳市协鹏工程勘察有限公司项目经理袁某某未组织制定废桩拆除的安全操作规程或专项施工方案，未认真督促、检查本单位的安全生产工作，未及时消除工人无序施工的生产安全事故隐患，应对本起事故承担管理责任。其行为违反了《安全生产法》第 18 条第 2 项、第 5 项的规定。宝安区应急管理局于 2020 年 4 月 16 日，依据《安全生产法》第 92 条第 1 项规定，对深圳市协鹏工程勘察有限公司项目经理袁某某处以人民币 1.08 万元罚款。

在该起事故中，深圳市信用土石方工程有限公司在未向深圳市协鹏工程勘察有限公司报告的情况下，擅自允许刘某某等人进入施工现场回收钢筋，且未告知刘某某等人施工现场存在的危险因素与防范措施，应对本起事故承担管理责任。其行为违反了《安全生产法》第 41 条的规定。宝安区应急管理局于 2020 年 4 月 16 日，依据《安全生产法》第 109 条第 1 项的规定，对该公司处以人民币 25 万元罚款。深圳市信用土石方工程有限公司负责人苏某某未认真督促、检查本单位的安全生产工作，未及时消除刘某某等人违规进入危险区域进行钢筋切除作业的生产安全事故隐患，应对本起事故承担管理责任。其行为违反了《安全生产法》第 18 条第 5 项的规定。宝安区应急管理局于 2020 年 4 月 16 日，依据《安全生产法》第 92 条第 1 项规定，对深圳市信用土石方工程有限公司负责人苏某某处以人民币 1.6267 万元罚款。

（三）类似案例

1. 2020 年，临澧县应急管理局执法中发现湖南省常德市临澧县刻木山乡湖南巨力石材有限责任公司使用淘汰的开采作业工艺进行开采作业，导致西南作业面未分台阶，形成"一面墙"。该单位违反了《安全生产法》第35条第3款的规定，依据《安全生产法》第96条第6项的规定，决定给予责令限期改正、处罚款人民币2万元的行政处罚。

2. 2020年3月27日，湖南常德南方水泥有限公司雷公庙石灰石矿区发生一起一般物体打击事故。事故造成1人死亡，直接经济损失约120万元。经调查组认定这是一起生产安全责任事故，该公司对事故发生负有责任。鼎城区应急管理局发现湖南华地矿业有限公司常德分公司违反了《安全生产法》第4条的规定，依据《安全生产法》第109条第1项的规定，决定给予罚款20万元的行政处罚。

3. 2020年7月，执法人员对宁夏平罗农村商业银行股份有限公司进行检查时，发现该公司报警联动后，办公室非消防电源未切断，走道排烟系统未联动启动，该行为违反了《消防法》第16条第1款第2项之规定，依据《消防法》第60条第1款第1项之决定，给予罚款人民币5000元的行政处罚。

4. 2020年7月，执法人员对宁夏正誉物流有限公司进行检查，发现该公司未按照规定在运输前检查运输车辆，未按规定建立车辆技术档案。该行为违反了《危险货物道路运输安全管理办法》第25条以及《道路运输车辆技术管理规定》第14条之规定，依据《危险货物道路运输安全管理办法》第60条第3项及《道路运输车辆技术管理规定》第31条第4项之规定，给予罚款人民币1万元的行政处罚。

5. 2020年10月，执法人员对反映宁夏康德权生物科技有限公司有关违法行为举报件进行现场核查，发现该公司未提供试生产方案及专家论证结论但对氟硝基苯、2-氯烟酸生产车间现场有投料试车迹象，库房储存氯化亚砜等原辅材料及产品，未按规定建立出入库台账且混存混放，部分化学品包（盛）装物没有安全技术说明书。该行为违反了《危险化学品建设项目安全监督管理办法》第22条、第23条第2款及《危险化学品安全管理条例》第24条第2款之规定，依据《危险化学品建设项目安全监督管理办法》第37条第1款第3项、第4项及《危险化学品安全管理条例》第80条第1款第5项之规定，给予并处人民币7万元的行政处罚。

6. 2020年7月14日，龙岩市应急管理局执法人员发现福建省潘洛铁矿有限责任公司洛阳铁矿矿领导苏玉成未按照规定填写带班下井交接班记录，违反了《金属非金属地下矿山企业领导带班下井及监督检查暂行规定》第 11 条、第 20 条，对其处以警告，并处人民币 1 万元罚款。

7. 2020 年 9 月 2 日，天津市安全生产执法监察总队执法人员对东海化成（天津）汽车部品有限公司进行执法检查时，发现该企业有一危险化学品库，库内存放危险化学品有 TS-323-09、CW5010/110C-B、TS-323-04、F-50、IPA，其中 TS-323-04、F-50、IPA 属于易燃易爆类危险化学品，同时该企业在该库内进行发泡剂的分装作业操作，违反了《安全生产违法行为行政处罚办法》第 45 条第 1 项的规定，依据《安全生产违法行为行政处罚办法》第 45 条第 1 项的规定，决定给予警告，处人民币 2 万元罚款的行政处罚。

第五章

各地应急管理法治的先进经验和探索做法

第一节　应急管理法治的先进经验和探索做法

一、科学立法，推进立法进程

党的十八大以来，国家提出"全面推进科学立法、严格执法、公正司法、全民守法"的依法治国新"十六字"方针。在 2020 年 11 月召开的中央全面依法治国工作会议上，习近平总书记出席并发表了重要讲话。在讲话中，习近平总书记全面总结了党的十八大以来法治建设取得的成就，深刻阐明了深入推进新时代全面依法治国的重大意义，系统阐述了新时代中国特色社会主义法治思想，科学回答了中国特色社会主义法治建设一系列重大理论和实践问题。推进全面依法治国是国家治理的一场深刻变革，必须以科学理论为指导，加强理论思维，不断从理论和实践的结合上取得新成果，总结好、运用好党关于新时代加强法治建设的思想理论成果，更好地指导全面依法治国各项工作。全面依法治国的前提是有法可依，在应急管理研究工作中，我们要科学立法，积极推动立法进程，用法律为应急管理研究工作保驾护航。

二、开门立法，推动立法传播

开门立法，就是在立法的过程中公开立法信息，采取多种有效方式拓宽公众参与立法的渠道，从立法规划到立法审议，都坚持走群众路线，让群众积极参与，使公众的意愿在立法的最初阶段就能得到体现，以此来提高立法的合理性和透明性，实现立法的民主化。根据我国《立法法》的相关规定，立法应当体现人民意志并应保障人民通过多种途径参与立法活动。这为开门立法这一方式在我国的立法工作中有效实施提供了法律依据和原则性规定。新中国成立以来，我国的立法模式更多的是人大代表制的代议制立法，公众参与到立法活动的程度受限。改革开放后，我国社会加速进入了转型期，传统的立法模式已经不能满足社会及时代进步的需求，需要公众更多地参与到立法活动中去。"开门立法"正是顺应时代的需求，对于国家的法治建设有着重大意义。

以安徽省基层立法调研为例。2020 年 6 月，安徽省开展了《安徽省预防接种管理条例修正案（草案征求意见稿）》《安徽省爱国卫生条例（修订草案征求意见稿）》立法调研，采取实地考察、召开座谈会的形式，邀请了市区疾控机构、医疗机构、社区（居民）委员会、从事预防接种管理和爱国卫生管理工作的一线工作人员，广泛了解情况。这正是安徽省推进开门立法、推动立法传播的一个缩影。

此外，我们应制定应急管理领域的根本大法，即针对灾难、事故、自然灾害以及公共卫生危机，制定"公共安全法"（或用名"应急管理法"）。法律应该涉及所有自然人和法人，规范所有人在各类应急状态下的权利和义务，根据事件的不同阶段，对风险识别与评估、预警、社会动员、紧急状态、应急处置、灾害恢复等程序进行明确。在此基础上，对预防工作立法。比如针对自然灾害，可以制定"自然灾害防治法"或"自然灾害防治条例"，对不同类型的自然灾害提出不同的治理方法。针对自然灾害和事故灾难事故调查，我们可以出台"自然灾害和事故灾难评估调查处理法"，明确调查机制。当然，还可以根据领域的不同修订相应的法律，将"开门立法"落到实处。

三、开展应急管理、救援培训，增强应急管理、救援技能

2020 年 5 月 10 日，国务院安委办启动第三轮危险化学品重点县专家指导服务。针对当前全国疫情防控常态化、生产秩序加快恢复等形势和全国"两会"召开在即的情况，第三轮危险化学品重点县专家指导服务重点围绕以下几个方面展开：一是结合当前国际原油价格大幅波动、化工市场供需矛盾导致的库存高、装置开停车频繁的实际，把危险化学品罐区、库区等储存场所

和经营困难危险源集中的企业作为指导服务的重点。二是选树示范县和标杆企业，引导带动省级重点县专家指导服务深入开展。三是针对同一类企业、危险工艺的安全风险，不断总结分析，加强分类精准指导。四是注重线上线下融合，多渠道加强专业培训和职业培训。五是对前两轮专家指导服务查出的重大隐患和突出问题进行复核，加强通报并提级督办。[1]

此外，2020年6月10日，按照应急管理部党委要求和全国应急管理干部大培训工作部署，国家综合性消防救援队伍创办网络学院，面向广大指战员宣讲党的创新理论，传达上级决策部署，传授专业知识技能，交流借鉴先进经验，全面提升政治素质和专业能力。[2]

四、开创《应急时刻》栏目，提高公民应急意识

除了线下的应急管理培训及救援培训外，应急管理部与中央电视台还联合推出了《应急时刻》栏目，在央视12频道进行播出。该栏目主要面向社会公众及时权威、全面深入地报道应急管理工作部署、重要活动、重大事件和救援故事等，内容涵盖安全生产、防灾减灾救灾和应急救援等各方面，通过公众关注的热点案例强化警示教育，提升公众安全意识和自救互救能力。[3]

通过开创《应急时刻》栏目，让广大人民群众涉猎安全生产、应急救援等方面的知识，掌握防灾减灾的方法。例如，2020年3月28日，四川凉山木里森林火灾的扑救战斗，由于山火迅速蔓延，如果不加以有效控制，森林火灾将会严重威胁到当地人民群众的生命财产安全。应急管理部持续调度部署火灾扑救工作，紧急增派森林消防和消防救援队伍前往支援。经过9个昼夜的连续鏖战，火场明火全线扑灭。通过《应急时刻》的报道，我们可以直观地看到森林山火被扑灭的过程，能够为消防人员舍生忘死的精神所震撼。以这种方式，潜移默化地让人民群众感知消防人员的不易以及森林火灾的后果，

---

〔1〕 参见中国应急管理部："国务院安委办启动第三轮危险化学品重点县专家指导服务"，载 http://www.mem.gov.cn/xw/bndt/202005/t20200510_352286.shtml，最后访问时间：2021年1月21日。

〔2〕 参见中国应急管理部："国家综合性消防救援队伍网络学院启动培训"，载 https://www.mem.gov.cn/xw/bndt/202006/t20200611_353738.shtml，最后访问时间：2021年1月21日。

〔3〕 参见中国应急管理部："周日中午12:00央视12频道《应急时刻》：山东青岛小珠山森林火灾扑救战斗"，载 http://www.mem.gov.cn/xw/bndt/202006/t20200613_353770.shtml，最后访问时间：2021年1月21日。

教育民众注意森林防火，约束自身行为，不要违反《森林防火条例》，提高自身的防范意识。

五、完善评估工作，提前制定应急预案

我国是自然灾害频繁的国家，自然灾害一直以来都严重威胁着我国人民的生命财产安全，若不加以防治，后果将不堪设想。灾害评估在此时便很有必要，即在灾害预测或灾情调查的基础上，采用一定的方法对将要发生或已经发生的灾害情况进行综合性或专门性评价。灾情评估的目的是更加全面系统地掌握灾情，为部署和实施减灾工作提供依据。评估过后就可以制定相应的应急预案，如国务院办公厅印发的《国家森林草原火灾应急预案》[1]（以下简称《预案》）。《预案》的印发对进一步完善各地森林草原防灭火体制机制，依法有力有序有效处置森林草原火灾，最大程度减少人员伤亡和财产损失，保护森林草原资源，维护生态安全，具有重大意义。《预案》共分 9 部分 36 个小内容，包括森林草原火灾应对工作原则、灾害分级、组织灭火行动、森林草原防灭火指挥机构、指挥单位任务分工、力量调动、预警和信息报告、应急响应、物资保障、火因火案查处、责任追究、预案演练等内容，阐述详尽、全面。《预案》还对相关部门的职责进行清晰、明确的界定。《预案》的全面实施将会促进各省森林草原防灭火工作进一步良性发展，织密防的防线，夯实灭的基础。

六、加大技术投入，给应急管理插上智慧的翅膀

科学技术是第一生产力。随着科学技术的日益进步，人工智能时代的到来，科技的迅猛发展给人类的衣食住行各个方面都带来了翻天覆地的变化，同时，科学技术在应急管理中也发挥着不可估量的作用。例如，大数据的广泛应用不仅能够揭示数据的客观性，还能够预测事物未来的变化趋势，从而为解决问题提供可实行的方案。互联网在安防工作中的应用，通过在各处安装传感器来实现区域与区域之间的信息交流，经过相应的分析处理，可以实

---

〔1〕　参见湖北省应急管理厅：“国务院办公厅印发国家森林草原火灾应急预案”，载 http://yjgl. hebei. gov. cn/portal/index/getPortalNewsDetails？id=d482224d-c5d3-438d-a1dd-8da54dae24e9& categoryid=176e57a7-62eb-4c0b-a07e-1eaec9cda8ac，最后访问时间：2021 年 1 月 21 日。

现重要场所的实施监护和安全防护。又如，人工智能技术在安全检测预警方面也大有用处，可以通过图像识别进行快速的预警响应。除此以外，人工智能还能同时处理多张图片识别，大大提高了分析处理的效率，高效地防控安全事故的整个过程。再如，无人机应用的前景十分光明，它可以在灾后的救援行动中发挥至关重要的作用。无人机启动迅速、体积小、飞行灵敏，对于情况危急、救援环境恶劣的行动来说，它的存在意义非凡。此外，它在救援人员、救灾物资的运输上也发挥着积极作用，对于一些救援人员无法快速到达、救援物资无法顺利输送的地区，可以通过无人机进行运送。

依托大数据、互联网以及人工智能技术，为应急管理研究工作注入科学技术的血液和力量，给应急管理插上智慧的翅膀，将有效提高管理工作的成效。

第二节　新冠肺炎疫情防控中各地的先进经验和探索做法

一、考验应急管理能力的特殊之年

2019 年 12 月，湖北省武汉市发生了多起"不明原因"的肺炎。随着疫情的暴发及蔓延，2020 年 1 月，世界卫生组织正式将造成此次肺炎疫情的病毒命名为"2019 新型冠状病毒"。新冠肺炎疫情给我国经济发展带来了冲击，影响着社会经济秩序和居民日常生活。

从经济上看，新冠肺炎疫情影响经济的逻辑是通过直接不确定性对供给与需求同时产生双重破坏，并进一步通过间接不确定性对整个要素贸易资本市场等经济层面产生巨大冲击。新冠肺炎疫情带来的直接不确定性表现在病毒的规模传染率及发病风险等方面，这些直接的不确定性十分容易引起人们的恐慌，导致直接经济活动的大幅度缩减。

在消费需求领域，隔离措施造成零售、交通、物流、旅游、餐饮、影视娱乐等服务业规模大幅缩减，消费者的消费模式也从多元化消费转变为日常生活必需用品的购买，消费频率及额度大幅度降低。同时，新冠肺炎疫情造成社会失业人数增加，居民收入减少，进一步压缩了需求空间。[1]

---

〔1〕　参见何枭吟、王晗、焦成焕："新冠肺炎疫情对全球经济的影响及中国对策"，载《重庆三峡学院学报》2020 年第 6 期。

在供应和生产领域，新冠肺炎疫情导致一些工厂停工甚至破产，产业链、供应链中断，社会供给出现不足。经济链的中断对居民的日常生活也带来了巨大影响。疫情汹汹，人们不敢随意出门采买，有的个体经营户因为疫情被迫停业，最后走向倒闭。可以说，新冠肺炎疫情对居民的衣、食、住、行等各个方面都造成了极大的不便，给我国的应急管理工作带来了巨大的挑战，只有采取合理的、有效的应急管理措施，控制住疫情的蔓延，才能为人民的幸福生活、经济恢复常态提供有力的保障。因此，2020 年是考验我国应急管理能力的特殊之年。

二、新冠肺炎疫情应属于应急管理机构的工作范畴

2020 年 1 月 23 日，我国多个省先后启动重大公共卫生事件一级响应。当时，对应该由谁来牵头疫情防控存在较大的争议。其中一种意见认为，此次疫情应该由卫生健康部门牵头；另外一种意见则认为应由应急管理部门牵头。《突发事件应对法》将突发事件分为自然灾害、事故灾难、公共卫生事件和社会安全事件。2018 年经过国家有关部门进行改革后，自然灾害和事故灾难两种突发事件由应急管理部门牵头，而公共卫生事件和社会安全事件则分别由卫生健康和公安部门牵头。

新冠肺炎疫情是我们整个国家甚至是全世界都必须共同面对的"一致性"危机，它不针对具体的某个人、某个群体、某个地区。因此，要想高效地应对此次公共危机，除了要求现有的应急部门牵头处理以外，还要建立处理类似危机的管理体系，即建立"一致性"危机管理体系。也就是说，我们应该建立跨部门沟通、协调、联动的统一指挥调度体系，各部门、各单位责任清晰、分工负责、密切配合。如果能够把体系建立好，横向串联各部门、纵向串联各级政府，整合市场和社会力量，遇到突发自然灾害、事故灾难和公共卫生危机时，就可以依托应急管理体系实施相关应急处置。在新冠肺炎疫情这一危害如此巨大的公共卫生危机面前，任何部门、单位以及个人都无法置身事外。

综上所述，新冠肺炎疫情应属于应急管理机构的工作范畴，同时应急管理机构应该与其他部门加强沟通，通力合作，打赢这场"战疫"。例如：新冠肺炎疫情发生后，应急管理机构可以依托应急管理体系进行防控，指挥部办公室可以设在应急管理部门，但是防治等专业任务还是要依托卫生

健康部门实施。通过各个部门一起努力，将疫情带来的伤害降到最低。

三、疫情防控管理法治的先进经验和探索做法：以武汉为例

湖北省武汉市是此次新冠肺炎疫情的重灾区。在疫情暴发之初，有"中国早期应对疫情不力"的言论，但是我们回顾疫情，武汉在发现病毒到积极开展应急准备和响应方面是十分迅速的。武汉封城，减少了中国150万人感染新冠病毒，减少了中国6万人死于新冠肺炎。[1]武汉市积极响应抗疫防疫工作，在保护人民群众财产安全、实施灾后重建工作等方面有许多法治经验和实践做法值得借鉴和学习。

（一）应急准备，确保应急物资供应高效充沛

在组织准备工作上，武汉市卫健委在第一时间发布了《关于做好不明原因肺炎救治工作的紧急通知》，要求相关医院主动搜索病例。2019年12月31日，国家卫健委中国疾病预防控制中心组织工作组、专家组到武汉协助工作。虽然武汉市只报告了40余例，专家组迅速决定关闭华南海鲜市场。从发现疫情到分离出病毒，只用了一周时间，创造了人类社会认识一种新的传染病最短的时间纪录；从病原体分离到诊断试剂用于临床诊断，也创造了人类历史最短的时间纪录；另外，利用三周的时间，确定了这种不明原因肺炎的主要传播方式和平均潜伏期。在物资准备工作上，各地企事业单位、个人纷纷捐款捐物驰援灾区，潮水一样的应急物资涌向武汉。截至2020年4月14日，武汉累计运输各类应急物资998万吨，收到了包括被服、安置物品、食品、医用防护等各种物资，这些物资为武汉人民的生活提供了充足的保障。

（二）应急响应，指挥调度有力，方舱医院见证中国速度

为了积极响应疫情防护工作，2020年1月22日2时40分，湖北省政府网站发布《湖北省人民政府关于加强新型冠状病毒感染的肺炎防控工作的通告》[2]，根据国家有关法律法规的规定，省政府决定启动突发公共卫生事件Ⅱ级应急响应。2020年1月23日凌晨，湖北省委副书记、武汉市委书记、疫

---

〔1〕 参见中国疾病预防控制中心流行病学首席专家吴尊友在2020北京论坛开幕式上的演讲："中国早期应对疫情不力？武汉封城晚了吗？吴尊友回应"，载《北京日报》2020年12月5日。

〔2〕 参见湖北省人民政府："湖北启动突发公共卫生事件Ⅱ级应急响应"，载http://www.hubei.gov.cn/zwgk/hbyw/hbywqb/202001/t20200123_2014354.shtml，最后访问时间：2021年1月21日。

情防控指挥部召开新型冠状病毒感染的肺炎疫情防控指挥部指挥长会暨工作视频会议，部署疫情防控工作。按照湖北省委、省政府部署，严格落实湖北省突发公共卫生事件Ⅱ级应急响应各项要求，全面进入战时状态，实行战时措施，坚决遏制疫情蔓延。研判疫情防控形势，做出全市城市公交、地铁、轮渡、长途客运暂停运营，机场、火车站离汉通道暂时关闭，坚决防止疫情向其他地区扩散的部署。强调党员领导干部要带头表率不离汉，严格执行值班备勤制度。要切实发挥社区网格员作用，每家每户宣传到位，做好群防群治、居家隔离、邻里守望，阻断传播途径。切实保障居民正常生活，确保城市水、电、气、通讯正常运转。充分运用微邻里平台，完善社区发热患者发现、运送机制，减少交叉感染。各区强化属地管理，实行包保责任制，确保及时发现和处置疫情，控制传染源。要提高发热门诊处置能力，统筹资源、床位，推进"7+7"治疗措施，加强医疗救治。

针对病房紧缺的问题，自 2020 年 1 月 23 日决定在武汉建造一个小汤山模式的医院来应对这次疫情后，短短 10 天时间，火神山医院就建设完成并且投入使用。此外，武汉还建立了多个方舱医院用来收治病情较轻的病人。除 2020 年 2 月 3 日晚连夜开工的武汉国际会展中心、武汉客厅、洪山体育馆三处"方舱医院"外，另有江岸区武汉全民健身中心、硚口区武汉体育馆、洪山区石牌岭高级职业中学、汉阳区武汉国际博览中心、江夏区大花山户外运动中心、黄陂区黄陂一中体育馆、东湖高新区光谷科技会展中心、武汉经济技术开发区武汉体育中心等 8 处建立"方舱医院"。

（三）灾后重建，稳步推进企业复工复产

以武汉开发区（汉南区）为例：2020 年 3 月 13 日，武汉开发区（汉南区）安监局召开复工复产企业安全生产及疫情防控工作会，部署复工复产安全生产及疫情防控工作重点，通过"三个精细"助力复工复产安全生产工作。

一是责任落实精细。区安监局成立经开片区、汉南片区两个督导服务工作组，除去局下沉结对社区、村队党员外，其余 6 名同志全部加入到工作组中。面对区内八大园区近 400 家已获批的复工复产企业，安监局的党员同志都咬紧牙关、挑起重担。

二是实现底数精细。安监局企业复工复产督导服务工作组主动对接区防疫指挥部，加强与区经信局、各园区、街道联系沟通，了解企业复工复产时间安排，在此基础上上门摸底复工复产企业安全生产及疫情防控信息，动态掌握情况，每日及时汇总上报。

三是工作方法精细。安监局的党员同志手持"一企一服务督导表"，主动上门指导辖区危险化学品、工矿商贸等行业重点企业，对企业落实疫情防控和安全生产"七必须"（必须制定复工复产方案、必须组织安全教育培训、必须组织安全风险辨识与研判、必须开展安全隐患排查、特殊作业必须提级审批、关键岗位人员必须到岗到位、必须制定装置开车应急处置预案）工作提示，督促企业严格落实安全生产主体责任，并就企业疫情防控期间加强值班值守、隐患排查、宣传培训、应急处置等方面工作提供指导意见，分析企业当前复工复产面临的安全风险隐患，帮助企业解决安全生产难点、重点问题。[1] 2020年4月5日，武汉开发区（汉南区）安委会第二次扩大会议召开，会议再次指出，要安全有序推进企业复工复产，按照区安办制定《复工复产企业安全生产和疫情防控工作提示》[2]，强化安全生产"七必须"和疫情防控"九要求"，精准施策，加强分类指导，助力企业复工复产。

（四）灾后总结，扬长避短，完善防疫工作

武汉市在发现疫情之初迅速上报，武汉市卫健委在第一时间开展组织工作，在病毒检测方面做到数据公开透明、应检尽检、应收尽收。各个部门之间相互协调，共同推进防疫工作的顺利进行，如财政部和医保局方面规定各地医保及财政部门要确保确诊新冠肺炎患者不因费用问题影响就医，确保收治医院不因支付政策影响医治。这一政策为经济困难的患者解决了后顾之忧。

但是武汉在防疫工作中也存在一些不足，如春节期间，在全民抗击新冠肺炎的疫情背景下，网上传出武汉红十字会物资分配不均的消息，引起公愤。针对这一不足，中国科学技术大学丁斌教授编写了"关于武汉应急物资分配的若干建议"，积极为抗击新冠肺炎献计献策，得到了武汉抗击新冠指挥部和新华社的广泛关注。他建议：首先，要把应急物资分配交由专业物流公司来

---

〔1〕 参见武汉市应急管理局："党建引领 全力以'复'——武汉开发区（汉南区）安监局护航企业复工复产"，载 http://yjj. wuhan. gov. cn/yjgl_ 31/aqsc/202004/t20200418_ 1022507. shtml，最后访问时间：2021年1月21日。

〔2〕 参见武汉市应急管理局："武汉开发区（汉南区）安委会第二次扩大会议召开"，载 http://yjj. wuhan. gov. cn/yjgl_ 31/aqsc/202004/t20200418_ 1022503. shtml，最后访问时间：2021年1月21日。

做。红十字会负责信息流（物资接收的监督、分配去向决策）；而具体的物流业务，包括装卸、堆放位置的选择、配送等，由物流公司完成。其次，要对应急物资进行分类。医药、食品等物资，交给医药物流企业；危化品由特种物流企业承担；易腐品选择冷链物流处理。避免不同类型的物资混杂一起，产生污染、变质问题。最后，作为长期机制，国家建立应急物资快速分配的系统。应急事件发生前，和专业物流公司建立长期联系，并经常性演练；建立强大的软件平台，使其具备为物流公司、捐赠人、红十字会、服务对象（如医院）、政府相关部门、公众服务的能力。[1]

（五）武汉应急管理法治经验小结

综上所述，武汉市的疫情防控工作始终把人民群众的生命安全和身体健康放在第一位。市、区人民政府及其有关部门全面依法履行职责，落实属地责任、部门责任；街道办事处、乡镇人民政府按照疫情防控工作的统一部署，组织指导辖区内社区居民委员会、村民委员会和企业事业单位以及其他社会组织采取针对性防控措施，切实做好疫情防控工作；社区居民委员会、村民委员会严格落实相关防控措施，强化网格化管理，做好小区（村庄）封闭管理、人员排查，及时准确收集、登记、核实、报送相关信息；居民小区业主委员会、物业服务企业按照要求做好疫情防控工作。在调动物资方面，市、区人民政府依法紧急调集人员或者调用储备物资，临时征用疫情防控所需设备、设施、场地、交通工具和其他物资，要求相关企业组织相应的疫情防控物资和生活必需品的生产、供给。在治安方面，市、区人民政府及其有关部门加强了治安管理、市场监管等执法工作，依法严厉查处各类哄抬防疫用品和民生商品价格的违法行为，依法严厉打击抗拒疫情防控、暴力伤害医护和防疫人员、制售假冒伪劣疫情防控产品、造谣传谣等违法犯罪行为。在灾后重建工作中，武汉市出台了一系列有助于大、中、小企业复工的积极政策，推进企业复工复产稳步进行。可以说武汉市从上到下，各个部门、组织都在全力以赴，从各个方面开展疫情防护工作和灾后重建的工作，这些经验值得我们借鉴学习。

---

〔1〕参见中国科学技术大学管理学院："关于武汉应急物资分配的若干建议"，载 http://business. ustc. edu. cn/2020/0317/c19837a414701/page. htm，最后访问时间：2021 年 1 月 21 日。

四、疫情防控管理法治的先进经验和探索做法：以北京为例

从 2020 年 6 月开始，北京市新发地出现聚集性疫情 29 起，涉及 127 名确诊病例和无症状感染者。此后，北京市丰台区也出现了聚集性的疫情。针对此次疫情，北京市采取坚决果断的措施遏制北京聚集性疫情的扩散蔓延。

（一）应急准备，全力做好应急物资保障工作

2020 年 6 月 12 日晚，北京新冠肺炎疫情防控工作领导小组召开第六十七次会议后，积极协调相关部门，全力做好应急物资保障准备。6 月 12 日 23 时许，收到预先号令后，要求立即启动物资调拨预先响应机制；从应急指挥角度，要求救灾处及时与丰台区指挥中心做好对接。救灾处有关负责人立即到应急指挥中心了解信息，做好相关准备工作，加强事先预想预判。救灾处及时与市粮食和储备局联系，通报预告信息，做好紧急调运物资的相关准备；主动与丰台区应急管理局对接了解需求，研究确定所需物资的品种和数量，明确物资发放接收等相关事宜，避免后续重复申请物资，浪费时间、精力。在协调解决进入现场问题，确认实施物资调拨后，新发地现场已实施管控措施，车辆及司机、装运工人进入现场受到限制。救灾处及时与丰台区应急管理局进行研究，提出了在新发地周边设立物资卸载点的方案，为物资调拨创造了条件。最后是紧急调运应急物资，按照《市级救灾储备物资调拨机制（试行）》规定，救灾处启动"先调拨后办手续"的快速调拨程序，通过电话向市粮食和储备局发出应急物资紧急调运指令，从市级中心储备库紧急调拨帐篷、折叠床、折叠桌椅等 3400 件（套）应急物资，于 6 月 13 日 15 时 45 分全部装载完毕，紧急运抵丰台，及时保障了一线疫情防控工作需要。[1]

（二）应急响应，开展深入全面的溯源工作

此次北京市丰台区的聚集性疫情与新发地农产品批发市场高度关联，由于市场人员密集、流动性大，疫情扩散的风险很高，所以必须采取坚决果断措施，切实防止疫情扩散蔓延。以新发地及周边地区为重点区域实施最严格的流调，开展深入全面的溯源工作，更加主动地发现并控制感染源头。此外，要全力以赴地支持北京市提升核酸检测能力，对重点区域、重点人群进行全

---

[1] 参见北京市应急管理局："市应急局紧急调运应急物资保障丰台区疫情防控一线需求"，载 http://yjglj. beijing. gov. cn/art/2020/6/17/art_ 6058_ 638352. html，最后访问时间：2021 年 1 月 21 日。

覆盖检测，逐步扩大检测的范围，及时发现确诊病例和无症状感染者。除此以外，北京市要求严格社区管控措施，开展拉网排查，对"四类人员"进行集中隔离管理。加强所有医疗机构发热门诊的规范设置和改造，严格落实首诊负责制，强化院感防控。北京市疾控中心发出紧急提示，要求近期曾去过新发地市场者，应如实向社区报告，主动前往相关机构进行核酸筛查，不要外出，做好个人健康监测，如已出现症状应及时就医，前往医疗机构时按要求严格佩戴口罩，避免乘坐公共交通工具。对重点区域以及重点人群进行健康监测，这样就能从源头上控制好感染源。

（三）灾后重建，科学立法促进中小微企业持续健康发展

疫情期间，北京市中小微企业遭受重创。针对这一情况，北京市人民政府办公厅发布了《关于应对新型冠状病毒感染的肺炎疫情影响促进中小微企业持续健康发展的若干措施》[1]。一是要减轻中小微企业负担，停征部分行政事业性收费；减免中小微企业房租；为经营困难企业办理延期纳税；补贴小微企业研发成本；缓解疫情造成的突出影响。二是要加大金融支持力度，进一步增加信贷投放；降低企业融资成本；拓宽直接融资渠道；提高融资便捷性；优化融资担保服务；加强创新型中小微企业融资服务。三是要保障企业正常生产运营，实施援企稳岗政策；促进就业困难群体就业；保障企业正常安全生产需求，各生产企业要严格落实本市疫情防控工作要求，保障生产工作人员健康与安全。优化疫情防控货物、生活必需品及国家级、市级重大工程建设原材料和涉及保障城市运行必需、重要国计民生的相关项目建设原材料的调配、运输，为企业办理疫情防控应急物资通行证，保障运输通畅；加大政府采购和中小微企业购买产品服务支持力度；精心做好企业服务，如发挥 12345 企业服务热线功能，及时帮助企业解决困难和问题。开通中小微企业法律咨询热线专席服务，组建律师专家服务团，为中小微企业提供咨询、代理、"法治体检"等多种形式的法律服务。尽量全方位、多角度地为中小微企业创造良好的发展环境。

---

〔1〕　参见中华人民共和国中央人民政府：《北京市人民政府办公厅关于应对新型冠状病毒感染的肺炎疫情影响促进中小微企业持续健康发展的若干措施》，载 http://www.gov.cn/xinwen/2020-02/06/content_ 5475133. htm，最后访问时间：2021 年 1 月 21 日。

（四）灾后总结，落实"四方责任"，确保防控工作扎实、有效

北京市为进一步贯彻落实党中央、国务院关于新型冠状病毒感染的肺炎预防控制工作的部署，有效防控新型冠状病毒感染的肺炎疫情，根据《传染病防治法》等法律法规，全面落实防控责任，做好防控工作，发布了《北京市人民政府关于进一步明确责任加强新型冠状病毒感染的肺炎预防控制工作的通知》[1]。第一，落实属地责任，健全辖区管理。各区政府主要负责人对属地防控工作负总责。各区政府要在市政府的统一指挥下，建立健全职责明确、行为规范、运转有效的领导指挥体系、预防控制体系、医疗救治体系和监督管理体系，对辖区内机关、社会团体、企业事业单位、基层组织和其他组织的疫情防控工作进行督促检查，认真履行属地防控职责，突出加强对社区防控工作的领导，确保防控工作不留死角。第二，落实部门责任，强化行业、系统管理。政府各有关部门按照各自职责，切实做好本行业、本系统的防控工作。第三，强化单位责任，健全社会单元防控工作机制。本市行政区域内的机关、社会团体、企业事业单位和其他组织要建立健全防控工作责任制和管理制度，配备必要的防护物品、设施，开展宣传教育，落实卫生健康部门和行业主管部门提出的各项防控措施。第四，依法规范个人防控行为，强化社会责任。任何个人都应当按照《传染病防治法》的规定协助、配合、服从政府部门组织开展的防控工作，做好自我防护，依法接受疾病预防控制机构、医疗卫生机构有关传染病的调查、样本采集、检测、隔离治疗等预防控制措施，如实提供有关情况。各级政府和政府各部门进一步提高政治站位，增强大局意识和底线思维，按照全市的统一部署，各负其责、守土有责、守土尽责，落实"四方责任"，才能确保防控工作扎实、有效。

（五）北京应急管理法治经验小结

综上所述，北京市关于此次新冠肺炎疫情应急管理体现了以下几点法治先进经验：

第一，在应急准备工作中，事先预想预判，积极协调相关部门，保障了疫情防控一线的物资需求；

---

〔1〕 参见北京市人民政府网站：《北京市人民政府关于进一步明确责任加强新型冠状病毒感染的肺炎预防控制工作的通知》，载 http://www.beijing.gov.cn/ywdt/yaowen/202001/t20200124_1821269.html，最后访问时间：2021年1月21日。

第二，在应急响应工作中，快速启动应急响应机制，开展深入全面的溯源工作，对重点区域、重点人群进行全覆盖检测，逐步扩大检测的范围，及时发现确诊病例和无症状感染者，用法律措施遏制瞒报等情况，从源头上遏制病毒的蔓延和扩散；

第三，在灾后重建的工作中，针对中小微企业的持续健康发展，通过立法的方式出台了许多优惠政策，组建律师专家服务团，为中小微企业提供咨询、代理、"法治体检"等多种形式的法律服务，及时帮助企业解决困难和问题。

第三节　自然灾害防治中各地应急管理法治的先进经验和探索做法

一、森林火灾防治中各地应急管理法治的先进经验：以四川省为例

四川省是一个森林火灾频发的省份，从气候条件看，2020 年 3 月以来，西南地区干旱少雨，气温回升明显，大风天气频繁。从物候条件看，四川属亚热带常绿阔叶林重点火险区，四川西南部以云南松、思茅松为主，云南松属于强阳性树种，分布广，自身枝叶含有松脂，又分布在立地条件干燥的环境之中，随海拔高度的变化，部分云南松匍匐生长，极其易燃。从山形地势看，四川的山区往往山高林密坡陡，山谷纵横，风向往往飘忽多变，尤其是雅砻江附近的林区受干热风影响，风往往干燥又变化无常。地形复杂陡峭，也给消防员及时到达火场、展开扑火作业带来了挑战。此外，四川林牧区农事用火、生产生活用火较多，林下经济活动和森林旅游日益频繁，野外火源管控压力较大。下面笔者将以凉山州森林火灾为例，介绍四川在森林火灾防治应急管理中的法治经验。

（一）应急预防，全面部署火灾防控工作

2020 年 1 月 7 日，凉山州开展了全面部署今冬明春的火灾防控工作。按照"政府统一领导、部门依法监管、单位全面负责、公民积极参与"的工作要求，进一步明确各级政府和行业主管部门的安全责任，完善安全风险评估与监测预警机制，夯实"一级抓一级，一级对一级"的消防安全基础，坚持对火灾隐患整治的高压态势，坚决防范遏制各类火灾事故发生。及时总结固化火灾防控工作经验，突出重点场所检查治理、应急救援能力提升、重要节

点火灾防控等工作。将火灾防控工作纳入州政府年度考核，召开专题会议研究部署防控方案，实施重点约谈督办、挂牌督办，细化责任到人，加强督导检查统筹协调，落实"双随机、一公开"要求，督促抓好整改"五落实"，对违规用火者，依据《凉山州森林防火责任追究暂行办法》[1]，将其纳入消防安全失信联合惩戒"黑名单"，对工作不力的相关责任人严肃问责，多管齐下确保工作落地见效。利用电视台、报纸、微博等载体，播放消防安全提示、消防公益广告、火灾隐患等，提升群众安全意识和自防自救能力，营造预防火灾人人有责的浓厚氛围。从以上我们可知，凉山州在工作部署中，将失信人员纳入安全生产和消防安全失信联合惩戒"黑名单"，督促相关责任人强化工作举措，使得他们严格按照规定依法履行职责。

（二）应急响应，积极协调对接、聚焦救援使命

2020年4月1日，西昌市境内马鞍山方向发生森林火灾。由于风势较大，火势迅速蔓延至泸山。火灾发生第一时间，州应急管理局迅速启动应急机制，紧急判明火情，紧急调动应急消防队伍赶赴火灾现场，投入扑救。同时成立两支前线工作组，针对火灾附近的加油站、液化气站等重要设施及法纪教育中心、农校、奴隶社会博物馆等重要点位，详细检查、了解现场火线情况、周围林木情况、领导带班情况等，对现场值班值守、消防设施、应急保障及信息报送工作及时开展督导、提出要求，确保及时处置各类突发情况。根据扑火工作需要，先后紧急协调西昌K-32、M-26、M-171飞机三架、外调重庆K-32救援机、金川M-171飞机两架开展高空吊桶灭火作业救援，积极协调危化品转运车一辆投入火灾现场液化气转运待命工作。

（三）灾后重建，妥善处理善后工作、依法加强监督问责

为深入贯彻落实习近平总书记、李克强总理、彭清华书记、尹力省长等领导对西昌经久乡森林火灾重要指示批示精神，深刻吸取惨痛教训，切实做好全州森林草原防灭火工作，凉山州应急管理局持续开展了森林草原防灭火督查暗访工作。应急管理的法律法规，贯穿于突发事件应对的全过程。暗访组根据国家安全监管总局印发的《转变作风开展安全生产暗查抽查工作制度》

---

〔1〕 参见凉山彝族自治州人民政府："《凉山州森林防火责任追究暂行办法》出台"，载 http:// www.lsz.gov.cn/xxgk/zcwj/zcjd_22820/201909/t20190916_ 1258101.html，最后访问时间：2021年1月21日。

（安监总办〔2013〕111号）[1]，采取"四不两直"的检查方式，围绕责任落实、火源管控、宣传教育、队伍建设、物资准备等方面内容，选取防火重点乡镇、重点林区和旅游景区，突出对清明、"五一"期间上坟烧纸、野炊烧烤等违规野外用火行为严格监管、狠抓典型，从源头消除火灾隐患。暗访组指出，宁南、普格两县高度重视森林草原防灭火工作，采取了一系列措施防止火灾发生，森林草原防灭火形势总体平稳，表明两县在落实防火责任、宣传教育、火源管控等方面工作扎实有力，但存在的问题要立即整改，隐患要立即整治。暗访组强调，要充分认清全州近期防火严峻形势，进一步提高思想认识，进一步压实火灾防控责任，进一步完善指挥体系建设，进一步加强宣传教育，紧盯重要时节、重要区域和重点人员，搞好野外火源专项治理，从源头上防范化解森林草原火灾重大风险，确保森林草原资源和人民生命财产安全。此次暗访对违反野外用火规定的行为进行了严格监管，要求立即整改存在安全隐患的问题，将森林防火的工作纳入了法治监管的轨道。

（四）四川应急管理法治经验小结

综上，凉山州在森林火灾防治中表现出的几点法治先进经验为：（1）健全完善应急管理法规制度，加强减灾救灾法治体制构建，根据《森林法》《森林防火条例》等法律法规的规定，进一步压实火灾防控责任，依据《凉山州森林防火责任追究暂行办法》，对违反规定者进行惩戒，使森林火灾防护工作有法可依。（2）依照《转变作风开展安全生产暗查抽查工作制度》等法律、法规、其他规范性文件，严格落实安全生产、宣传教育等方面工作。凉山州应急管理局持续开展了森林草原防灭火督查暗访工作，积极履行监督义务，严格监管重要区域和重点人员，搞好野外火源专项治理。对存在的问题要求严格整改，对恶意违反《森林防火条例》者依法进行处罚。

二、森林火灾防治中各地应急管理法治的先进经验：以云南省为例

云南省是我国重点林区之一。全省有森林面积953.3万公顷，覆盖率24.9%，林木总蓄积量为9.88亿立方米，居全国第四位。云南地形极为复杂，

---

[1] 参见中华人民共和国应急管理部："国家安全监管总局办公厅关于建立健全安全生产'四不两直'暗查暗访工作制度的通知"，载 https://www.mem.gov.cn/gk/gwgg/agwzlfl/gfxwj/2014/201409/t20140926_242943.shtml，最后访问时间：2021年1月21日。

气候呈"立体"分布，具有多种多样的小气候，如热带、亚热带、温带、寒温带的气候类型，森林可燃物类型繁多，森林火灾发生多而复杂。云南省在森林草原防灭火工作中同样有许多先进的法治经验值得学习和借鉴。

（一）应急预防，全方位组织开展森林草原防灭火宣传教育工作

为认真贯彻落实习近平总书记关于坚决遏制事故灾难多发势头，全力保障人民群众生命和财产安全的重要指示，以及云南省森林草原防灭火工作电视电话会议精神，中共云南省委宣传部、云南省应急管理厅、云南省林业和草原局发布了《关于进一步加强全省森林草原防灭火宣传工作的通知》[1]，通知要求：统一思想，提高对森林草原防灭火宣传工作重要性的认识。创新方式，全方位组织开展森林草原防灭火宣传教育工作。运用报纸、广播、电视、网站和"两微一端"以及今日头条、抖音、快手等各类媒体平台，大力宣传《森林法》《草原法》《森林防火条例》《草原防火条例》等法律法规；大力宣传《云南省人民政府关于做好春季防火工作的通告》；大力宣传森林草原防灭火知识常识；加大对森林草原火灾肇事者、责任人的媒体曝光力度。动员各级、各部门和单位，在社区、林区、乡村、入山道口、林区公路、涉林旅游区开展森林草原防灭火法律法规、政策措施、知识常识的宣传解读以及对造成森林草原火灾、构成犯罪、依法追究刑事责任情形的警示曝光。发挥社区、村组织力量，张贴《云南省人民政府关于做好春季防火工作的通告》《云南省人民政府 2020 年森林草原防火命令》和森林草原防灭火标语，增强公众森林草原防灭火责任自觉。发挥农村"大喇叭"和应急广播的作用，宣传森林草原防灭火各项要求及森林草原火灾刑事案件的立案标准、量刑标准等内容，倡导群众在清明节文明祭祀、在春节等节日依法燃放烟花爆竹。

（二）应急响应，建立高效指挥机制、提升应急救援能力

2020 年 5 月 9 日 15 时 33 分，云南安宁青龙街道双湄村山神坝发生森林火灾。截至 21 时 30 分，火场有森林消防人员 260 名，地方专业扑火队、当地干部群众等扑火力量 900 余人参与灭火。截至 5 月 10 日 21 时，昆明消防救援支队共计调派 44 车 187 人抵达森林火灾现场开展救援工作。截至 5 月 10 日晚

---

〔1〕 参见云南省应急管理厅："中共云南省委宣传部 云南省应急管理厅 云南省林业和草原局关于进一步加强全省森林草原防灭火宣传工作的通知"，载 http://yjglt.yn.gov.cn/zixunyaowen/shengting-dongtai/202004/t20200414_ 939915.html，最后访问时间：2021 年 1 月 21 日。

10 点，昆明消防救援力量负责保护重要部位 17 个，排查建筑 60 栋，现场整改安全隐患 5 处，疏散群众 900 余人。2020 年 5 月 12 日凌晨 1 时，火场北线已蔓延到楚雄禄丰县勤丰镇阿姜郎村西侧 600 米处，联指紧急部署昆明森林消防支队 260 名指战员依托小型水库、耕地等有利条件，多路展开扑救，成功拦截大部分火头。指挥部根据实际情况，调整了灭火方案，火场北线继续追歼剩余火头，火场南线实施增湿作业，同时，调派了 4 架灭火直升机参与吊桶灭火。火场西南线由大理州森林消防支队 175 名指战员，采取常规灭火与水泵灭火相结合，扑打、清理。应急指挥部根据《森林防火条例》，负责组织、协调和指导此次森林防火工作，调整灭火方案，实施多种方式进行灭火，有效提升了应急救援的能力。

（三）灾后重建，吸取经验教训、加强森林草原防火管理

据统计，仅 2020 年 3 月，云南省共发生森林火灾 26 起。2020 年 4 月 3 日，云南省森林草原防灭火指挥部紧急发布《关于加强森林草原防火工作的通告》[1]。要求：（1）2020 年 4 月 3 日~5 月 10 日，对全省林区实行封闭管理，未经批准严禁进入。（2）在全省范围内禁止一切野外用火。禁止烧灰积肥，烧地（田）埂、甘蔗地、秸秆、牧草地，烧荒烧炭等野外农事用火。禁止在林区及周边吸烟、烧纸、烧香、烧蜂、烧山狩猎、烤火、野炊、使用火把照明、燃放烟花爆竹和孔明灯、焚烧垃圾等非生产性用火。（3）实行林区设卡管理，禁止火源火种、易燃易爆物品等进入林区，禁止组织开展入林团体活动及郊游、登山、踏青等活动，禁止祭扫活动焚香烧纸、燃放鞭炮。（4）严格落实防火工作责任制，实行州市干部包县、县干部包乡、乡干部包村、村干部包组，将责任落实到山头地块并逐级报备。省森林草原防灭火指挥部办公室每天进行抽查，发现不到位的，立即启动问责程序。（5）实施责任倒查和有奖举报，对发生森林草原火灾的，严肃追究相关责任人责任，涉嫌犯罪的，依法追究刑事责任；对举报火灾隐患及犯罪行为的，经查实后按规定给予奖励。

（四）云南应急管理法治经验小结

综上可知，云南省应急管理局、林业和草原局在 2020 年的森林草原防灭

---

〔1〕参见云南省应急管理厅：《关于加强森林草原防火工作的通告》，载 http://yjglt. yn. gov. cn/zixunyaowen/shengtingdongtai/202004/t20200414_ 939914. html，最后访问时间：2021 年 1 月 21 日。

火工作中周密组织、密切配合，共同解决了云南省多起森林火灾。同时，也为我们积累了宝贵的法治经验：（1）全方位组织开展森林草原防灭火宣传教育工作，大力宣传《森林法》《草原法》《森林防火条例》《草原防火条例》等法律法规；大力宣传《云南省人民政府关于做好春季防火工作的通告》；大力宣传森林草原防灭火知识常识；张贴《云南省人民政府关于做好春季防火工作的通告》《云南省人民政府2020年森林草原防火命令》和森林草原防灭火标语，让公众尽可能地知法、懂法、尊法，增强公众森林草原防灭火责任自觉。（2）强化督查工作，推动隐患排查治理机制更加规范、成熟、运转有效，努力将危险事故消灭在萌芽状态。实施责任倒查和有奖举报，对发生森林草原火灾的，严肃追究相关责任人责任，涉嫌犯罪的，依法追究刑事责任，从而推进应急管理法规制度的贯彻落实。

三、防汛工作中各地应急管理法治的先进经验：以湖南省为例

（一）应急准备，关注雨水趋势、做好水情预测预警预报

2020年6月7日9时22分，湖南水文发布洪水红色预警：受强降雨影响，预计未来3小时内江华瑶族自治县萌渚水大路铺老村河段将出现超历史洪水，提醒沿岸相关市县单位及社会公众加强防范，及时避险。据悉，这是湖南水文今年发布的首个洪水红色预警。5月28日以来，全省出现持续降雨过程，湘中、湘东及湘南部分地区为降雨集中地区。据预测，未来10天，全省仍处于雨水相对集中期。6月7日至14日，全省有一轮持续性暴雨、大暴雨过程，强降雨带呈东北—西南向且稳定少动，湘西及湘中地区将有持续性暴雨、大暴雨天气发生，其中8日至9日湘西南局地可能出现特大暴雨。全省水文部门24小时密切关注和分析全省雨水情趋势，强化值班值守，及时做好水情预测预警预报和水文信息对外发布，为各级防汛决策提供了精准科学的数据支撑。

（二）应急响应，多支应急救援队伍严阵以待防大汛

按照气象、水文预报及《湖南省防汛应急预案》有关规定，湖南省防指决定：自6月21日12时起，在全省启动防汛IV级应急响应。常德市从7月8日20时起，全市防汛III级应急响应提升至II级。面对严峻形势，7月9日，全市召开应急救援队伍应对防汛II级响应调度会。来自市消防救援支队、武

警常德支队、常德军分区等 13 支应急救援队伍严阵以待防大汛。根据安排，市消防救援支队成立了 50 人的抗洪抢险突击队，将各县执勤力量，编制成立 12 个抗洪应急救援分队，人数达到 450 人，现有 2018 件抗洪抢险装备准备到位；武警常德支队 160 人已在全市参加抗洪抢险，另有 200 人队伍可 2 小时集结投入战斗，准备 6 艘冲锋舟；常德军分区 80 人防汛队伍已集结，救援设备齐全等。〔1〕

（三）灾后重建，严阵以待打硬仗、守护人民生命财产安全

水灾导致大量农田基础设施、畜禽栏舍、鱼塘网箱等被毁。经过多方争取，湖南省农委对农业生产方面拨放救灾资金，支持各地灾后恢复发展生产。与此同时，紧急调拨省级救灾储备种子，发往重灾区，并积极储备种猪、鱼种鱼苗，做好填栏补养的准备。部分地区因洪水浸泡、道路塌方或交通受阻导致抢修进度受到一定影响，湖南省交通运输厅全力部署，抢通道路，有力保障了道路畅通，为救灾人员、物资、装备及时抵达灾区提供了坚实的交通运输保障。在灾后恢复重建方面，对困难重建户经济救助，给予建房补贴，根据市县政策标准，及时发放到受灾群众手中。

（四）湖南应急管理法治经验小结

综上，我们可将湖南省在防汛工作中的先进法治经验总结如下：（1）抓住依法行政这个核心，做到依法尽职履责。在防汛工作中，湖南省严格按照《湖南省防汛应急预案》的相关规定，根据实际情况调整应急响应的级别。（2）守住公平正义这个底线，做好执法监督工作；用好群众路线这个法宝，做好学法普法工作，全力推动全省应急管理法治工作再上新台阶。在抢险救灾以及灾后重建工作中，湖南省始终以群众为中心，保障人民群众的根本利益。应急管理部门主要负责同志带头强化法治意识，严格执行防汛抗灾的监督工作。

四、地震灾害中的探索做法：以四川省为例

就地理位置而言，我国处于亚欧板块与太平洋板块、印度洋板块的交界处，地质灾害频发，人员伤亡占自然灾害伤亡比重的 54%。2019 年，我国共

---

〔1〕　参见湖南省应急管理厅："13 支应急救援队伍严阵以待防大汛"，载 http://yjt.hunan.gov.cn/yjt/tszt/fxkz/202007/t20200710_ 12724673.html，最后访问时间：2021 年 1 月 21 日。

发生 30 次 5 级以上地震，直接经济损失约 59 亿元（2019 中国地震年报）。四川省发生 7 次 5 级和 1 次 6 级地震，地震频次最高、强度第二。四川省在经历 2008 年汶川大地震后，对于地震防治工作尤为重视，居于全国各省级行政单位前列。因此，将通过介绍"6·17"四川长宁 6.0 级地震应急管理案例以总结四川省应急管理法治的试验做法。此次地震共记录到 M2.0 级及以上余震 173 次：其中 5.0~5.9 级地震 3 次，4.0~4.9 级地震 5 次，3.0~3.9 级地震 40 次，2.0~2.9 级地震 125 次。此次地震受灾人数高达 243 880 人，但死亡人数仅 13 人，受伤 220 人，其中住院治疗 153 人。此次应急管理具有反应快、救援及时、死亡人数少等特点。

（一）应急准备，坚持立法先行，保证政策稳定

地震发生前，成都高新减灾研究所与相关应急管理部门（包括原市县地震部门）联合建设的大陆地震预警网向宜宾市提前 10 秒预警，向成都市提前 61 秒预警。地震预警系统的工作原理在于提前探测地震发生初始发射出来的无破坏性地震波（纵波即 P-波，primary wave），而破坏性地震波（横波即 S-波，secondary wave）由于传播速度相对较慢则会延后 10~30 秒到达地表。深入地下的地震探测仪器检测到纵波（P-波）后传给计算机，即可计算出震级、烈度、震源、震中位，于是预警系统抢先在横波（S-波）到达地面前 10~30 秒通过电视和广播发出警报。由于电磁波比地震波传播得更快，预警也可能赶在纵波（P-波）之前到达。"不要小看这几秒到几十秒的时间。"王暾说，研究表明，预警时间为 3 秒时，可减少伤亡 14%；时间为 10 秒时，减少伤亡 39%；时间为 20 秒时，减少伤亡 63%。

在检索四川省涉及地震预警建设的法律文件过程中发现，截至 2019 年 12 月，现行有效的地方性法规共计 19 项。坚持科学立法，做到有法可依。在灾害发生前，应加强应急准备工作，未雨绸缪需要明确的法律、法规方可落实和执行。在四川省建设地震预警系统过程中，四川省应急管理厅始终坚持立法先行。以地震预警系统为例，由于其投入高、风险大、建设周期长，"打赌"是《科学》杂志对各国关于地震预警系统态度的概括。作为地震大国同时也是地震研究实力最强劲的美国，至今仍没有实际运作的地震预警系统，因为有美国学者批评建设此类系统会挤占大量地震学的研究经费，不利于地震学的长期发展。建设这样一套地震预警系统需要长期投入，不能一蹴而就。

因此，只有通过科学立法才能实现地震预警工作的长期投入。

（二）应急预防，坚持工程性预防为主，非工程性预防相结合

《四川省防震减灾条例》详细规定了地震重点监视防御区的提出机构、审批机构，为地方政府规划提供指导，充分考虑当地的地震地质构造环境并采取工程性防御或者避让措施。设置重点监视防御区，做到不同区域投入不同的预防措施，这一做法既能够减少非重点地区的防御成本，又能在重点区域投入足够抵御地震灾害的资源，做到经济成本与防灾减灾的有机结合。除了工程性预防，加强公民的防震意识亦是重中之重。在汶川大地震中，曾经报道了一位最牛校长，就地理位置而言，北川属于地震重灾区，但全校师生无一人伤亡，这样的结果正是得益于学校将防震减灾知识教育纳入教学内容、制定演练计划并定期组织开展地震应急演练。因此，四川省应急管理厅在省防灾减灾教育馆举行四川省 2019 年"5·12"防灾减灾日主题科普宣传周活动启动仪式，以国家防灾减灾日为契机，联合省人大教科文卫委员会、应急管理厅、教育厅等多个部门和单位，开展了形式多样的大型主题科普宣传活动。此外，各地方的应急管理部门加强对个人人员密集区域的宣传工作，开展防灾减灾宣传日、宣传周活动，加强地震演练，提高防震意识。除了活动式宣传工作外，《四川省防震减灾条例》要求县级以上地方人民政府应当建立和完善地震宏观测报网、地震灾情速报网、地震知识宣传网，在乡镇人民政府和街道办事处明确防震减灾工作人员。具体责任到人的做法，增强了法规的执行力，将防震减灾真正落到实处。

（三）应急响应，坚持统一领导、综合协调原则

《四川省防震减灾条例》将地震应急响应科学区分为两步，第一步临震应急期，当地震来临时，发布地震预警、组织人员疏散、检查地震物资、进行救援准备；第二步震后应急期，及时公布地震情况、组织力量抗震救灾。地震灾区的抢险救援队伍、医疗防疫队伍和参与救援的解放军、武警部队、民兵和预备役部队服从抗震救灾指挥机构的统一部署。气象、水利、国土的资源、卫生、环境保护等有关部门以及工程设施的经营管理单位加强对灾害的监测、预防和应急处置工作。地震灾区乡（镇）人民政府、街道办事处、村（居）民委员会和企事业单位，应当组织灾区人员开展自救、互救。在"6·17"四川长宁 6.0 级地震发生两个小时内，应急管理厅厅长及相关领导人员及时赶

赴抗灾前线指导工作。应急管理部连夜组织工作组前往震区指导地方救援救灾工作，会同国家粮食和物资储备局紧急调拨5000顶帐篷、1万张折叠床、2万床棉被，支援抗震救灾工作。四川省消防救援总队全勤指挥部及周边6个消防救援支队出动63台消防车、302名消防指战员赶赴现场，开展全面排查和救援救助工作。地方政府、民兵迅速投入到救援行动中去，居委会、村委会组织人员疏散并及时上报地震情况，全省各部门严格按照《四川省防震减灾条例》要求进行防灾减灾工作。

（四）灾后过渡性安置和恢复重建相结合

地震发生后四川省应急管理厅立即进行恢复工作，使地震影响区域恢复到相对安全的基本状态，然后逐渐恢复到正常状态。立即进行的恢复工作包括地震损失评估、清理废墟等，短期恢复应注意避免出现新的紧急情况。长期恢复包括重建和受影响区域的重新规划和发展。在"6·17"四川长宁6.0级地震发生后，为了防止余震和次生灾害造成人员伤亡，各居委会、村委会利用避难场所，设置集中安置点，提供基本饮水和食物，保障人民群众生命安全。有关部门对次生灾害、饮用水水质、食品卫生、疫情等加强监测，组织流行病学调查，开展心理辅导，整治环境卫生。公安机关加强治安管理，维护社会秩序。2020年6月21日，灾区交通、通讯、燃气、电力等基础设施逐步恢复。由于灾后重建所需资金巨大，政府通过民间捐赠、银行贷款、国家应对自然灾害资金拨付等多渠道进行筹集，加大对灾后重建的支持力度，迅速恢复市民的正常生活、生产状态。

（五）四川省应急法治在地震灾害中的积极尝试

综上所述，关于地震灾害应急管理，四川省应急管理厅体现了以下几点有利尝试：（1）坚持立法先行，充分发挥法律稳定性作用。防灾减灾作为一个系统性工程，具有不可预测性、复杂性、建设周期长、投入成本高等特征。只有通过科学立法，保障对防灾减灾工作的长期重视，持续投入，才能充分发挥应急预防和应急响应在防灾减灾中的重要作用。（2）加强法治培训，促使应急管理人员自觉遵循法律规定，做到统一领导、综合协调。《四川省防震减灾条例》对于地震的预防、准备、响应、安置及恢复重建都进行了全面细致的规定，通过培训和宣传，使得行政机构、社会组织等严格按照规定依法履行职责。

五、台风灾害中的探索做法：以浙江省为例

在 2019 年应急管理部发布的全国十大自然灾害中，台风"利奇马"以其超强威力位居第一。根据中国气象局对各个台风的影响进行评价，超强台风"利奇马"成为 2019 年登陆我国的最强台风。据相关资料统计，超强台风"利奇马"共造成中国 1402.4 万人受灾，57 人死亡（其中浙江 45 人，安徽 5 人，山东 5 人，江苏 1 人，台湾 1 人），14 人失踪（浙江 3 人，安徽 4 人，山东 7 人），209.7 万人紧急转移安置，直接经济损失 537.2 亿元人民币。

浙江省作为中国沿海城市，历来是台风登陆多发地，此次也遭到了"利奇马"的正面袭击。超强台风"利奇马"于 2019 年 8 月 10 日在浙江省温岭市沿海登陆，登陆时"利奇马"中心最低气压为 930 百帕，中心附近最大风力为 16 级（52 米/秒），台风眼在浙江省滞留的时间长达 21 小时。此次台风不仅风力强，雨情也十分严重，登陆期间浙江全省平均降水量达 168.7 毫米，市级面平均降雨量最大可达到 315.7 毫米（台州市），县级面平均降雨量最大可达到 382.3 毫米（乐清市）。超强降雨量对浙江省的防洪工程提出了更大的挑战。因"利奇马"所带来的强降雨，浙江省全省江河站 68 站水位超出警戒水位，其中更有 33 站水位超出保证水位。8 月 10 日，椒江、甬江、苕溪、杭嘉湖及瓯江主要支流等 5 大流域更是发生了同日超出警戒线以上洪水的情况，为 1949 年以来首次。

统计显示，截至 2019 年 8 月 12 日 7 时，超强台风"利奇马"已致浙江省共计 667.9 万人受灾，紧急转移安置 126 万人（其中集中安置 55.4 万人），直接经济损失超 157 亿元。虽然此次超强台风"利奇马"具有强度高、风雨大、时间长、影响广等特点，但浙江省积极响应、抗灾防洪，在保护人民群众财产安全、实施灾后重建工作等方面有许多尝试值得借鉴学习，其法治意识亦贯穿救灾工作始终。

（一）应急准备，建立防台预警服务专区

台风一直以来都是浙江省最常见、带来损失最惨重的自然灾害之一，且台风过后往往还需面临洪涝、滑坡等次生自然灾害。因此，浙江省应急管理厅始终将其作为重点工作进行防范。自 2019 年 3 月以来，浙江省应急管理厅加快自然灾害防治工程的道路探索，先后会同 11 个省级部门组织修订、出台

《浙江省突发事件总体应急预案》等，起草《省级应急物资和装备储备调拨使用管理办法》等，建设完成浙江省全覆盖、高效率、强有力的"双维度"救灾物资储备应急保障体系；同时，全面推进3000个避灾安置场所规范化建设、100支社会救援力量建设。《气象灾害防御条例》（国务院令第570号）、《浙江省防汛防台抗旱条例》等是浙江省应急管理厅组织进行抗台工作的法律基础，为抗台工作提供了制度化、法治化的保障。而在"利奇马"正式登陆前，省防指在《浙江省防汛防台抗旱条例》的规定下，进一步部署了"利奇马"的防御工作，提出思想上要重视、行动上要抓早、责任上要落实到位、措施上要注意防抗结合的四点具体要求。

同时，早在"利奇马"在西太平洋生成后，浙江省便高度关注、实时监测，并通过多种方式向企业、居民，特别是渔民工作者发布最新消息。为了最大程度降低台风所带来的各种损失，"浙里办APP"在台风正式登陆前紧急推出"防台服务专区"。在这个APP上，不仅可以看到台风实时路径全景图、科学做好防范，实现区域风险源的可视化标识和数据信息化管理，同时群众还可以享受到从出行到救助的九大民生服务，包括交通信息、气象信息、防台常识、电力抢修、一键求助等，通过模块化运作提升区域安全监管和应急响应救援能力。这也是全国首个集服务与台风实时路径图于一身的APP专区，让人民群众可以感受到数字政府、法治政府带来的便捷与高效。正是在浙江省省防指高效的指挥调度下，联动各部门充分发挥自身职能，充分运用大数据、云计算等科技手段，以"大防范、大监测、大救援、大决策"等四大体系构建为背景大力推进台风预警建设，提升应急准备管理的信息化、智能化、现代化水平，为各级政府应对处置各类突发事件提供决策依据。正是以科学的态度对此次台风的风情、雨情、水情作出了准确的判断，为即将到来的台风做好充分的准备，才成功地打赢了这一场防汛防台硬仗。

（二）应急响应，各方联动，聚焦应急救援使命

尽管在台风登陆前，浙江省各地提前部署台风预警、人员转移、加固堤坝等工作，但此次"利奇马"仍带来不可估量的损失。例如，温州市永嘉县岩坦镇山早村因雨情过大导致洪水暴涨，引发了部分山体的滑坡；温州市乐清水文气象测报站由于电路发生故障而使得水库水位监测工作一度陷入失灵状态；还有温岭市近90%的供电系统发生故障，台州市临海地区面对严重内

涝等。可以说，抢险救灾工作之复杂对应急管理工作提出了更高要求。

浙江省防指根据"利奇马"登陆所带来的灾害实际情况，及时调整抗台工作重点，协调消防救援、电力抢修部门集中抓紧电力修复工作，解决百姓灾情中的基本用电问题；督促检查相关部门做好水库等水利工程的检测、巡查、加固工作，要求基层防汛责任人坚守岗位，严禁玩忽职守；同时，据不完全统计，浙江省共 125 支专业应急救援队伍、174 支社会救援力量在浙江省动员令的号召下，积极响应，参与了本次"利奇马"的防台抢险救援工作。防台期间，自然资源部门、交通运输部门、气象部门、电力部门、卫生健康部门等各部门在浙江省应急管理厅的组织下实现紧急高效联动，保障了更多人民群众的生命、财产安全。

（三）灾后重建，积极帮助企业、群众复工复产

"利奇马"过去后，因其带来的洪涝、滑坡等灾害造成了基础设施毁坏、企业停产等后果，无论是对人民的生命财产还是对经济社会的正常发展都造成了巨大的损失。因此，灾害的重建工作对于恢复群众、企业的正常生活、生产秩序具有重要意义。2019 年 8 月 13 日，浙江省安全生产委员会办公室发布了《关于加强超强台风"利奇马"灾后重建期安全生产工作的紧急通知》（浙安委办〔2019〕21 号），要求安全生产要始终放在灾后重建工作的首位。

首先，明确时限，加强防控。（1）根据该通知，各地应在 8 月 16 日之前完成对风险的预估分析，寻找复工复产过程中可能遇到的各类风险，在系统分析的基础上逐步出台、完善风险控制措施。（2）在 8 月 20 日前，应当为可能参与涉险工作的相关人员提供安全教育培训，落实安全教育到位工作。（3）在 8 月 30 日前，根据灾后风险特点，对于受灾场所与企业的安全管理制度与应急预案进行检查，确保新产生的隐患实现闭环整改、新出现的风险处于受控状态。其次，专家上门检查、提供指导。从 8 月 13 日起，许多专家队伍赶赴台州、绍兴等台风影响严重地区，指导待产企业进行复产前的检查工作。湖州、乐清、宁波等多地政府也积极走访各类企业，对待产企业可能存在的安全隐患逐一检查，科学指导企业的复产复工工作。

（四）灾后总结，加强干部培训，开展抗台防灾宣传活动

台风过后，为进一步增强应急管理部门工作人员防汛抗旱的业务能力和

专业水平，2019 年 9 月 24 日~26 日，浙江省应急管理厅召开了全省防汛管理培训会议。在对 2019 年浙江省防汛防台整体工作表扬的基础上，系统性地点出了目前所面临的问题与挑战，并对未来的工作提出了进一步的要求。在此次的培训会上，省应急管理厅副厅长强调了要时刻以人民为重，不断提高应急管理体系和治理能力现代化水平，不但要抓好预案修订、防指工作规则的制定工作，也要强化洪涝台风的研判和会商机制。在会上，金华市、苍南县等防汛抗旱负责的同志还积极交流了基层应急管理的经验做法。除了加强干部的培训外，省应急管理厅还积极开展"10·13"国际减灾日的宣传活动，通过播放各地防御台风专题片、提供防灾知识咨询等方式促进广大群众提高防台减灾的意识，进一步构建人人重视、人人参与、社会力量全方位参与的防灾减灾救灾体制。

（五）浙江省应急法治在台风灾害中的积极尝试

综上所述，在抗击"利奇马"台风的过程中，浙江省应急管理厅提供了以下几点积极尝试：（1）健全完善应急管理法规制度，加强减灾救灾法治体制构建。在《浙江省防汛防台抗旱条例》的基础上，浙江省应急管理厅不断修订、出台《省防指工作规则》《关于进一步加强防汛防台工作的若干意见》《省防汛防台抗旱指挥部工作规则》等多个文件，从法治的角度推动应急管理的改革进程。同时，各市、县应急管理部门在省应急管理厅所发布通知的基础上，充分发挥能动性，根据各地的特色制定适应本地情况的细则，做到防台抗汛有法可依。（2）应急响应积极贯彻落实《浙江省防汛防台抗旱条例》以及省应急管理厅各项关于防台抗汛的通知。根据该条例与相关通知，浙江省各地应急管理部门应做好灾前预警、转移受灾群众、关注河道警戒线等任务，同时根据各项通知细则，做到责任到人的分配。此次的"利奇马"抗台行动，各级应急管理部门及相关部门明确职责分工，加强各成员单位之间的统筹协调、分工协作、积极履职。（3）推动决策民主化、科学化。无论是灾前的工作部署还是灾后的重建安排，省应急管理部门都虚心听取了其他部门以及各市、县应急管理部门的意见，同时推动专家在特定领域提供专业咨询，为科学决策决断提供了可靠、有效的依据。

第四节　各地应急管理法治的经验和探索总结

各地应急管理局在结合本省实际情况的基础上，研究出了不同的法治试验道路，运用法治思维和法治方式推进安全生产、疫情防控、森林火灾、防汛等领域改革发展，不断完善依法行政制度体系，坚持严格规范公正文明执法，完善制度建设，加强行政监督，全面提升依法行政能力，为安全生产、应急管理、防灾减灾救灾各项工作顺利开展提供有力的法治保障。结合各省应急管理局的法治政府报告，我们可将各地应急管理法治经验总结如下：

一、完善体制机制，推动演训练比常态化

第一，各省在原有的应急管理体制的基础上，进一步完善各级应急指挥部的配套政策措施，落实指挥部例会、会商研判、督办督查等制度，形成应急救援协调联动机制，确保响应及时、指挥科学、处置有效。

第二，不断推动深化应急管理机构改革，完善应急管理体制机制。根据防控"一张网"的部署要求，完成互联互通应急管理综合应用平台建设，运用大数据技术提高应急指挥、安全监管和自然灾害防治水平，基本形成四级联动、横向协同、先进高效、安全可靠的应急指挥信息化体系。

第三，壮大危险化学品、森林消防、地质灾害、抗洪抢险、疫情防控等行业的专业化应急救援队伍，着力打造应急救援关键力量。

第四，应急指挥部建设一定数量的综合性的应急救援队伍，开展集训、比武、综合演练。通过共练、共训、共比提高救援队伍的专业性，从而提高应急处置能力。

二、学习贯彻习近平法治思想，推进应急管理体系建设

习近平法治思想是顺应实现中华民族伟大复兴时代要求而生的重大理论创新成果，是马克思主义法治理论中国化最新成果，是习近平新时代中国特色社会主义思想的重要组成部分，是全面依法治国的根本遵循和行动指南。在应急管理中，做到：（1）深刻认识习近平法治思想的重大意义。从践行"两个维护"的政治高度，全面准确学习领会习近平法治思想，牢牢把握全面

依法治国的政治方向、重要地位、工作布局、重点任务、重大关系、重要保障，吃透基本精神、把握核心要义、明确工作要求，切实把习近平法治思想贯彻落实到应急管理事业改革发展的全过程。（2）以习近平法治思想为指引、在法治轨道上推进应急管理体系和能力现代化。坚持党的领导，健全党领导应急管理的制度和机制，推进党对应急管理领导的制度化、法治化。强化立法和执法工作，加快形成有机统一的应急管理法律规范体系，推进应急管理综合行政执法改革，全面依法履行职责。（3）增强学习宣传贯彻习近平法治思想的自觉性和坚定性。把学习贯彻习近平法治思想纳入党委（党组）理论学习中心组学习、干部培训、院校教育等，围绕习近平总书记在会议上提出的部署要求制定贯彻实施方案，逐项抓实抓到位。提高干部队伍特别是领导干部运用法治思维和法治方式防范化解重大安全风险、推进应急管理事业改革发展的能力，按照正规化、专业化、法治化要求加强执法队伍建设，做尊法、学法、守法、用法的模范。

三、坚持依法行政，坚持人民的主体地位

应急管理是国家治理体系和治理能力的重要组成部分，应急管理部门担负保护人民群众生命财产安全和维护社会稳定的重要使命，是《突发事件应对法》《安全生产法》《防震减灾法》《防洪法》《传染病防治法》《国境卫生检疫法》等法律法规的重要执法主体。应急管理必须坚持依法行政，全面加强依法行政是时势所趋，应急管理承担着安全生产监管、综合防灾减灾救灾和应急救援三大职责，责任重大，全国应急管理系统广大干部职工必须尊法、学法、守法、用法，紧密联系工作实际，将依法行政落实到日常工作中去。依法行政，首要任务是全面正确履职，全国应急管理领导干部要不断加强学习，不断增强履职能力。依法行政，重在维护公民、法人和其他社会组织的合法权益，必须严格按照"始终坚持人民立场，坚持人民主体地位"的要求，在行政许可、行政执法、行政决策等方面切实依法保障群众利益，坚决杜绝不作为、乱作为、慢作为等不当行为，全面提升应急管理法治化水平。

四、严格执法监督，提升执法效能

加强执法规范化建设。对明查暗访工作、安全生产监管执法工作、疫情

防控管理工作进行规范，印发相关法律、法规文件，提升执法规范化水平。

深化执法检查。组织开展疫情防控、森林草原防火、安全生产、防汛等方面的专项执法行动，对发现的问题要求整改。

加强督查督导，强化安全监管执法力度。贯彻落实中央办公厅、国务院办公厅《法治政府建设与责任落实督察工作规定》，认真落实主要负责人履行推进法治建设第一责任人职责，与安全生产、应急管理工作同部署、同推进、同督促、同考核，定期研究解决法治建设重大问题。

加强执法培训。切实抓好队伍的思想建设、作风建设，持续改进工作作风。组织执法人员参加各类行政执法或业务培训班，开展学习讨论、案例分析、岗位练兵等活动。

当然，根据各省应急管理局的法治政府建设报告以及国务院安委会考核巡查组的反馈意见，部分地方还存在应急管理法规标准体系尚不完善，安全生产执法体系尚不健全，"放管服"改革还需要进一步深化，基层执法力量薄弱、能力不足，部分执法人员知识结构、业务能力不能满足实际工作需要等问题，期待各省拿出最坚决的态度、最务实的举措、最强烈的担当，继续推进中国应急管理法治事业发展进程。

　　我国应急管理近年来取得了令人瞩目的成就和发展，十九届三中全会审议通过的《中共中央关于坚持和完善中国特色社会主义制度　推进国家治理体系和治理能力现代化若干重大问题的决定》将应急管理纳入国家治理体系和治理能力现代化的进程，明确提出目标是"构建统一指挥、专常兼备、反应灵敏、上下联动的应急管理体制，优化国家应急管理能力体系建设，提高防灾减灾救灾能力"。2019年11月29日，习近平总书记在主持中央政治局第十九次集体学习时，提出"要发挥我国应急管理体系的特色和优势，借鉴国外应急管理的有益做法，积极推进我国应急管理体系和能力现代化"。在新冠肺炎疫情袭来的背景下，2020年2月3日，习近平总书记在主持中央政治局常委会会议时强调"要针对这次疫情应对中暴露出来的短板和不足，健全国家应急管理体系，提高处理急难险重任务的能力"。十九届五中全会提出完善国家应急管理体系，加强应急物资保障体系建设，发展巨灾保险，提高防灾、减灾、抗灾、救灾能力。应急管理担负保护公民生命财产安全和保障社会发展稳定的重要使命，应急管理工作需要统筹安全和发展，应急管理能力提升需要全视野、长时段、系统性的考量，公共事件的预防、风险管控和救援活动的全周期和全过程皆纳入应急管理全类别全系统考虑，使其更全面、更完整。

　　就应急管理法治而言，"以稳定、权威的法律形式固化公共应急实践经验仅仅是法治化的形式要求，法治化实质要求和意义的明确，才能真正体现法治化对公共应急管理实践的重要性以及揭示法治化的未来发展方向"。[1]现

---

〔1〕　马怀德、汤磊："总体国家安全观视角下的公共应急管理法治化"，载《社会治理》2015年第3期。

有以《突发事件应对法》等法律法规为框架的应急管理法律制度已经为应急管理法治搭建起基本的制度框架，以 2018 年党和国家机构改革组建应急管理部和地方应急管理专业部门为标志，应急管理法治的职能部门的专业化、专职化改革也已启动，如何进一步将应急管理的成就加以总结、对教训予以分析、以制度化的方式全面提升应急管理思维、夯实应急管理体制、优化应急管理能力是法治国家、法治政府和法治社会建设不可或缺的内容。本报告综合理论界和实务界对应急管理法治的讨论和反思，提出应急管理法治近期尚需努力的方向和路径，以期对应急管理法治的完善有所参考。

应急管理主要是针对突发公共事件的事前、事中和事后的秩序维护行为，不同阶段政府的权力和公民的义务分配有所不同，在事件发生阶段会赋予政府管理部门更多的权力和公民更多的配合义务，健全贯穿应急管理全过程的应急管理法治体系亟待回应。同时，总体国家安全观提出统筹国内国际多种安全类型、统筹安全和发展，在此框架下要制定并修改完善应急管理法治体系的衔接、协调和一致，解决矛盾冲突、无缝衔接问题，就应急管理部门、卫健系统、公安系统、交通运输系统等部门的应急管理职责进行完善，推动建立跨部门、跨区域、跨突发事件类型的"全灾种、大应急"有效有序的联动体系。

一、应急管理法治原则

应急管理是国家治理体系和治理能力现代化的组成部分，应急管理虽然强调行政机关权力的扩大，但并不意味着可以没有限制和约束地随意行使权力，而是必须在法治的轨道上依法履行应急职责，同时在法律赋权范围内行使权力，不越界侵犯公民、法人私权。所以应急管理的法治原则成为应急管理法治体系建设不得不面对的问题。

（一）形式法治：行政应急原则和依法行政原则

依法行政原则解决的是常态下的政府行政问题，在应急状态下的政府权力扩张、公民权利收缩，有学者认为应确立行政应急原则，赋予应急事件管理部门启动非常态下的应急权力，对公民的权利进行限缩与克减，保证应急的合法性，保证公民对应急状态的合理预期和判断。在行政应急原则和依法行政原则的关系方面，前者是特殊状态下的依法行政，补充常态下依法行政存在的僵化和效率不足的缺陷。[1]行政应急原则是应急事件发生时行使应急权力所应遵循的原则，侧重"非常"状态下的应急权力的启动和行使。如果将行政应急原则确定为应急状态下的依法行政，那么，这就是应急状态下的形式法治要求。虽然应急状态有其情境的特殊性，但是在遵循制定法方面与依法行政原则没有实质的区别，只是应急原则更强调其情境的特殊性而已，所以从形式法治原则看，行政应急原则没有补充、超越或者完善已有的依法行政法治原则。如果将行政应急原则确立为应急状态下的依法行政，补充常态下依法行政存在的僵化和效率不足的缺陷，这就超出了依法行政形式法治要求而具有实质法治的特点，而行政法学在实质法治方面最代表性的原则就是比例原则。

（二）实质法治：行政应急原则与比例原则

比例原则可以指导在应急状态下平衡公共利益和个人利益后的行政方式的选择和运用。行政应急原则和比例原则有所不同，比例原则适用范围更广，包括日常状态的政府行政行为和非常状态下的行政行为应遵从的原则。应急管理是包括日常状态管理和应急状态管理，日常状态下的应急管理是事前预防以及事后的援建，应急状态管理是事件发生时的管理。日常状态下的应急管理是按照比例原则在平衡公共利益和个人利益后选择合适手段与方法进行风险防控和灾后重建。应急状态管理的目的是控制危险蔓延，此时需要扩大政府的权力范围和增加权力强度而收缩个人权利行使空间并增加义务遵守要求，"紧急状态是一种极端的社会危机状态。它的法律标志是宪法规定的国家民主决策体制的运行发生严重障碍，公民的基本宪法权利受到严重限制和剥夺。"[2]比例原则要求政府行为的合理性初心不改，应急原则虽然能凸显应急状态下政府权力扩张的状态，说明权力强度和范围扩张的启动，但不具有比例原则的可操作性和内在蕴含的正当性标准。在应急管理法律体系日益健全的背景下，应急管理不同阶段立法事项、权力分配的不同不仅需要明确法律规范制度，也需要基本遵循相应的原则指导应急发生状态下的行为选择，由于应急原则不能替代比例原则，所以从实质法治的角度考虑，行政应急原则

---

〔1〕 参见倪洪涛："论'风险国家'及其行政应急治理"，载《东南法学》2020年第1期。

〔2〕 参见"从《紧急状态法》到《突发事件应对法》"，载中国网 http://www.china.com.cn/news/txt/2007-08/27/content_ 8752908. htm，最后访问时间：2021年1月21日。

不能补充已有的比例原则的价值。

　　许多政府行为和措施伴随着风险的不确定和信息的不充分，在灵活应对控制风险的导向下，由于无法从确定的法律细化方面予以规范，必须借助于法律原则的功能和作用指导行政行为的选择和实施。已有的行政法原则即依法行政原则和比例原则从形式法治和实质法治两方面充分地指导和反映应急管理法治建设。

二、应急管理法律规范体系

　　应急管理根据不同的标准有不同的指向。就应急公共事件的社会危害程度、影响范围的分级而言，应急管理是轻微突发状况的一般公共事件，而特别重大的公共事件是紧急状态，在启动主体、启动条件和启动程序等方面存在严格程度不同的要求。〔1〕就公共事件应急管理范围不同，应急管理分为"小应急管理"和"大应急管理"，"小应急管理"是指应急管理部门针对自然灾害和事故灾难的管理，"大应急管理"的管理对象不仅包括应急管理部门管理的灾害类别，还包括卫健委管理的公共卫生、市场监督局管理的食药安全、公安网监国安管理的社会安全类的管理。〔2〕就应急管理全过程划分而言，应急管理包括日常管理和应急状态，前者是应急管理日常工作，包括应急预案编制和演练、应急管理法治普法宣传等，后者是危机发生时，政府、公民和社会应当遵循的规范规则。根据应急管理的实践和理论探索，未来的应急管理的法治体系构建应该是"全灾种、大应急"下的最广义的应急管理，即大应急管理下的全过程应急管理的不同社会危害程度的全类别公共事件管理。

　　应急管理法治体系按照《突发事件应对法》的规定坚持以预防为主、预防与应急相结合的原则，应急管理部在处置生产安全和自然灾害时将其具体化为"两坚持"和"三转变"，"两坚持"是坚持"以防为主，防抗救相结合"，坚持"常态减灾和非常态救灾相统一"，"三转变"是从注重灾后救助

---

　　〔1〕　参见韩春晖："应急管理的法治建构——遵循'理论—原则—思维'的研究脉络"，载《四川行政学院学报》2015年第2期。

　　〔2〕　参见王久平："立足当前　着眼长远　整体规划　科学构建应急管理法制体系——访中国政法大学法治政府研究院教授、博士生导师、应急法研究中心主任林鸿潮"，载《中国应急管理》2019年第11期。

向注重灾前预防转变，从应对单一灾种向综合减灾转变，从减少灾害损害向减轻灾害风险转变。应急管理法治目标是有效、有序、有力，用明确的法律规范不同主体的角色，引导和约束相应的主体采取合法合理的措施应对或服从应急状态管理，保护公民权利，确保各类应急主体通力协作和应急资源等配套措施有效有序供应。按照以上内容，应急管理的法律规范体系的完备，需要从以下几个方面努力。

（一）"紧急状态法"的出台提上日程

目前在应急管理的法律制度体系的构建中，紧急状态是各种突发公共事件的一般性特点，包含应急管理部、卫健委、国家安全部门等管理的公共安全事件类型。《突发事件应对法》的出台仅解决了日常行政中突发事件的应对问题，对于要上升到宪法所规范调整的"紧急状态"实则没有涉及，从当时的立法背景来讲，满足了2003年"非典"类型公共卫生事件的行政管理要求。但是，对紧急级别更高，以及对现行实定法体系构成更大冲击的紧急状态的界定、等级和措施等都没有作出规定。而且《突发事件应对法》主要归纳汇总的是自然灾害类和安全生产类的突发公共事件，对公共卫生事件和公共安全事件虽然有所涉及，但是还有很多不足。特别是2020年新冠肺炎的蔓延和持续对"紧急状态法"的立法迫切性提出要求。"突发事件是法律意义上'紧急状态'的诱因。而事实状态的'紧急状态'是危害程度最高的突发事件"。[1]

从必要性上来讲，在宪法层面上对紧急状态作出规定在未来一段时间应当提上议事日程，特别是在目前应急管理实际上尚未有统一的法律作为总牵引的情况下，应急管理部门主要是对自然灾害和事故灾难进行管理，而公共卫生突发事件则主要由卫健部门和市场监管部门等管理，社会安全突发事件又是由公安部门和国安部门等管理。有学者指出，社会安全突发事件缺乏对紧急状态的认定和政府与社会总体应对的制度安排，应当尽快纳入法治化轨道上来。[2]2020年新冠肺炎疫情应对公共卫生突发事件的经验也表明，需要从紧急状态的角度更加明晰地方人民政府和各职能部门在应对时的职权分工和

---

〔1〕 董昊："行政应急法治化研究"，辽宁大学2019年硕士学位论文。

〔2〕 参见杨海坤、马迅："总体国家安全观下的应急法治新视野——以社会安全事件为视角"，载《行政法学研究》2014年第4期。

应采取的各种措施。"紧急状态法"可以将上述四大类突发事件中的危害程度最高的事件统领在一部法律中，以应对不断变化的严重风险。

从可行性上讲，我国相关法律对行政应急的规定已经为"紧急状态法"的制定奠定了一定基础。一是 2004 年《宪法修正案》中，将"戒严"改为"紧急"，为了体现对应急管理法治的重视，在 2004 年《宪法》第 67 条和第 89 条作了规定。二是根据《突发事件应对法》附则第 69 条规定"发生特别重大突发事件，对人民生命财产安全、国家安全、公共安全、环境安全或者社会秩序构成重大威胁，采取本法和其他有关法律、法规、规章规定的应急处置措施不能消除或者有效控制、减轻其严重社会危害，需要进入紧急状态的，由全国人民代表大会常务委员会或者国务院依照宪法和其他有关法律规定的权限和程序决定。紧急状态期间采取的非常措施，依照有关法律规定执行或者由全国人民代表大会常务委员会另行规定。"《突发事件应对法》体现出紧急状态下政府履行方式与突发事件状态下的差别。"常态时期，政府为保障公民自由和社会自治，会保持行政权的谦抑性以严格遵循法律保留原则；而在非常时期，行政应急权适度扩张为涵盖紧急确认、紧急立法、紧急命令以及紧急处置在内的概括性的广泛权力，即在面对突发事件时拥有比平时更为广泛的行政裁量权。"[1]

"紧急状态法"制定意见从 2003 年"非典"疫情发生后就被提出，2004 年全国人大常委会将其列入立法计划，但由于立法程序不完备无法提交审议而后推。2005 年将其列入全国人大公布的立法计划且被排在首位，期间，清华大学公共管理学院和上海法制办分别接受国务院法制办委托起草立法草案建议稿。但由于立法资源配置需要着眼解决紧迫需求，所以 2007 年针对各类频发的突发事件的治理优先出台了《突发事件应对法》，解决缺乏应对频繁发生的局部突发事件的法律依据问题。而将紧急状态下对国家民主决策机制运行和公民基本权利的严重限制或剥夺的"紧急状态法"搁置。2020 年新冠肺炎疫情暴发，很多地方根据《突发事件应对法》采取公共卫生事件应急一级响应（级别特别重大）并按照《突发事件应对法》采取相应措施，有些措施与紧急状态下的措施似乎超过法律规定的范围和程度，如有些学者就认为

---

[1] 盛明科、郭群英："公共突发事件联动应急中的部门利益梗阻及治理研究——基于整体性治理理论的视角"，载《中国社会公共安全研究报告》2013 年第 2 期。

"封城"比《突发事件应对法》规定的措施严格但未囊括在该法中，而紧急状态宣布后可以采取。[1]在实践中表现出来的应急手段超出法律规定的范围以及《突发事件应对法》对制定"紧急状态法"的法律依据。2020年3月，法律界人士呼吁制定一部"紧急状态法"，规范国家进入紧急状态后对公民权利限制的程度和政府权力监督关系的调整。2020年3月5日，全国政协社会和法制委员会主任沈德咏在《人民政协报》上公开撰文呼吁：我国突发公共卫生事件应急处置的法律法规体系仍然存在一些有待完善的地方，为落实我国宪法关于紧急状态的有关规定，应研究制定一部操作性较强的"紧急状态法"。2020年5月，针对学者、专家、人大代表建议制定"紧急状态法"，全国人大常委会法工委相关负责人回应称《突发事件应对法》在功能、效果上与"紧急状态法"相同，称我国已基本形成较为完备的应对紧急状态法律制度体系，是否需要制定专门的"紧急状态法"需要全国人大常委会有关机构进一步研究。[2]沉寂很久的"紧急状态法"重新进入了公众视野和立法考虑的范畴。

（二）《突发事件应对法》的修改完善

"作为我国行政应急基本法的《突发事件应对法》，自2007年颁布实施以来还未进行过大的修订和更新，但该法在实施中已逐渐暴露出诸多缺陷和不足。如该法将应急责任简单分配给各级政府，对行政应急专业组织的重视不够，专业技术和优势资源的调度乏力；法律条文中存在大量抽象性和原则性规定，缺乏实施细则和司法解释，程序性规则的失位长期通过'比例原则'进行笼统填充，可操作性不强等"。[3]而且2020年新冠肺炎疫情也暴露出《突发事件应对法》与应对公共卫生突发事件的相关规范不一致的问题，公共卫生突发事件中从应急管理的角度统筹调度社会各类资源、加大基层社会治理力度方面存在短板，未能从社会经济发展的全局来安排公共卫生突发事件应对，换个角度说，《突发事件应对法》和应急管理部门没有能起到统领包括公共卫生事件在内的各类突发事件的作用。笔者认为这与《突发事件应对法》

〔1〕参见刘嫚、王佳欣："紧急呼吁人大：再启《紧急状态法》立法进程！"，载微信公众号"代表风采"2020年3月16日，https://mp.weixin.qq.com/s/p4klfkGkRt7bkNRsb5xBw，最后访问时间：2021年1月21日。

〔2〕"是否制定紧急状态法？全国人大：现有法律法规基本可满足防疫需要"，载 http://www.npcxj.com/index.php/News/info/cate_id/49/id/4581.html，最后访问时间：2021年1月21日。

〔3〕刘卉："突发事件应对法需补充细化"，载《检察日报》2015年3月3日，第3版。

当时的立法思路和立法模式有关，即更多的是将自然灾害和安全事故的管理经验进行了汇总，但是对公共卫生和社会安全突发事件的经验做法和制度设计提炼得不够，还缺乏对各类突发公共事件的整体把握。

在制定"紧急状态法"的同时，应当展开对《突发事件应对法》的执法调研，为修改和完善法律做准备，着重解决各层级政府的职权边界问题，对各类措施启动的程序予以细化，但同时保留相当程度的自由裁量空间，确保政府可以灵活有效地处置和应对突发事件；将宪法所确立的保护公民权利的原则和精神在《突发事件应对法》中进一步予以明确和细化，各类措施的采取要求行政机关必须同样对成本收益予以分析，按照比例原则的要求，对目的、措施进行考量，判断是否给公民权益造成最小程度侵害；充分吸收其他国家的先进经验和国际公约的"条款内容、制度规范及其背后隐含的立法理念与立法逻辑"，比如应对自然灾害，不再提"抗灾"，更新为"减灾、防灾、备灾、容灾"，将以人为本、生命至上的理念贯穿于法律规范之中，不再鼓吹"不惜一切代价"特别是以牺牲救援人员的健康和生命为代价，避免造成更大范围的人员伤亡和成本损失，全面提升救灾的科学水平。[1]进一步明确政府突发事件应对中所遇到的问题可以运用法律途径解决，政府有权在事后对其措施予以说理和论证，行政复议和行政诉讼作为正式途径应当提供政府与行政相对人予以争辩的平台和场所。此外，还需要对开展国际救援合作、跨国救灾的法律问题作出进一步规定。[2]

公共卫生事件发生后暴露出的问题，推动了《突发事件应对法》的修改工作。为贯彻习近平总书记关于依法防控疫情、强化公共卫生法治保障重要指示精神和党中央决策部署，修改《突发事件应对法》已纳入全国人大常委会2020年度立法工作计划，成立由张春贤副委员长为组长的修法工作班，2020年4月24日，全国人大常委会正式启动了《突发事件应对法》的修改工作，修法工作专班召开第一次全体会议，讨论了修法的基本思路、原则要求、重点问题，围绕此次疫情暴露的短板和不足，补短板、堵漏洞，增强法律的完

---

〔1〕参见王久平："尊崇法治理念，科学构建应急管理法制体系——应急管理法律与政策研究基地主题沙龙综述"，载《中国应急管理》2020年第1期。

〔2〕参见王久平："尊崇法治理念，科学构建应急管理法制体系——应急管理法律与政策研究基地主题沙龙综述"，载《中国应急管理》2020年第1期。

整性、可操作性、统一性，为"依法防控、依法治理"提供有力法治保障。〔1〕
2020 年 10 月，全国人民代表大会社会建设委员会《关于第十三届全国人民代
表大会第三次会议主席团交付审议的代表提出的议案审议结果的报告》指出
关于突发事件应对领域的议案 6 件，其中关于修改《突发事件应对法》的议
案 5 件，关于制定《社区应急管理法》的议案 1 件，而这需要通过修改《突
发事件应对法》等相关法律，吸收议案内容来解决，社会建设委员会对议案
的办理意见审议后认为在立法工作中可以按计划提请全国人大常委会审议。
此后，全国人大常委会副委员长张春贤到贵州就《突发事件应对法》修改重
点问题展开调研，贵州省在公共卫生事件、自然灾害等突发事件有不少好的
做法，为完善法律提供经验。〔2〕修法工作专班已完成《突发事件应对法（修
订草案）（征求意见稿）》，将根据征求意见情况进一步完善，拟于 2020 年
12 月提请全国人大常委会审议。〔3〕

（三）应急管理事件分类立法

2019 年 1 月 17 日全国应急管理工作会议提出全面建设应急管理法律制度
体系，加快应急管理领域法律法规的制修订工作，逐步形成"1+4"的应急
管理法律体系骨干框架，"1"即《应急管理法》，"4"是指《安全生产法》
《自然灾害防治法》《消防法》《应急救援组织法》。这方面立法规划除了"应
急管理法"之外，已完成其他 4 部法律制修订目标。

公共卫生应急管理法律规范体系综合统筹。除了《十三届全国人大常委
会强化公共卫生法治保障立法修法工作计划》综合统筹健全国家公共卫生相
关的法律之外，由于新冠肺炎属于新发传染病，未列入法定目录之前无法预
警和执行应急预案，这导致无法及时作出应对决定和采取有效措施。《生物安
全法》已于 2020 年 10 月 17 日由十三届全国人大常委会第二十二次会议审议

〔1〕 参见"《中华人民共和国突发事件应对法》修改工作启动"，载中国人大网，http://www.npc.
gov.cn/npc/c30834/202004/492fa98ef02a421d8fcb14dce937587f.shtml，最后访问时间：2021 年 1 月 21 日。
　　〔2〕 参见"张春贤率队赴贵州就《突发事件应对法》修改重点问题开展调研"，载中国人大网，
http://www.npc.gov.cn/npc/c30834/202010/14523b7e9eab4ef2a72e1327ae061f40.shtml，最后访问时间：
2021 年 1 月 21 日。
　　〔3〕 参见"全国人民代表大会社会建设委员会关于第十三届全国人民代表大会第三次会议主席
团交付审议的代表提出的议案审议结果的报告"，载 http://www.npc.gov.cn/npc/c30834/202010/
5915bc94f5734a738595b897827a7752.shtml，最后访问时间：2021 年 1 月 21 日。

通过，议案中提出的明确生物安全的内涵，加强地方生物安全工作和生物安全基础设施建设，完善生物安全管理体制，明确生物威胁监测预警、应急处置、基础研究、安全管控等内容，建立赔偿制度，加大对违法行为处罚力度等意见，已在《生物安全法》中作出相应规定。[1]修订后的《动物防疫法》已于 2021 年 1 月 22 日由十三届全国人大常委会第二十五次会议审议通过。议案中提出的明确动物防疫适用范围，加强野生动物、宠物防疫管理，完善动物卫生监督管理机构及其职责，增加维护生物安全的内容，加强人畜共患病防控，完善动物疫情认定和公布制度，加大对违法行为的处罚力度等意见，已在修订后的《动物防疫法》中作出相应规定。[2]已发生的公共卫生事件和正在发生的公共卫生事件按照医学文献知识提醒在饮食方面关注野生动物和生物安全，公共卫生领域的法律规范涉及对非法交易和滥食野生动物的规定，同时联合国通过《禁止生物武器公约》《生物多样性公约》《国际植物新品种保护公约》等也需要在立法中予以考虑。

除了自然灾害、事故灾难和公共卫生之外，还有社会安全事件，这部分内容具有其相对的特殊性。对于公共安全事件，可以论证适时制定"反暴力恐怖法"[3]，概因"反恐怖工作并不仅仅是对恐怖活动的打击，更重要的是通过大量基础性工作，加强对恐怖活动的防范和预警，而行政法涉及的社会生活领域十分广泛，内容丰富，更符合反恐怖工作的特点和规律"。[4]

四类突发公共事件的管理职能分配为：应急管理部门负责自然灾害和事故灾难，公共卫生、食药安全等归卫健委、市场监管局，社会安全归公安、网监办、国安办等，不同类型的突发公共事件有其共同的应急状态，但也有不同的科学和技术要求以及影响因素考虑，所以应急管理的法律规范体系还需要从突发事件类型方面研究完善相应立法项目，建立针对各类非常态公共

---

〔1〕　参见"全国人民代表大会宪法和法律委员会关于第十三届全国人民代表大会第三次会议主席团交付审议的代表提出的议案审议结果的报告"，载中国人大网，http://www.npc.gov.cn/npc/c30834/202101/6a9f09fbe7ef4ae2907f725d76ad5c9d.shtml，最后访问时间：2021 年 3 月 21 日。

〔2〕　参见"全国人民代表大会宪法和法律委员会关于第十三届全国人民代表大会第三次会议主席团交付审议的代表提出的议案审议结果的报告"，载中国人大网，http://www.npc.gov.cn/npc/c30834/202101/6a9f09fbe7ef4ae2907f725d76ad5c9d.shtml，最后访问时间：2021 年 3 月 21 日。

〔3〕　杨海坤、马迅："总体国家安全观下的应急法治新视野——以社会安全事件为视角"，载《行政法学研究》2014 年第 4 期。

〔4〕　赵秉志："略谈《反恐怖法》的立法定位"，载《法制日报》2014 年 5 月 28 日，第 9 版。

事件的法治规范体系。

（四）应急管理地方立法做细做实

地方政府是应急管理的最直接参与者，最能感受应急管理存在的突出问题，总结应急管理的实践经验，推动应急管理体系和能力提升。地方性法规在应急管理方面不断提高立法工作质量和效率。在《突发事件应对法》尚未完成修订之前，地方政府就对已有的地方性法规作出修订或者制定相应的条例，如北京市人大常委会主任会议就将制定《北京市突发公共卫生事件应急条例》增列为 2020 年的紧急立法项目，完善应急管理体系，形成"及时发现、快速处置、精准管控、有效救治"的应急机制，这在地方应急管理中形成了共识。同时地方人大制定的应急管理法规经过实践历练有很强的针对性和精准性，比如北京在制定《北京市突发公共卫生事件应急条例》时就考虑到医疗机构在发生突发公共卫生事件时应及时调整预案，合理安排就诊路线、完善诊区布局，降低院内交叉感染的风险；强化预警工作人员的工作职责，强调熟知应急预案启动、执行、监控以及终止的流程；在物资储备方面，根据实践经验建立"以用代储"机制，日常使用的同时做好储备设备的维护保养，既节约资源又能有效应对紧急状况；在应急救助场所也强调统筹，在医疗卫生、垃圾处理、供水排水等基础设施建设上满足不同种类公共安全事件的应对需求；对企业、学校、医院、党政机关履行社会责任和义务方面也予以考虑；在区域合作方面也强调构建起协作机制协同应对。在应急管理的法律制度规范中，基于应急状态的特点，法律规定不如常态下的法律规范明确，地方政府可以在已有法律规定的范围内根据实际情况完善细化相应的规范，完善应急管理法治的内容，增强应急管理的确定性、有效性和可行性。

（五）应急法律冲突全面普查与清理

根据学者统计，在中央层面，应急法律、行政法规和规章多达一百部，[1]涉及各类应急事件。2007 年《突发事件应对法》颁布之后，应急法律制度本身的建构得到重视，法律、行政法规、部门规章和其他规范性文件相继出台，内容各有侧重，但也有交叉重叠，再加上各地地方性法规、地方政府规章和规范性文件，实际数字其实难以统计，法律体系内部存在的不一致乃至抵触

---

〔1〕 参见本书第一章和第二章。

在所难免，给基层日常执法和突发事件应对带来不同程度的困扰。

1. 应急管理法律冲突

应急管理领域由于应急管理的一般特点和四类事件的特殊性，在应急管理内容方面存在各种冲突，如：

第一，预警规范之间存在冲突。《传染病防治法》第 43 条和《突发事件应对法》第 12 条规定了预警主体，而《突发公共卫生事件应急条例》仅规定了应建立监测和预警系统，没有明确规定"预警主体"。

第二，在信息披露方面存在冲突。根据《突发公共卫生事件应急条例》、2006 年原卫生部《国家突发公共卫生事件应急预案》和《卫生部关于印发〈卫生部法定传染病疫情和突发公共卫生事件信息发布方案〉的通知》，从传染病防治和突发公共卫生事件的法律法规体系来看，发布疫情的职权归属于省级卫生部门。根据《突发事件应对法》的规定，县级以上人民政府应当在"公共卫生事件即将发生或者发生的可能性增大时，发布相应级别的警报，决定并宣布有关地区进入预警期"，在信息披露主体和披露内容方面存在不一致。

第三，在应急征用方面存在冲突。《突发事件应对法》第 12 条与《传染病防治法》第 45 条在应急征用主体和征用物资方面有不同的规定。

法律冲突是在法治国家和法治政府建设过程中必然发生的现象，一方面说明法律制度的框架和内容正在不断充实完善，另一方面也说明法律规范完备相对容易，但是规范本身科学完善是下一步法治发展的必然。

解决法律冲突的路径有多重，针对应急法律冲突的解决路径可以有三种：第一种途径，最为全面深入的是将所有类别的应急法律、法规进行汇总梳理，此工作类似于"法律编纂"，将应急法律、法规中的内容按照行政主体及职权、管辖、行政许可、行政处罚、行政强制、行政检查、法律责任等进行重新编排整理，对法律法规规定不一致或者模糊的地方进行分析并提出解决方案。因其工作量巨大，限定在法律法规层面较为可行，但是地方性法规是否需要纳入这一途径，还需要结合具体领域而定。第二种途径是对主要领域的法律法规的实施展开调研，通过主要的应急管理所涉部门的反馈，对突出的法律冲突问题予以汇总分析，并提出解决方案，此途径类似于全国人大和国务院开展的"执法检查"和"调研工作"，为后续法律法规完善做准备工作。

第三种途径是以立法来解决法律冲突问题，比如在自然灾害领域制定统一的单行法[1]，以领域内基本法来统领行政法规、地方性法规和规章等，按照"立新法"+"法律清理"的路径来解决大部分法律冲突问题。

2. 应急立法存在盲区和空白

与法律冲突相伴的是，目前在立法上还存在盲区和空白，关于危险物品管控、出入境管理、网络信息管控等规定分散在各处，"还远没有形成对人员、财产、物品和信息等严密的立体防御格局"[2]。新冠肺炎属于新发传染病，未列入法定目录之前无法预警和执行应急预案，这导致无法及时作出应对决定和采取有效措施。这类问题也亟待在法律规范整理过程中一并予以汇总并在未来立法中予以解决。

3. 应急管理法规不配套、不衔接

新冠肺炎疫情的一个典型问题就在于疫情报告。传染病疫情防控初期，由于疫情报告方面存在多部门审批的问题，延误对可能感染的患者的鉴别、确定以及公布，这不仅影响到对患者的及时诊断治疗，还影响到对疫情防控采取有效措施、及时安排医护工作者队伍和有效排查，以至于发生一系列连锁反应。

四类突发事件的应急法律规范体系建设虽有不同，但亦有可资相互借鉴的地方。在应急管理部门的法律制度体系建设中，2019年1月17日召开的全国应急管理工作会议对全面建设应急管理法律制度体系，加快应急管理领域法律法规的制修订工作，推进应急预案和标准体系建设，改进安全生产监管执法等问题作出了要求。各省市纷纷响应应急管理部的工作部署，在应急管理综合制度、突发事件、防汛抗旱、地质地震、救灾减灾、安全生产等多项领域开展了相关立法工作。各省市2019年应急管理法规体系建设的目标是系统性和统一性，着力解决法规体系不配套、相关内容不一致等问题，未来此部分工作仍是各地应急管理法治工作的重头戏。其他三类突发事件类型的法律规范体系的建设也面临着不配套、内容不衔接等问题，也需要予以完善，并在完善中力求科学民主。

---

〔1〕 参见王久平："立足当前 着眼长远 整体规划 科学构建应急管理法制体系——访中国政法大学法治政府研究院教授、博士生导师、应急法研究中心主任林鸿潮"，载《中国应急管理》2019年第11期。

〔2〕 杨海坤、马迅："总体国家安全观下的应急法治新视野——以社会安全事件为视角"，载《行政法学研究》2014年第4期。

三、应急管理法治实施体系

应急管理特别强调优化协同高效，应急管理的法治实施体系在应急体制上需要借鉴整体性政府的理论解决职能独立、各自为主、背离应急治理目标等问题，构建起有效的组织结构。同时应急管理也强调共建、共治、共享，还需要以合作治理理念为指导，发挥各主体的优势，探求多中心、多主体、多层次合作，在应急内容的治理方面实现整合。目前在应急管理法治实施层面的主要问题是应急管理体制问题，产生问题的原因有两点：一是应急管理包括日常管理和应急突发状态管理，前者是应急管理的日常工作，包括应急预案编制和演练、应急管理执法、应急管理法治普法宣传等；后者是危机发生时，政府、公民和社会应当遵循的规范规则，更多强调的是迅速反应、有效调度资源。应急日常管理与常态管理一样具有追求公共安全的事项特点，这与常态机构改革的职责异构大致相仿；应急的突发紧急状态面对的是应急事件，解决应急管理问题，以任务实现为目的进行权力配置，这种情形的体制特点是"职责同构"，以建立应急指挥部（应急委员会）为特点。常态下的体制是为了充分发挥中央和地方的积极性，非常态下强调有效指挥迅速反应；常态下强调在纵向间政府职责和机构配置优化，大力推进改变过去的"条条"，非常态下纵向间的应急指挥则要精准完善"条条"，建立有效的决策指挥协同机制。二是应急管理特点以协同为主和分工为辅，根据突发事件类型分类管理，"在复杂的系统中强调目标一致，追求集体效能，通过生成大规模集体行动，实现社会系统从无序向有序演化"，[1]"如何调动社会力量有效参与？""如何实现参与力量的有效协作？""如何根据突发事件类型理顺跨部门安全风险协作？"这些都是应急管理法治实施体系的重要问题。

（一）应急管理体制

1. 公共事件突发紧急状态下的体制：职责同构

在公共事件突发紧急状态下的体制是"上下一般粗、左右一个样"的职责同构的机构设置模式。在应急突发状态下职责同构模式有助于迅速调动并集中资源。但是，这种职责同构的应急突发紧急状态体制又有两类：一类是

---

〔1〕 张海波："专栏导语"，载《中国行政管理》2020 年第 3 期。

《突发事件应对法》明确的应急管理体制；另一类是十八大党和国家机构改革成立应急管理部后的应急指挥模式。

（1）《突发事件应对法》关于"统一领导、综合协调、分类管理、分级负责、属地管理为主"的应急管理体制。

统一领导、综合协调是指县级以上地方各级政府设立由本级人民政府主要负责人、相关部门负责人、驻当地各级和武装警察部队有关负责人组成的突发事件应急指挥机构，统一领导、协调本级政府有关部门和下级政府开展突发事件应对工作。突发事件发生地县级政府不能消除或者控制该事件而引起严重社会危害的，由上级政府统一领导应急处置工作。上级人民政府主管部门应当在各自职责范围内，指导、协助下级政府及其相应部门做好突发事件应对工作。国务院在总理领导下研究、决定和部署特别重大突发事件的应对工作，根据实际需要设立国家突发事件应急指挥机构，负责突发事件应对工作；必要时，国务院可以派工作组指导有关工作。

分类管理是国务院有关部门按照法律、行政法规规定对各类突发事件按照职责分类应对。按照四类突发事件的特点由不同的职能部门管理应对，如环境保护部门组织开展突发环境事件的风险控制、应急准备、应急处置、事后恢复等工作，指导协助下级政府及其有关部门做好突发环境事件的应对。

分级负责是县级人民政府对本行政区域内突发事件的应对工作负责；涉及两个以上行政区域的，由有关行政区域共同上一级政府负责，或者有关行政区域的上一级政府共同负责。省级政府负责本地区重大的突发事件。国务院在总理领导下研究、决定和部署特别重大突发事件的应对工作。

《国家突发公共事件总体应急预案》也明确了领导机构，即国务院是突发公共事件应急管理工作的最高行政领导机构。在国务院总理领导下，由国务院常务会议和国家相关突发公共事件应急指挥机构（以下简称相关应急指挥机构）负责突发公共事件的应急管理工作；必要时，派出国务院工作组指导有关工作。国务院办公厅设国务院应急管理办公室，履行值守应急、信息汇总和综合协调职责，发挥运转枢纽作用。国务院有关部门依据有关法律、行政法规和各自的职责，负责相关类别突发公共事件的应急管理工作，具体负责相关类别的专项突发公共事件和部门应急预案的起草与实施，贯彻落实国务院有关决定事项。地方各级人民政府是本行政区域突发公共事件应急管理工作的行政领导机构，负责本行政区域各类突发公共事件的应对工作。国务院应急管理办公室因组建应急管理部而并入其中，《突发事件应对法》规范的应急管理体制根据国务院机构改革发生了相应的变化。地方政府在修订所在地区的突发事件应对办法中有些坚持《突发事件应对法》的要求健全完善地方应急管理体制。有些适应机构改革，而对《突发事件应对法》确定的应急管理体制模式进行调整。

《上海市实施〈中华人民共和国突发事件应对法〉办法》（2018 修正）规定市和区人民政府是突发事件应对工作的行政领导机关，统一领导本行政区域内突发事件应对工作，发布应对突发事件的命令、决定；市和区设立的由本级人民政府主要负责人、相关部门负责人、驻地中国人民解放军和中国人民武装警察部队有关负责人组成的突发公共事件应急管理委员会，在同级人民政府领导下，负责本行政区域内突发事件应急体系的建设和管理，决定和部署突发事件的应对工作。市和区突发公共事件应急管理委员会办公室设在本级人民政府办公厅（室），负责委员会的日常工作，配备专职工作人员，履行值守应急、信息汇总、综合协调和督查指导等职责。

这类应急突发状态下的应急管理体制强调县级以上政府统一领导、综合协调，在本级政府办公厅（室）设立应急管理办公室，负责应急委员会的日常工作，这是按照《突发事件应对法》建立的应急管理体制。

（2）落实机构改革要求，建立统一指挥、专常兼备、反应灵敏、上下联动、平战结合的应急管理体制。

国家机构改革成立了专门的应急管理部门，这一新部门的设立，在应急管理体制方面出现了新变化。国家应急管理部成立应急指挥中心负责应对事故和自然灾害以及衔接解放军和武警部队参与救援，同时根据应急管理部门的事项特点，设立国家防汛抗旱总指挥、国务院抗震救灾指挥部、国务院生产委员会、国家森林草原防灭火指挥部、国家减灾委员会，这是聚焦在应急管理部门应对自然灾害和事故灾害。在地方发生诸如公共卫生事件类型的特别重大公共事件，由于没有建立健全覆盖突发事件类型的应急指挥中心统一领导和综合协调机制，应急管理指挥体制不畅，这是目前应急管理体制亟需解决的问题。地方政府在实践中也是按照国家应急管理部的模式设立。广州市黄埔区将突发事件应对委员会、安全生产委员会、减灾委员会、森林防火指挥部、抗震救灾指挥部、防汛抗旱指挥部的"三委三部"整合为应急总指挥部。湖南省郴州市也将原来的应急管理协调议事机构整合成立了郴州市应急管理委员会（总指挥部）和13个指挥部。这样的领导体制可以确保在突发事件发生后有稳定的体制和制度基础，迅速启动应急决策部署和反应，但是由于该框架没有兼顾其他公共事件的紧急应对，导致在实践中出现"协同难"的问题。

但是贵州省却有不一样的组织结构安排，在机构改革中兼顾《突发事件应对法》确定应急管理体制。2019年贵州省决定成立省应急救援总指挥部（以下简称总指挥部）及专项应急指挥部（以下简称专项指挥部）。[1]省政府作为应急突发事件的行政领导机关，成立应急救援总指挥部，总指挥部下设办公室，办公室设在省应急厅。总指挥部职责是研究部署、指导协调全省安全生产防范、自然灾害防治和应急救援工作，按规定协调衔接解放军、武警部队和消防救援队伍、森林消防队伍参与安全生产防范、自然灾害防治和应急救援工作。总指挥部下设省消防安全应急指挥部、省危险化学品和烟花爆竹安全应急指挥部、省抗震救灾（防震减灾）应急指挥部、省金融风险应急指挥部、省大数据安全应急指挥部、省公共卫生应急指挥部、省煤矿安全生产应急指挥部、省食品药品安全应急指挥部、省防汛抗旱应急指挥部等。专项指挥部在总指挥部的统一领导、指挥协调下，组织开展安全生产防范、自然灾害防治和事故灾害应急处置工作。总指挥部办公室负责督促落实省应急救援总指挥部工作部署，承办总指挥部日常工作；负责衔接国务院安委会、国务院抗震救灾（防震减灾）指挥部、国家森林草原防灭火指挥部、国家防汛抗旱总指挥部、国家减灾委员会等议事协调机构工作，统筹向各专项指挥部传达部署并督促落实国家防汛抗旱总指挥部、国家减灾委员会等议事协调机构和省委、省政府有关工作要求。应急总指挥部由省政府成立，四类突发事件指挥部由应急总指挥部领导，应急总指挥部办公室设在应急管理机关内部，能调动其他公共事件管理部门的协调。北京在应急管理的实践中以"党委领导、政府负责"为原则设立了由主要领导挂帅、党政军领导参加的突发事件应急管理委员会，统一管理四大类突发事件的应急工作，应急管理委员会下

---

[1] 贵州省人民政府办公厅《关于成立省应急救援总指挥部及专项应急指挥部的通知》（黔府办函〔2019〕82号）

设若干指挥部。

我国应急管理部门在考虑我国实际情况和借鉴国外管理经验的基础上，整合优化应急力量和资源，建成一支综合性的常备应急骨干力量。应急管理部门在发生一般性灾害时，应急管理部统一响应支援，发生特别重大灾害时，应急管理部作为指挥部，协助中央组织完成应急处置工作。但是存在以下问题：没有明确应急领导体制如何指挥协调不在应急管理部门范围内的突发事件，如公共卫生事件、突发食药安全事件；将应急总指挥设立在应急管理部门，聚焦在应急管理部门的事项上，没有统筹安全与发展，没有统筹国内和国外各类安全构建。贵州和北京的实践探索为应急管理的领导体制提供了有益探索，公共事件应急领导指挥体制是应急管理法治实施领域的重点问题。

2. 应急管理中的日常管理体制：职责异构

十八届三中全会对中央和地方政府职责和机构的配置，中央政府具有加强宏观调控职责和能力，地方政府履行公共服务、市场监管、社会管理、环境保护职责。应急管理中的日常管理也按照两层次职责明确，中央管宏观，地方政府主要是贯彻落实。在应急日常管理中，中央宏观管理比较明确，地方贯彻落实中央决策部署和落实法律法规还需要在省市县三级分工。在地方突出强调安全生产执法工作，省市县三级健全应急管理综合执法体制，《关于深化应急管理综合行政执法改革的意见》将安全生产、防灾减灾、应急救援等应急管理领域问题组建成应急管理综合行政执法体制，省自治区应急管理部门强化统筹协调和监督指导职责，主要负责监督指导、重大案件查处、跨区域执法的组织协调工作；市县两级政府是应急管理综合执法体制的主要承担者，县级政府承担应急管理综合执法职责，负责执法检查、一般违法案件查处，市级政府组织查处职责范围和跨区域的具有重大影响的复杂案件。市县两级应急管理部门原则上"局队合一"，形成监管执法合力。依法赋予乡镇政府以及街道办事处、开发区和工业园区管理机构必要的监管执法权限，使其承担简易执法事项，确保责有人负、事有人干。公共卫生领域和食品安全领域有市场监督管理综合执法体制，社会安全事件由于其复杂性有其不一样的安排。没有了"上下一般粗"的整齐划一"职责同构"的模式，产生了积极成效，但是如何实现和保障权责清晰、运行顺畅、充满活力的"职责异构"组织目标，如何完善城市安全治理和基层应急治理，这是改革中央和地方关系后建立优化协同高效的组织体制面临的新问题。在公共卫生和食药安全的市场监督管理综合执法方面也有类似问题，这是机构改革后新出现的需要完善的问题。

3. 公共事件应急管理体制问题小结

我国应急管理体制总体上与其他国家和地区是类似的，即"'控制式升级'的方式，就是将一些突发事件的决定权下放给地方，实行中央政府和地方政府权力的分层，对于特别严重的突发事件，最终的确认权还是要由地方政府通过行使请求权交还中央政府"。[1] 这是从纵向上来讲的，对于突发事件应对来讲，大原则上不存在问题，但是结合我国行政管理体制的现状特点来看，突发事件发生时，就会出现低级别政府和行政机关不作为、慢作为甚至隐瞒事件的现象，现有的监督问责都无法解决遇到问题就将矛盾向上转移这一难题。

从横向来讲，应急管理体制中存在应急管理部门无法调动和协调其他部门的突出问题。一方面这与应急管理部门脱胎于原安全生产部门，主要用于安全事故和自然灾害处置，另一方面也与应急管理部门相对边缘和弱势有关。虽然从理论和立法上来讲，应急管理中对所有其他部门的统领和指导是法律赋予的职责，不是为了这一单独部门的利益，而是为了公共管理的全局，然而实践中，应急管理部门专门设置的制度设计比以往在一级政府设应急指挥部增加了独立性，但是减损了权威性。无论是在日常应急管理，还是突发事件发生时，应急管理部门均存在无法发挥法律所规定的统领和协调作用的问题。特别是在2020年新冠肺炎疫情应对过程中，对应急管理体制的争论再次出现。

其实，无论是体制在纵向还是横向上存在的矛盾与问题，仅仅通过机构改革、职能转移或者合并都无法从根本上解决问题。究其根本是国家治理体系和治理能力现代化的问题。在法治的理念和原则下，任何一级政府都应当依法履行法定职权，不需要事事等待上级政府的批准同意。同理，应急管理部门依据《突发事件应对法》等行使的权力亦是法定权力，不因部门规模和地位而被忽略和轻视。

综上，应急管理体制的改革与完善，仍然是应急管理法治的核心内容之

---

〔1〕 董昊："行政应急法治化研究"，辽宁大学2019年硕士学位论文。

一，方向却不是退回到进一步向中央收权和更多倚重政府办公厅和政府负责人的老路上来，应当强力推动法治政府的建设，强化应急法律制度的落实。

（二）应急决策科学化、民主化和法治化

中央和地方应急关系在事权和财权规范和制度化后，赋予地方更多的能动性，地方有了更大的自主权，自主决策，采取及时有效的判断和措施有效应对应急事件，需要实现政府决策目标、组织形式、责任形式和激励机制方面的创新，以灵活、及时、科学地决策，采取相应措施。

1. 健全依法应急决策机制

一般而言，应急事件发生后的状况为：一是时间有限，必须快速反应立即作出决策；二是信息不充分甚至不可靠，需要决策时判断衡量。在非常状况下，决策者面临的压力不同寻常，很容易反应过度，出现越权决策、违反决策程序规定以及决策后果预判失误等问题。法律要考虑到决策主体在特殊状况下的情景，在决策主体、程序、内容等方面为权变性选择提供必要的空间，完善应急决策的制度，明确应急决策主体、事项范围、法定程序、法律责任，规范应急决策流程，同时基于应急状态的特定情形，设计追认制度、豁免责任等条件和方式。

2. 应急管理决策科学

为了保障应急决策的科学性和合法性，需要明确应急管理专门技术机构职能定位，对专家管理需要更加规范化，充分发挥应急管理专家和技术机构在突发事件和应急管理中的地位和作用。

对应急管理事项提供科学方法和技术支持的机构，随着机构改革的变动和政府职能转变调整，对于其性质和地位一直模糊不清，导致在实践中由于没有清晰的法律定位而无法发挥其决策咨询和技术的支持的作用，如疫情时期各级疾病预防控制机构在"预防为主、防治结合"的传染病防治体系的模糊地位，在 2020 年新冠肺炎疫情发生之际，引发学者们对此类机构性质、地位、作用的反思。[1]如何定位各领域诸如此类法律法规授权的事业单位的性

---

〔1〕　参见顾昕："知识的力量与社会治理的引入——突发性疫情早期预警系统的完善"，载《治理研究》2020 年第 2 期；中华预防医学会新型冠状病毒肺炎防控专家组："关于疾病预防控制体系现代化建设的思考与建议"，载《中华流行病学杂志》2020 年第 4 期；宋华琳："疾病预防控制机构法律地位的反思与重构"，载《探索与争鸣》2020 年第 4 期。

质和地位，以及如何处理其与管理部门的关系，实现既保证其专业性、独立性又与行政管理部门有制度化的联系的目标，这需要行政组织法方面跟进明确和规范实施。

在专家库成员的选派和工作安排上明确使用原则和管理办法。2020 年浙江省就明确了应急管理的专家管理，确立"统一条件、资源共享、随机选取、利益回避"的原则。应急管理专家根据擅长领域、从业经历、技术优势等专业信息在应急管理全过程各阶段发挥技术优势，在诸如政策咨询、建设项目"三同时"审查、行政许可审查、应急救援与处置、应急指挥调度、灾情评估等方面发挥专业特长服务社会经济发展。按照自然正义的原则，同一专家不得参加由不同单位组织的同一项目、同一环节的技术评审，这需要在法治理念指导下制定应急专家管理方面的相关制度。同时配套建设专家库系统，用于记录、查询和更新专家信息和业绩，实现专家动态管理，充分有效发挥专家的专业优势，为行政决策提供科学支持。

（三）应急管理的合作治理

基层应急管理各项工作按照"重心下移、面向基层，预防为主、平战结合，加强指导、动员群众，依靠科技、完善手段"的工作思路开展，形成共治、共享、共建的公共安全机制。在应急管理的过程中不同的主体有不同的资源、立场、信息和能力，除了政府应急部门之外，基层党组织、群众性自治组织、社会组织、慈善组织、企业以及公民志愿者都在发挥作用。多元主体依托各自优势通过不同主体共享、动员，整合资源和协调行动，实现应急管理的有效成果。合作治理理论在治理理论框架内强调多元主体的合作，调动不同主体共同形成和执行政策。[1]合作治理为社会应对风险提供共同知识基础，是多元主体集体行动产生集体效能追求风险社会的有序应对的基础。

应急管理以预防为主，预防措施既需要有关部门健全体制机制，也需要企业提高自我防范风险意识，企业履行守法义务参与防范危机。这就需要在应急管理的执法方式中灵活选择，提高企业的合规意识，如实践中在执法检查中要求安全管理人员和岗位操作员工全过程参加执法检查，进行"说理式"执法，增强企业自我防范风险和主动消除违法违规行为的意识。《住房和城乡

---

〔1〕 参见宋华琳："论政府规制中的合作治理"，载《政治与法律》2016 年第 8 期。

建设部、应急管理部关于加强建筑施工安全事故责任企业人员处罚的意见》提出由建筑施工企业法定代表人和项目负责人分别代表企业和项目向社会公开承诺：严格执行安全生产各项法律法规和标准规范，严格落实安全生产责任制度，自觉接受政府部门依法检查；因违法违规行为导致生产安全事故发生的，承担相应法律责任，接受政府部门依法实施的处罚。企业通过遵从法律制度和自我规制，在企业的日常管理和运营防控风险中，参与到公共事件的治理，维护稳定健康的社会秩序。

就志愿者参与应急而言，从软法和硬法两个方面探讨，一方面国家立法机关制定法律规范提供法律保障，另一方面社会组织通过自治规范提供组织保障，但是在法治和自治的方面存在各自问题，如稳定性和明确性规范的硬法规定不明确，灵活性和原则性约束的自治规范没有建立起章程公约，还需要系统构造。

除此以外，应急管理执法与公益司法保护协作，引入检察公益诉讼机制促进公共安全协同协作，对构建共建共治共享，形成齐抓共管的应急管理有重要意义。公共安全引入公益诉讼，一方面对受损的公共利益进行保护，促进相关职能部门做好监管工作，另一方面约束企业行为，促成齐抓共管的局面。但是尚无充分的理论研究行政公益诉讼的范围、程序等问题。应急管理以预防为主的路径还需要建构预防性的公益诉讼机制，在合法性判断标准、程序安排等方面深入研究。[1]

应急管理的内容特点决定了多元的治理体系，如何利用多元力量以最有效的方式应对复杂、非结构化的应急事件系统安排？这就需要对不同主体的法律关系、地位予以关注，并对不同主体的互动进行理解和把握；同时需要针对不同主体的优势资源的应用来实现应急任务匹配问题的探讨，这就涉及更深层次的行政行为形式的理解问题；同时多元主体参与应急管理，不可避免的问题就是应该承担怎样的责任问题，这需要在实践中总结经验后再用法律予以规范调整。

（四）应急执法严格公正文明

按照《法治政府建设实施纲要（2015—2020年）》的规定，2020年法治

---

〔1〕　参见王久平："安全治理可引入公益诉讼机制——访中国政法大学检察公益诉讼研究基地执行主任刘艺"，载《中国应急管理》2020年第12期。

政府基本建成。无论是在日常应急管理还是突发事件应对中，应急执法都居于重要地位，应急执法的合法、公正、公平和公开对提升应急管理法治水平最为关键和重要。与其他部门执法相比，应急日常检查、约谈、处罚等形成的典型案件和公开案例还不够多，突发事件应对中，涉及行政相对人人身权、财产权的各类行政强制措施的执行，一些还缺乏法律依据，一些存在超越法律范围、违反法定程序、违反比例原则的情况，还有一些存在不作为的问题。突发事件发生时，根据《行政强制法》规定，行政紧急处置措施不适用日常行政程序，但是一些重要的正当程序要求仍然是需要遵守的，概因公民基本权利是宪法所规定的。从宪法角度而言，表明身份、说明理由、告知救济途径等是最低限度的正当程序要求，比例原则有限缩使用的必要，但是不等于完全不必遵守，而且应当保留事后在行政诉讼中接受司法审查的可能。政府依法行政水平和能力虽有大幅提升，但是从执法精细化角度而言，在执法中存在机械执法、对法治精神把握不到位或者忽视的问题。

四、应急管理法治监督体系

（一）应急管理的行政公益诉讼

地方政府及其工作人员在应急管理处置中存在不作为、慢作为等问题，需要建立监督体系。安全生产领域目前尝试引入了检察院提起公益诉讼介入公共安全领域的监管。但是由于行政公益诉讼的理论是针对已经造成违法损失的行为，安全生产监管领域的预防更应该监督，安全生产领域的行政公益诉讼与风险干预的不介入理论冲突，所以行政公益诉讼突破理论难题是未来的一个热点话题。

（二）应急管理的行政复议和行政诉讼监督

就应急日常管理执法所形成的行政争议，行政相对人和利害关系人对行政机关的决定不服，可以通过行政复议和行政诉讼的方式寻求法律救济，但是实践中此类案件尚未形成规模。而突发事件中对行政机关所采取的各类措施，如何申诉、主张权利、寻求法律救济，途径和现状也尚不明朗，对各类措施合法性的补足、申诉救济途径的畅通和监督问责机制的完备都是未来应急管理法治工作的重点。

（三）应急管理的问责监督

应急问责有其自成系统的问责体系，在我国，党内法规和国家法律都将其纳入，形成了党内问责和行政问责两种情形。

1. 针对公共事件的问责有党内问责和行政问责

中国特色的社会主义法治体系包括国家法律规范体系和党内法规体系，党内法规与国家法律统一于社会主义法治，二者在价值取向上一致、规范对象上相容、功能发挥上互补、制度建设上衔接。党内问责和行政问责关系如下：第一，问责制度衔接；第二，党政同责的责任分配；第三，根据规范对象适用党纪国法。

党内问责是因为"给党的事业和人民利益造成严重损失，产生恶劣影响"。2019 年 9 月，中共中央印发修订后的《中国共产党问责条例》第 7 条规定，"党组织、党的领导干部违反党章和其他党内法规，不履行或者不正确履行职责，有下列情形之一，应当予以问责"，该条第 9 项规定"履行管理、监督职责不力，职责范围内发生重特大生产安全事故、群体性事件、公共安全事件，或者发生其他严重事故、事件，造成重大损失或者恶劣影响的"。党内问责是因为业务问题而起但并非因业务问题而问，因安全生产事故、公共安全事件等给党的事业和人民利益造成损失而要求党组织和党的领导干部承担政治责任。

行政问责是根据党政领导干部在业务管理中的能力和水平，分析导致事故发生体制、管理机制、组织文化等，《关于实行党政领导干部问责的暂行规定》第 5 条规定，"有下列情形之一的，对党政领导干部实行问责：（一）决策严重失误，造成重大损失或者恶劣影响的；（二）因工作失职，致使本地区、本部门、本系统或者本单位发生特别重大事故、事件、案件，或者在较短时间内连续发生重大事故、事件、案件，造成重大损失或者恶劣影响的；（三）政府职能部门管理、监督不力，在其职责范围内发生特别重大事故、事件、案件，或者在较短时间内连续发生重大事故、事件、案件，造成重大损失或者恶劣影响的；（四）在行政活动中滥用职权，强令、授意实施违法行政行为，或者不作为，引发群体性事件或者其他重大事件的；（五）对群体性、突发性事件处置失当，导致事态恶化，造成恶劣影响的……"行政问责是因业务问题而问。

党的十八大以来，在青岛输油管爆炸、天津滨海新区爆炸等事故处理中，党中央提出"党政同责"的原则，"确保安全生产、维护社会稳定、保障人民群众安居乐业是各级党委和政府必须承担好的重要责任"。应急管理的党政同责，党规和国法统一于社会主义法治体系，二者衔接协调按照"纪严于法、纪在法前"，实现有效地无缝对接。

2. 突发事件公务员问责

突发事件应对中的公务人员问责问题，需要结合不同类别、不同领域的突发事件的特点，更需要结合具体突发事件的情况来作出认定。目前的问责制度设计在程序保障和救济上还显得不足，与外部行政行为的规范化程度相比还亟待完善。比如，就具体突发事件行政机关执法采取强制措施而言，比例原则应当得到适用，但是，也应当为公务人员履职留足行政裁量权的空间，使得其可以迅速、有效应对突发事件。如果此类案件进入行政复议和行政诉讼，处在一线负责采取强制措施的行政机关及其工作人员基于专业素养和能力的判断也应得到行政复议机关和法院的尊重与采信。地方应急权力扩大的同时也伴随着地方政府发挥能动作用的监督，避免因事件处置不及时、管理无序而扩大危机。地方政府能动性需要根据情势变化和应急需要及时回应现实，所以在对应急权力的运用进行监督的同时要考虑其特殊性。

习近平总书记在2020年秋季学期中央党校（国家行政学院）中青年干部培训班开班式上发表重要讲话，强调年轻干部要有应急处理、科学决策等七种能力。应对风险的评估和问责的框架会影响干部处置应急风险的行为和方式选择。应急管理能力是评价管理者是否应对成功的基准，内容涉及是否应对风险成功、在怎样的程度上应对成功、管理者政策或事件是否有合理的证据基础、是否有合比例的方式等。基于风险框架的应急管理的可问责性，界定了问责的因素和情形，在风险的框架中，不应将零失败作为对他们进行评估的基础。为了让干部能担当、主动作为、履职尽责，应把干部风险应对中因为缺乏经验出现的错误和失误，同明知故犯的违纪违法行为区分开来；把党纪国法尚无明确限制的裁量性失误和错误，同党纪国法明令禁止的违纪违法行为区分开来，要为积极履职勇于担当的"关键少数"提供法律制度和问责上的支持。

（四）应急状态下政府信息公开与数据开放的推动

应急政府信息公开与数据开放是应急管理中的重要问题，二者既有关联，又有区别。前者是指行政机关将所掌握的政务信息按照《政府信息公开条例》

《突发事件应对法》《突发公共卫生事件应急条例》等规定的法定形式予以公布，其所对应的是公民的知情权；后者是指行政机关将所掌握的数据按照可共享可利用标准开放给企业和社会，强调的是公共数据作为重要资源，在数字时代为各类社会主体所利用数据提供可能，其所对应的不是知情权，而是对数据开发利用的权利。二者在应急管理中都具有十分重要的地位和作用。

我国对突发事件信息公开的规定始于 2003 年"非典"之后，政府信息公开制度的建立也得益于"非典"处置过程中正反两方面的经验教训，之后又修改《政府信息公开条例》，并在技术层面上推动全国政务公开。但是，总体上来讲，政府信息公开的水平和能力还有很大的提升空间，特别是经历 2020 年新冠肺炎疫情突发公共卫生事件的检验，从疫情公布到政府预警，政府信息公开制度暴露出一些短板和问题，包括《传染病防治法》与《突发事件应对法》对疫情发布的职权规定存在冲突〔1〕、不同发布主体信息不共享、各地发布疫情缺乏统一标准等。在疫情发展过程中，卫健委和各地也在不断探索更为精细、科学的发布方式，对疫情防控起到了很好的社会动员和民心安抚作用，比如将疫情总体情况和个案病例行动轨迹等结合起来一同发布，并注意利用匿名化处理等方式保护个人信息和隐私，定时通过社交媒体和传统媒体等发布，以官方权威信息发布对冲和影响谣言传播等，都是值得肯定的。正是由于各地对疫情的公开，使得社会公众的恐慌显著降低，从后续情况来看，也是通过不断地、科学有效地公布疫情，以前所未有的速度、密度和力度发布疫情，为我国全面控制疫情奠定了坚实基础。就政府信息公开而言，本次疫情之后有必要对《政府信息公开条例》等立法再次予以修改和完善，从制度层面修正模糊之处，并将有益做法以制度化的方式固化下来。

相比较而言，数据开放在突发事件应对中还没有发挥应有的作用，目前政府的开放还仅限于经过整理分析的信息，可以直接利用的数据开放尚失之阙如，一方面与国家层面尚未有政府数据开放的法律依据有关，另一方面更与各层级政府对政府数据开放持保守观念和问责担忧有关。在 2020 年疫情期

---

〔1〕　参见潘珊菊："亲历武汉一线疫情新闻发布的 45 天：再忙再累也要坚持每日发布"，载《南方都市报》2020 年 6 月 10 日，第 GA08 版；国务院新闻办公室：《抗击新冠肺炎疫情的中国行动》，2020 年 6 月 7 日。

间，一些大数据企业将各地公布信息汇总并制成易于为公众所理解的形式发布，也仅是对政府公开信息的再加工，而非公共数据开放后的利用。如何通过政府数据开放，更好地催生大数据相关产业发展，进而提高全民全社会参与突发事件应对和应急管理的积极性，是制定政府数据开放法律法规需要思考的问题。与政府数据开放有关，且处于更加基础地位的是政府数据共享，各部门各地把持各自数据，数据壁垒的存在，使得理论上智慧城市和数字治理没有进一步推动的可能。近年来浙江、上海等地在敏锐把握问题症结所在的基础上，积极推动政府数据共享和开放，值得肯定和推广。特别是疫情期间一些部门通过政府数据共享提高疫情应对的效果，这些经验也需要通过法律制度予以保障。

五、应急管理法治保障体系

（一）应急管理队伍建设

我国目前的救援队伍组成有四类。第一类是一般救援队伍，主要是消防队伍；第二类是专业队伍，专职从事特定行业的救援，如矿山救援队、危化品救援队等，这些队伍是由职能部门自己单独建设或者依托骨干企业合作建设的；第三类是志愿队伍，如红十字会救援队伍、村委会救援队伍等公益性救援队伍；第四类是盈利的救援队伍。同时还有国家救援队伍和地方专业队伍的层级分类。目前我国基本形成以国家综合性消防救援队伍为主力、以专业救援队伍为协同、以军队和武警部队为突击、以社会力量为辅助的中国特色应急救援力量体系。如何发挥好各方面力量，如何强化救援队伍的战斗力，如何调配快速行动有序救援以应对各类事故隐患和安全风险交织叠加，这些问题的存在表明加强应急管理体系和能力建设是一项紧迫任务。

应急救援能力建设需要规范地建设专业应急救援队伍，在建立应急救援队伍方面存在两个典型问题：一是应急救援队伍标准化的问题，消防救援队伍有其标准，矿山、危险化学品等高危行业也有各自标准，所以不同领域和行业标准的规范化问题需要研究；二是应急救援的购买，应急救援队伍购买需要签订救援协议，但是需要规范责任分担的问题。还需要规范救援队伍不同组织的地位、职责、作用等问题，以及规范救援人员具备的能力、资质资格能力的考核、队伍评估分级、人身权的保障、职业安全的保障等问题。

应急管理机构改革的推进，各地灾害信息员队伍建设面临人员更替、工作进展不平衡、能力亟待提升的问题，建立灾情报告系统，实现灾情信息及时准确传递，需要建立稳定的全国灾害信息员队伍，提高灾情管理能力和水平。《应急管理部、民政部、财政部关于加强全国灾害信息员队伍建设的指导意见》提出建立覆盖全国所有城乡社区，能够熟练掌握灾情统计报送和开展灾情核查评估的"省-市-县-乡-村"五级灾害信息员队伍，为及时、准确、客观、全面管理灾情奠定基础人员保障。灾害信息员队伍管理体制机制是专兼结合、社会力量参与，一方面目标是建立专业性强、一专多能的灾害信息员骨干；另一方面建立覆盖全面的基层信息，同时由社会力量补充。全国灾害信息员队伍需要稳定性、延续性，但是现在队伍存在公务员、参公、事业、工勤和临聘五种人员身份的混编和内部人员交流渠道不畅等管理问题，需要借鉴国内外经验建立基本的任职条件和机制保障，统一应急管理队伍编制属性和人员身份，推进队伍正规化建设。

同时在应急管理的队伍建设上，从高校专业设置培养面向国家战略需要的应急管理人才队伍。在应急管理的全过程、全灾种中根据岗位特点健全胜任工作的队伍，制定完善的法律规范，明确资格能力、考核等评价指标体系和责任分担。

（二）应急管理的信息技术的保障

工业和信息化部、应急管理部印发的《"工业互联网+安全生产"行动计划（2021-2023年）》提出运用"工业互联网+安全生产"，通过工业互联网在安全生产中的融合应用，增强工业安全生产的感知、监测、预警、处置和评估能力，让安全生产实现从静态分析向动态感知、事后应急向事前预防、单点防控向全局联防的转变，提升工业生产本质安全水平。应急事件的管理借助信息技术的保障，通过协同部署、聚焦本质安全、完善标准体系、培育行业系统的解决方案服务团队，建立起完善的产业支撑和服务体系，实现提升数字化管理、网络化协同、智能化管控的应急能力水平。

2017年《国务院办公厅关于印发国家突发事件应急体系建设"十三五"规划的通知》的总体目标是"到2020年，建成与有效应对公共安全风险挑战相匹配、与全面建成小康社会要求相适应、覆盖应急管理全过程、全社会共同参与的突发事件应急体系"。公共安全应急管理法治体系基本搭建。2021年公共安全应急管理的法治化方面还需要继续制定修订公共安全应急管理方面的法律，并在基本法治体系的完善上提高立法质量、改进执法方式，向良法善治的全面应急管理法治方向迈进，提升应急管理体系现代化水平。

后 记

　　应急管理是我国国家治理体系最为重要的部分之一，从法治角度对我国应急管理法治的进展与经验进行总结，对存在的问题和与国际先进水平的差距进行分析，以制度化、常态化的路径和举措全方位推进应急管理体制、机制等的完善，提高我国应急管理的整体水平，是中国应急管理学会法律工作委员会的一项重要职责。本报告对近两年来应急管理法治展开研究，希望对应急管理事业和法治国家、法治政府、法治社会建设都有所贡献，并期待本报告成为系列读物，成为从事应急管理工作、研究应急管理制度与实践、关注应急管理发展的广大读者的必备用书。本书具体分工如下：

　　统　　稿：刘锐、王静、杨霞

　　第一章　中央应急管理法治进展与展望：刘锐、刘明远

　　第二章　地方应急管理法治进展与展望：崔俊杰、吴小亮

　　第三章　全国重特大安全事故汇总分析：张红、廖青松

　　第四章　应急管理执法典型案例汇总分析：成协中、冉桦

　　第五章　各地应急管理法治的先进经验和探索做法：孟磊、李兴、岑理坤

　　第六章　我国应急管理法治展望：王静、杨霞

　　本报告的撰写和出版得到了四川榕桦律师事务所、上海澄明则正律师事务所的大力支持，在此特别表示感谢！

　　水平和时间所限，本报告恐有疏漏，敬请读者批评指正。

本书编写组

2021 年 6 月 20 日